Karoline Hoffmeister

Lust auf STRICKEN

Masche für Masche stricken lernen

20 Modelle, die ganz easy gelingen

AF645472

CV

Inhalt

Vorwort

Seite 4

Inspiration

ab Seite 6

Gut zu wissen

ab Seite 48

Anleitungen aller Modelle

ab Seite 68

Über die Autorin

Seite 142

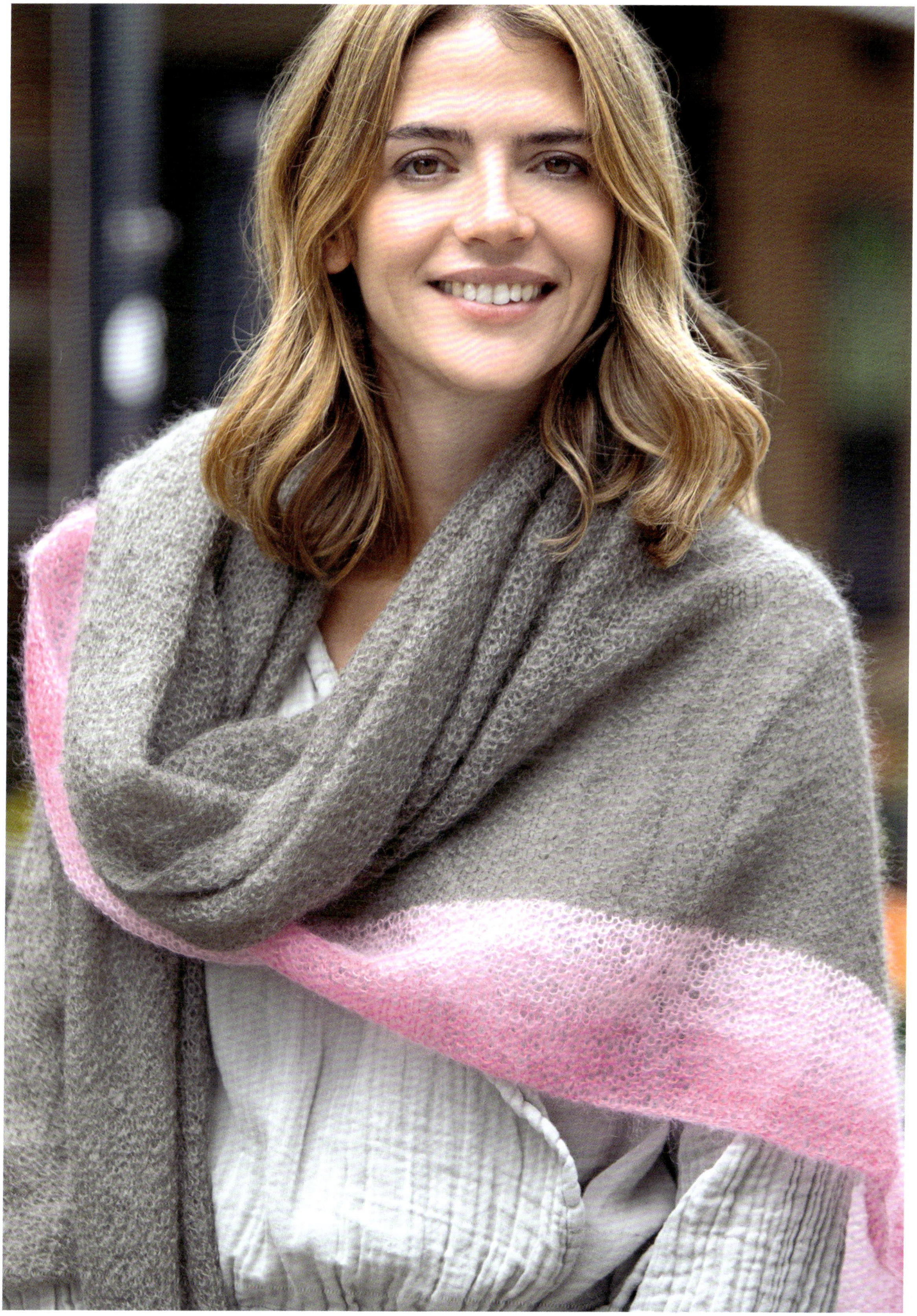

Vorwort

Schön, dass du da bist!

Du hast also nicht nur „Lust auf Stricken", sondern bist auf dem besten Weg, dich in dein neues Hobby zu verlieben, indem du einer Idee Taten folgen lässt: Du möchtest stricken lernen. Und jetzt geht es tatsächlich los: Dieses Buch begleitet dich auf deinem Weg von der ersten Masche bis hin zu beeindruckenden Statement-Pieces, die du schon bald mit Stolz tragen wirst und auf Nachfrage, wo du diesen tollen Pulli, die süße Strickjacke oder den kuscheligen Loop gekauft hast, grinsend antworten wirst: „Habe ich selbst gestrickt". Hier lernst du Schritt für Schritt verschiedene Maschen-Typen anhand von ausführlichen Anleitungen, Zeichnungen und Video-Tutorials, außerdem Vieles über Wolle und das richtige Handwerkszeug. Schon bald schrecken dich dank der umfangreichen Erklärungen Fachbegriffe nicht mehr ab und du lernst, Anleitungen, Strickschriften und Bemaßungsskizzen zu lesen. Auf geht's! Werde nicht zu schnell ungeduldig und arbeite dich Stück für Stück, Anleitung für Anleitung und Masche für Masche vor. Du wirst staunen, wie schnell du Strickprofi bist. Versprochen!

Deine Karoline

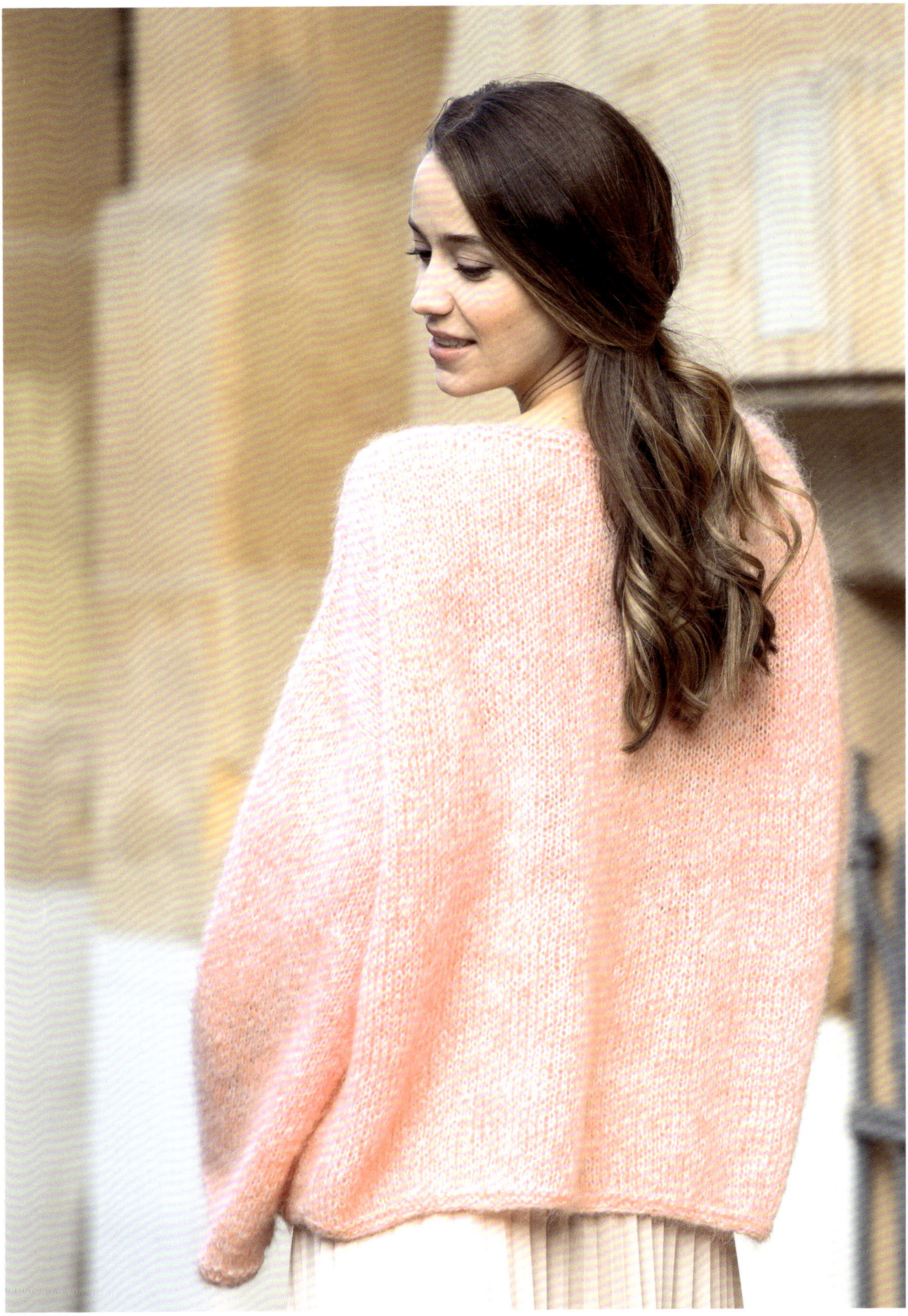

Modelle

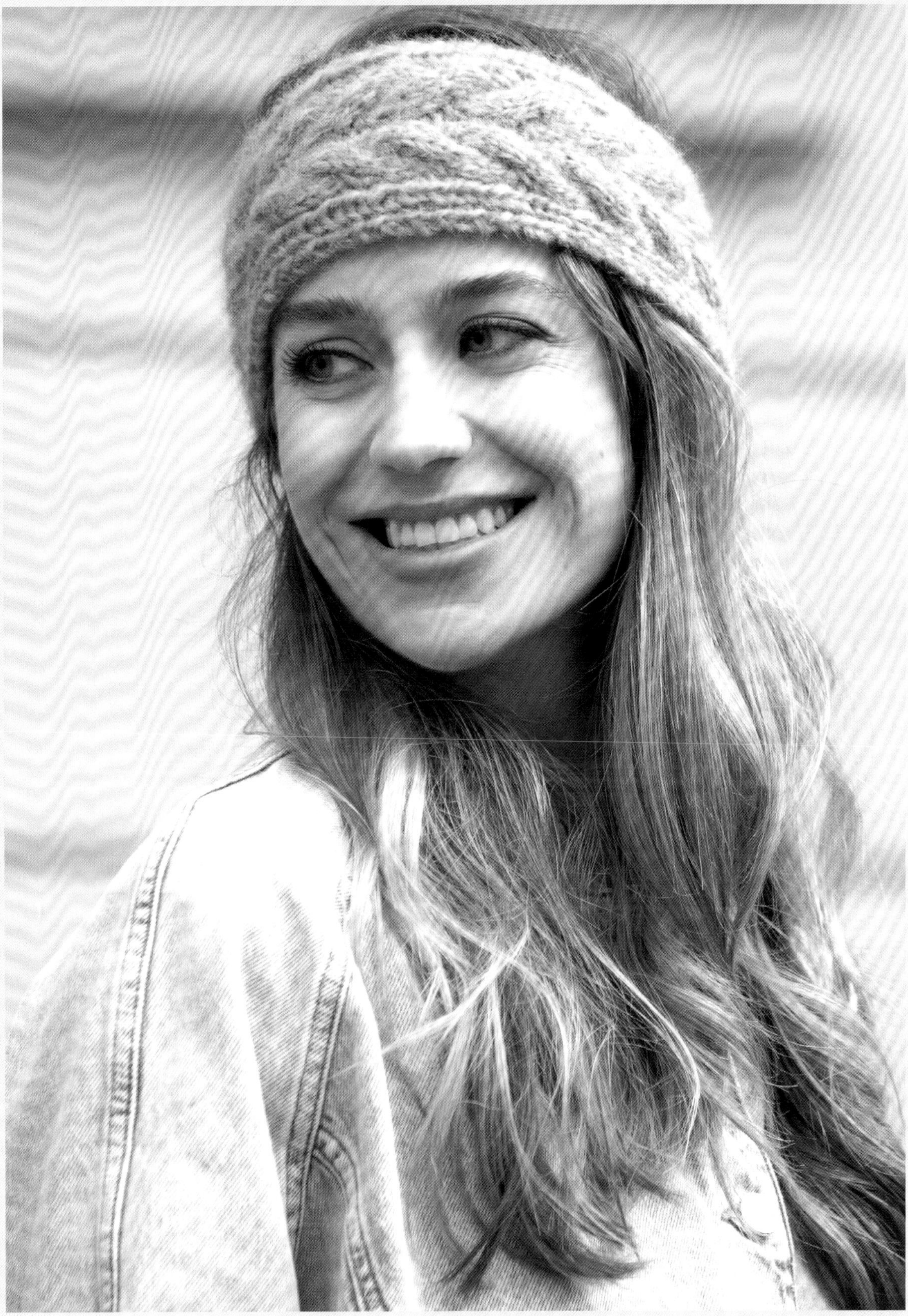

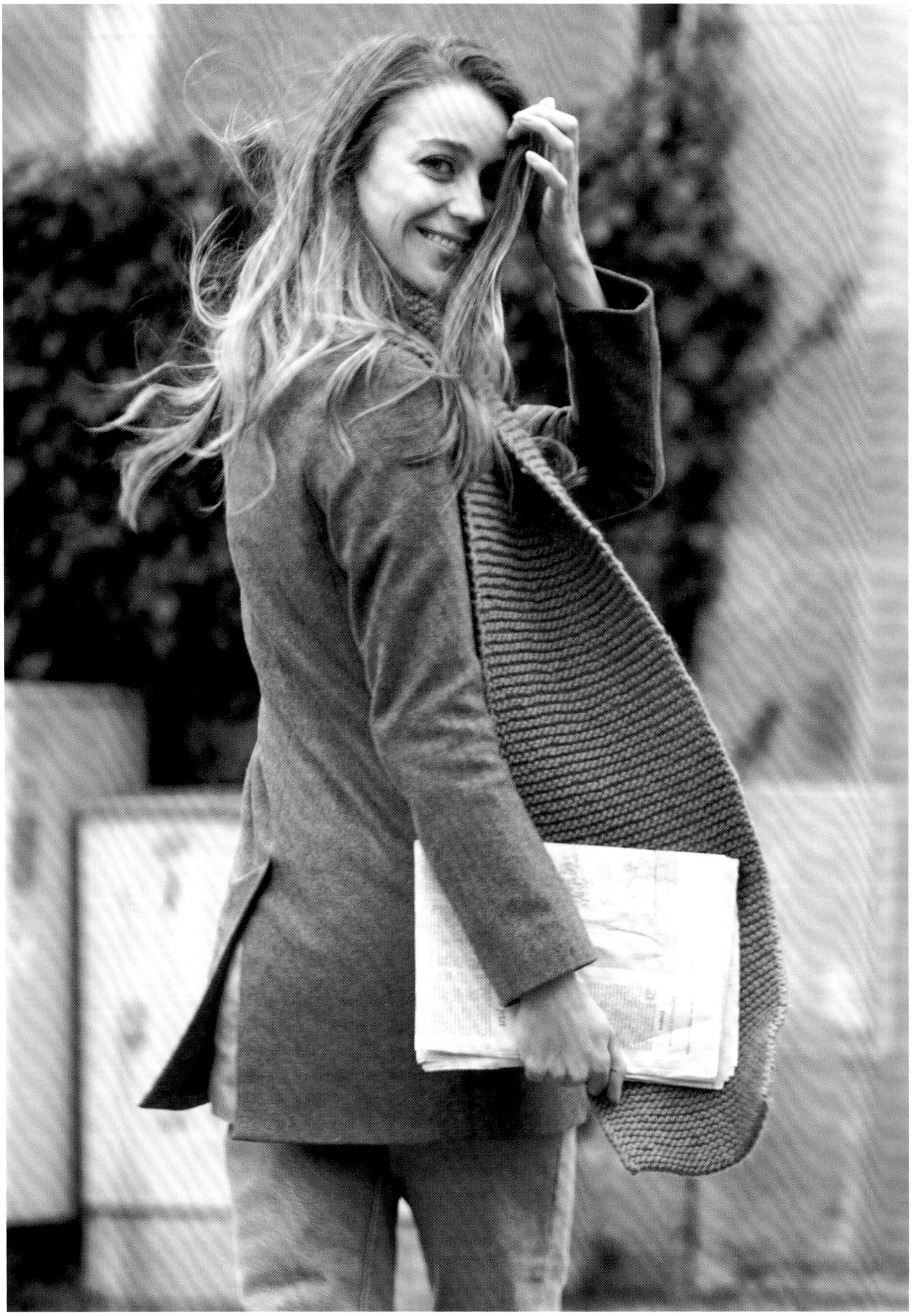

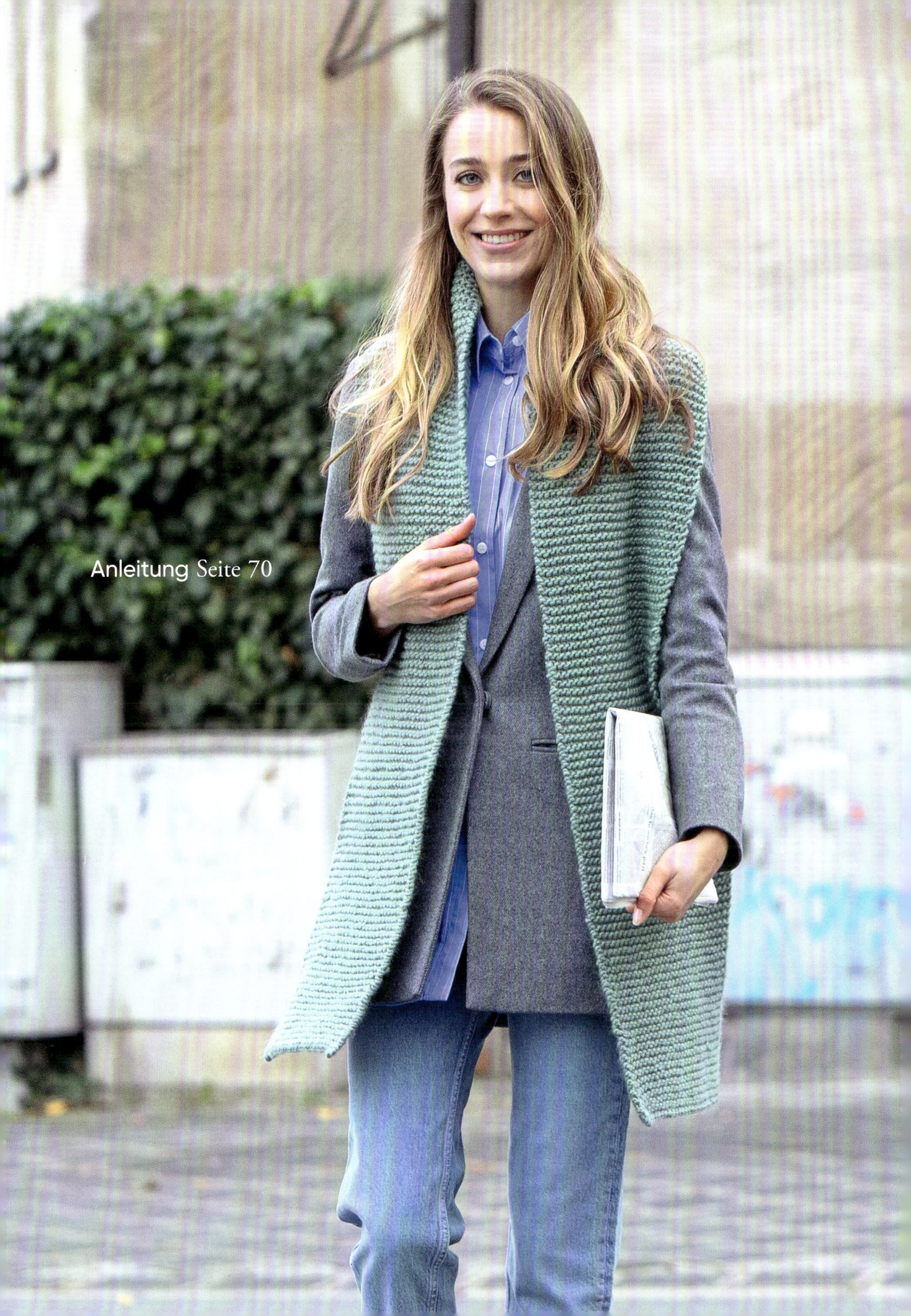

Anleitung Seite 70

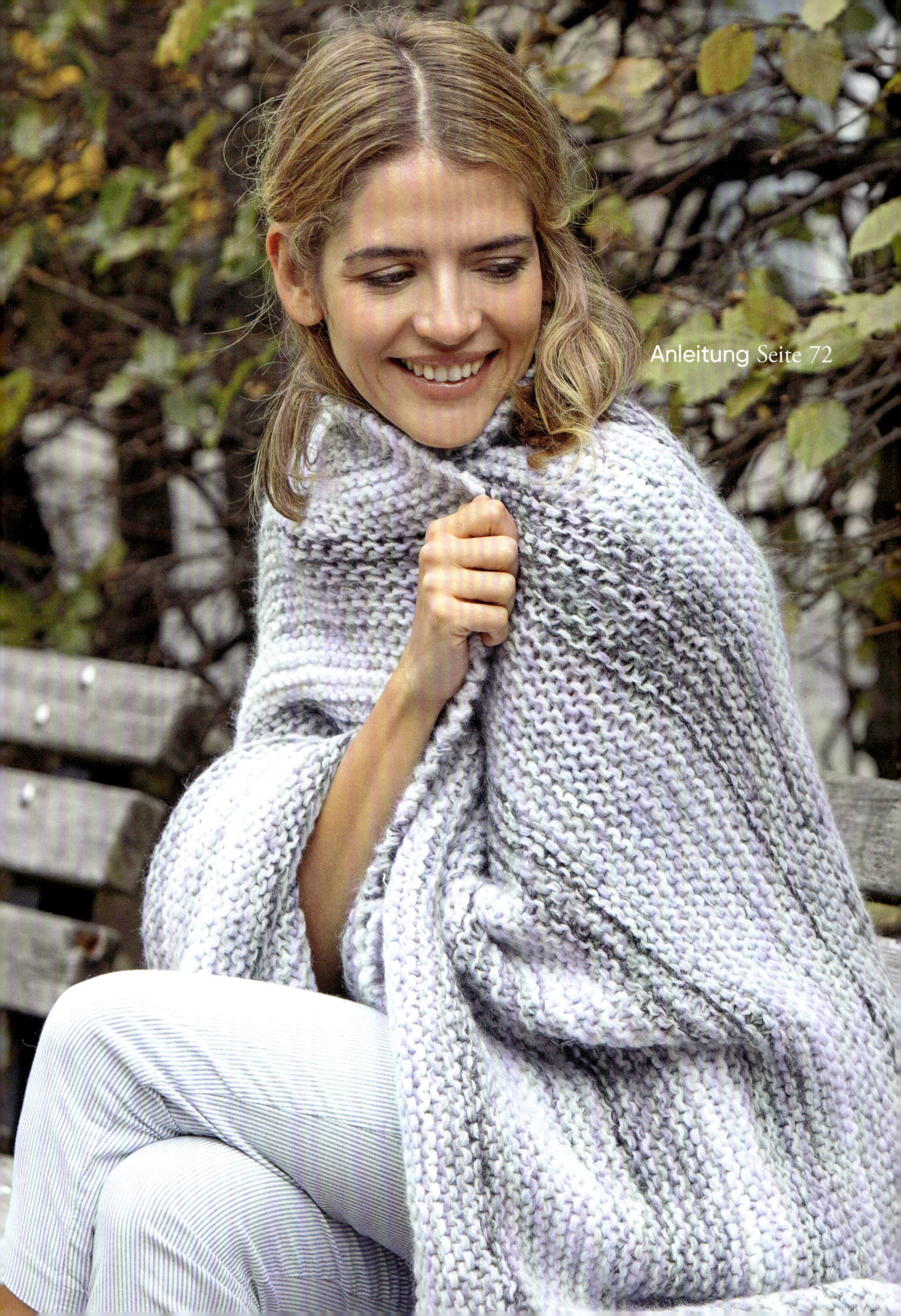

Anleitung Seite 72

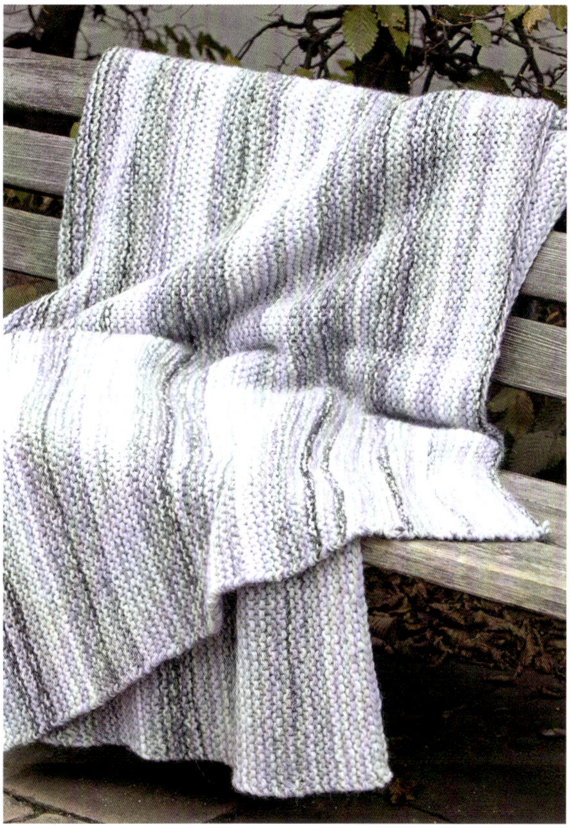

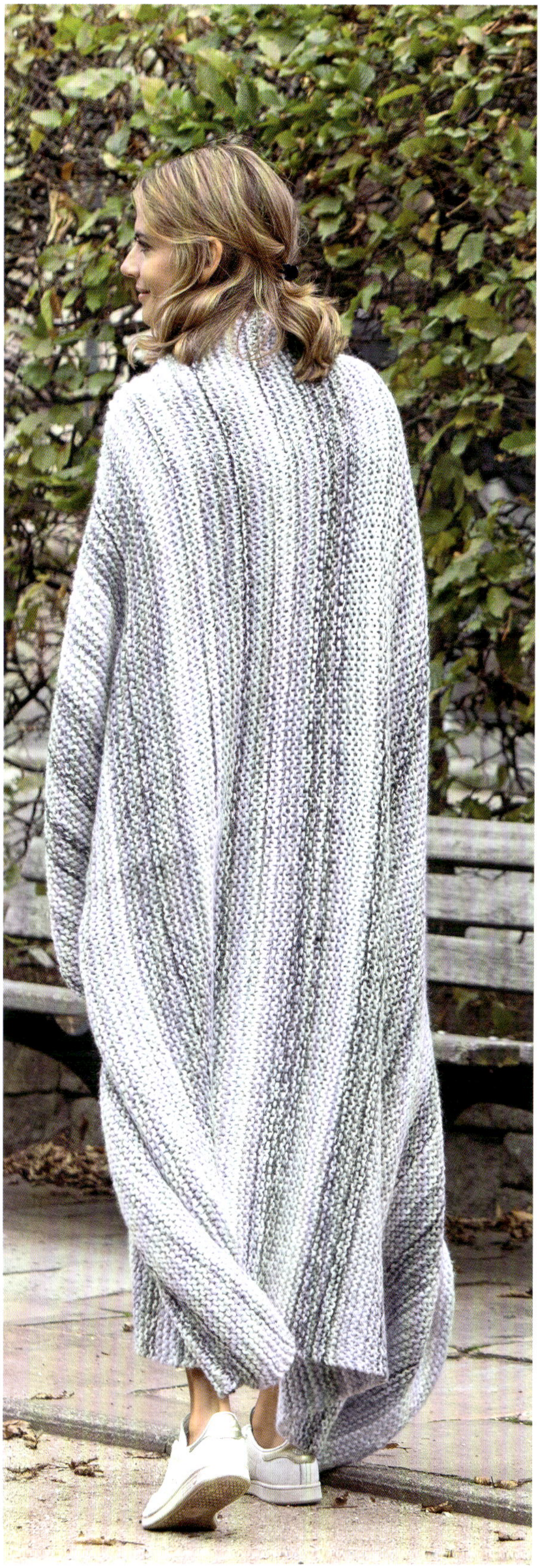

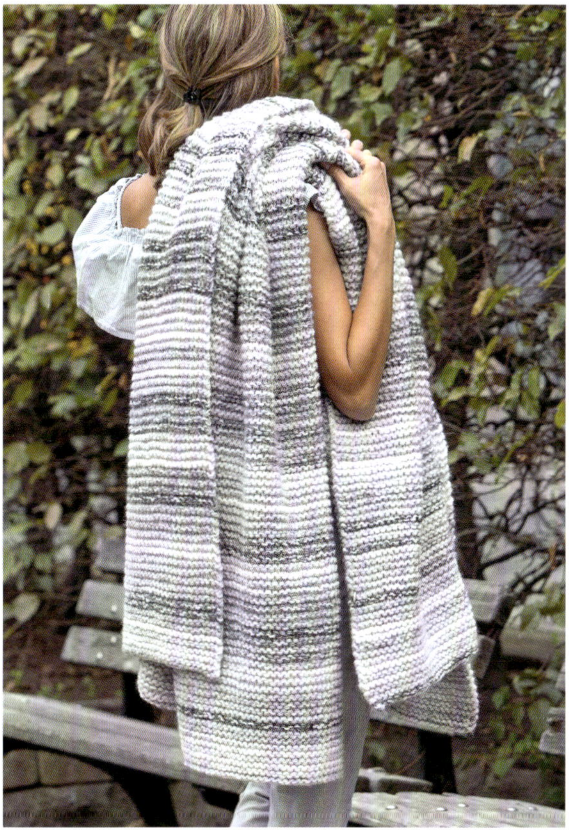

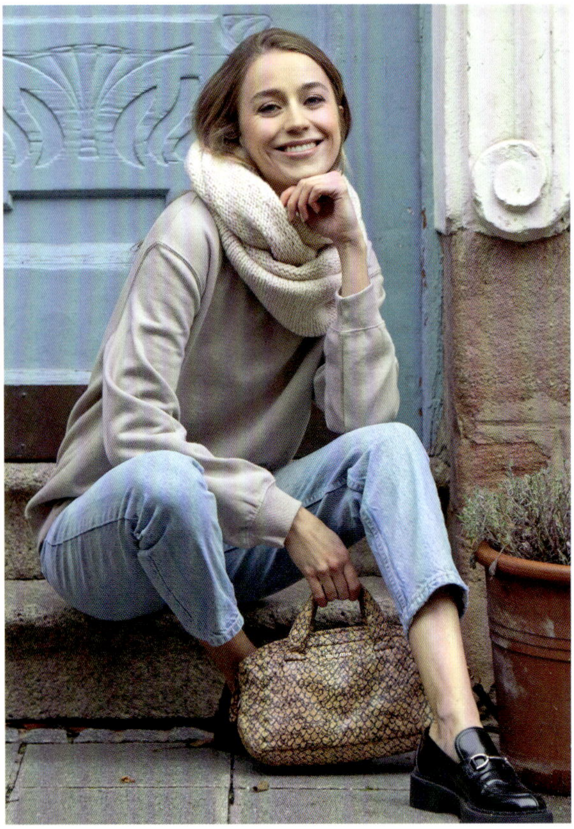

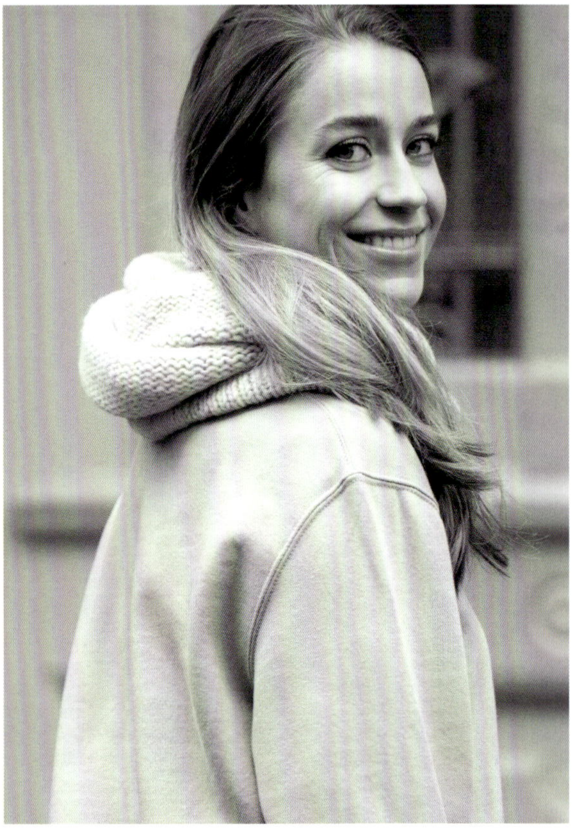

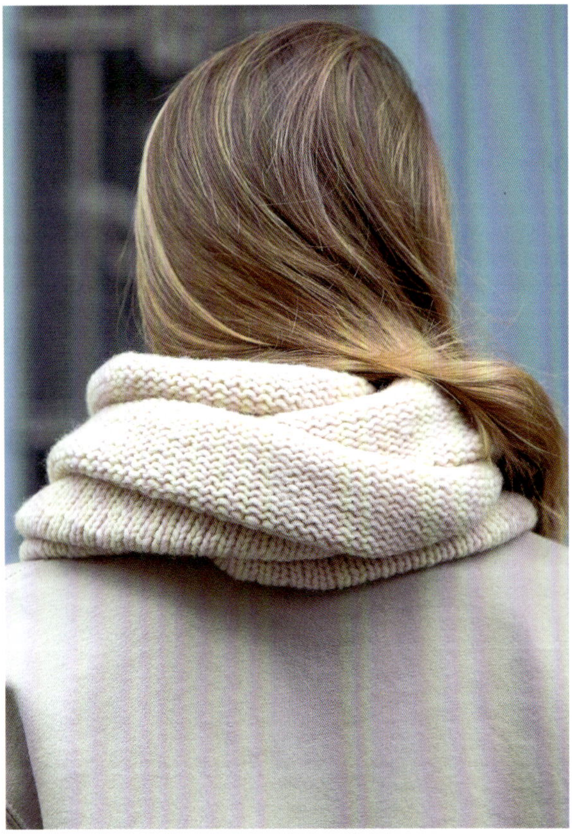

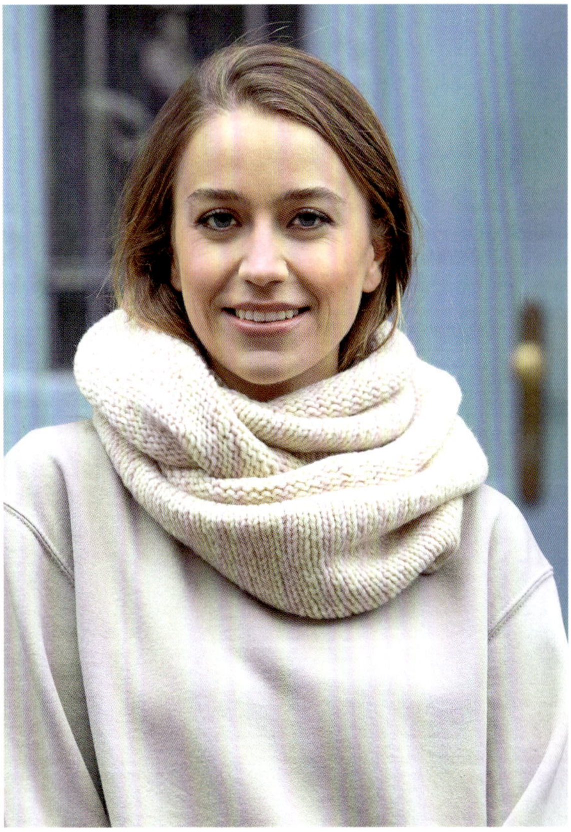

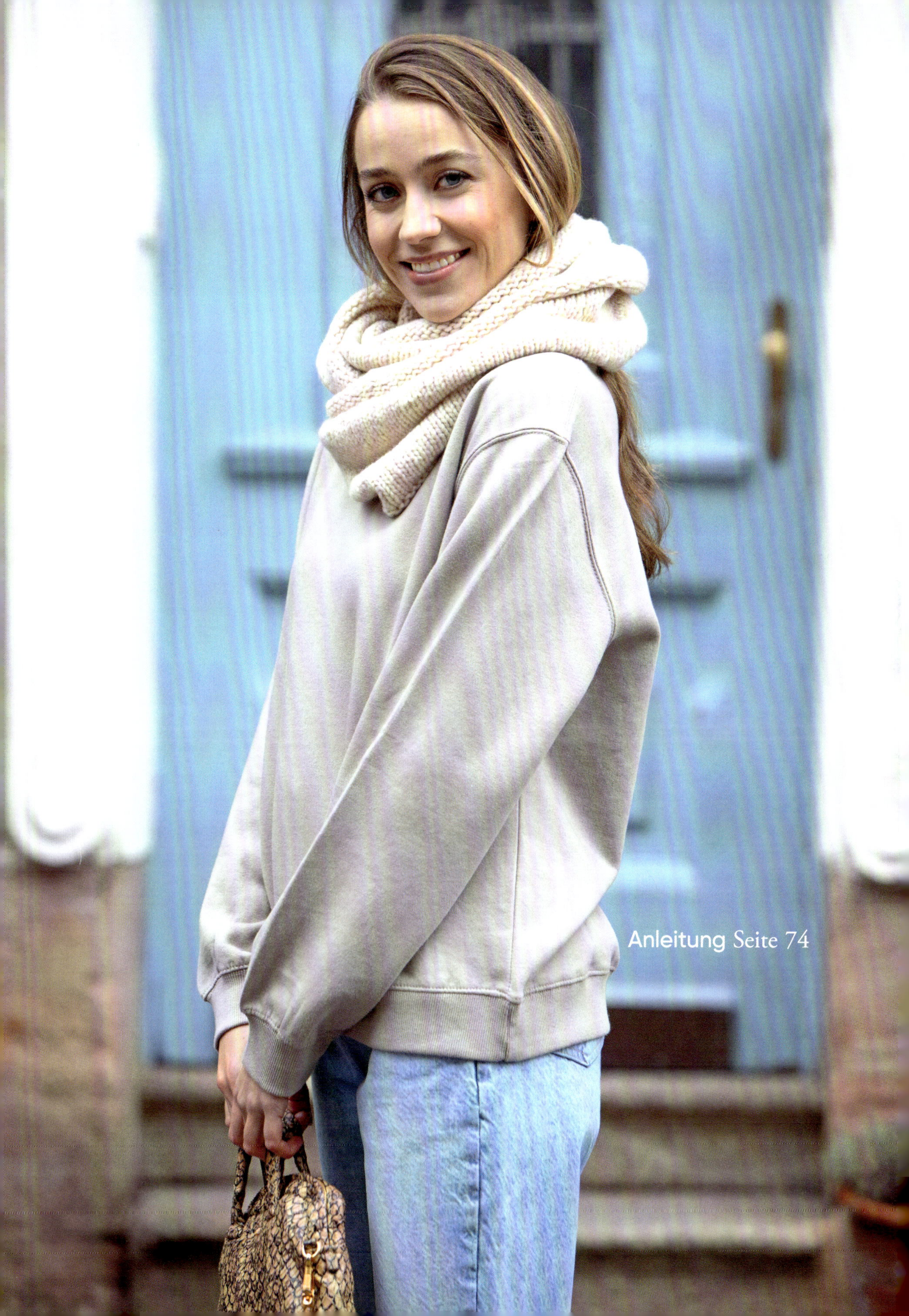

Anleitung Seite 74

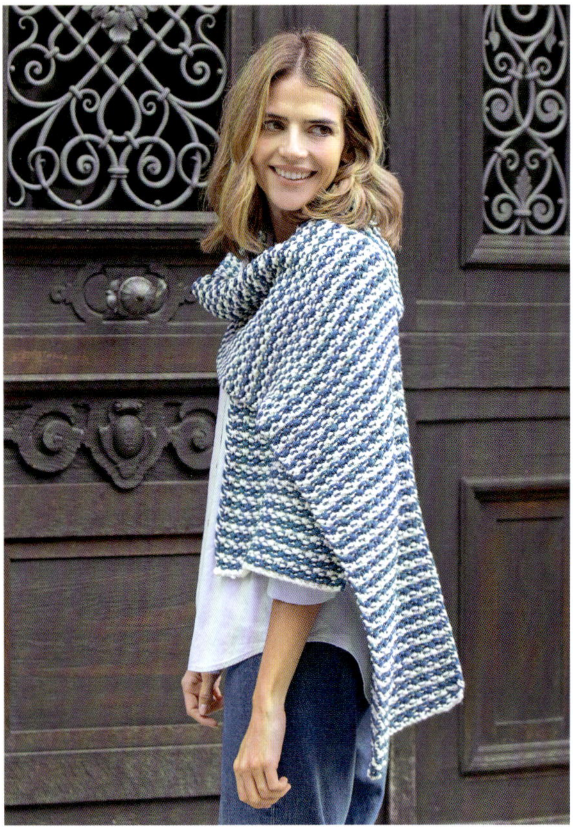

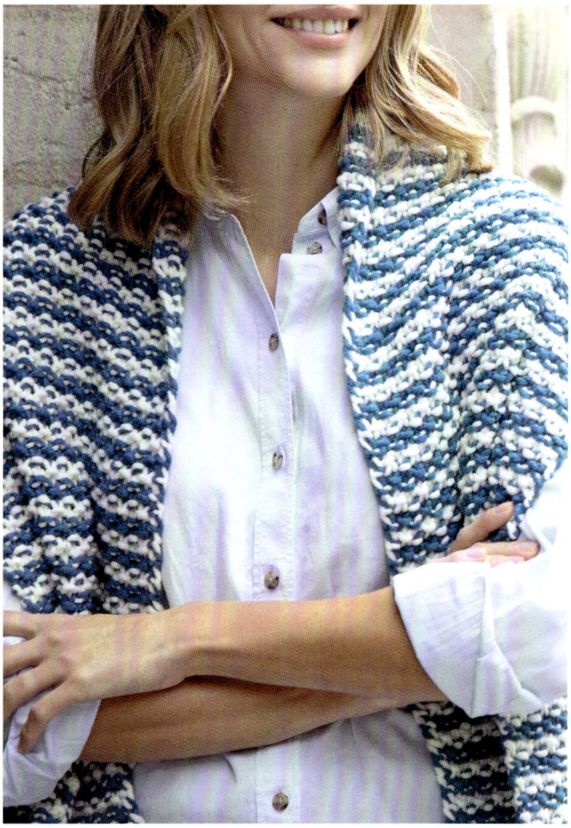

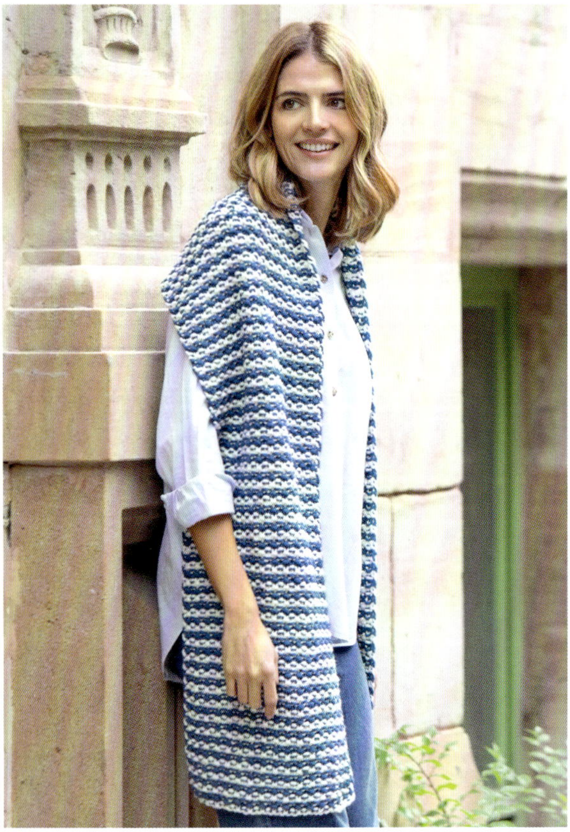

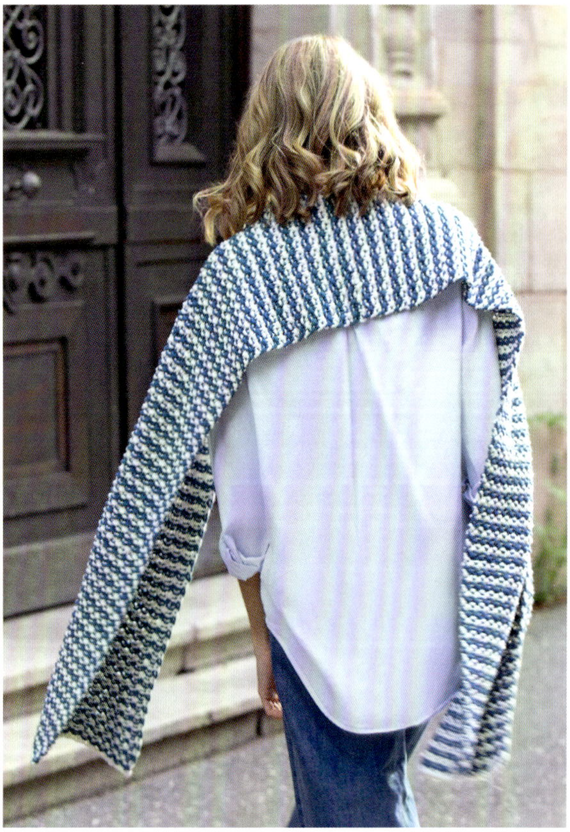

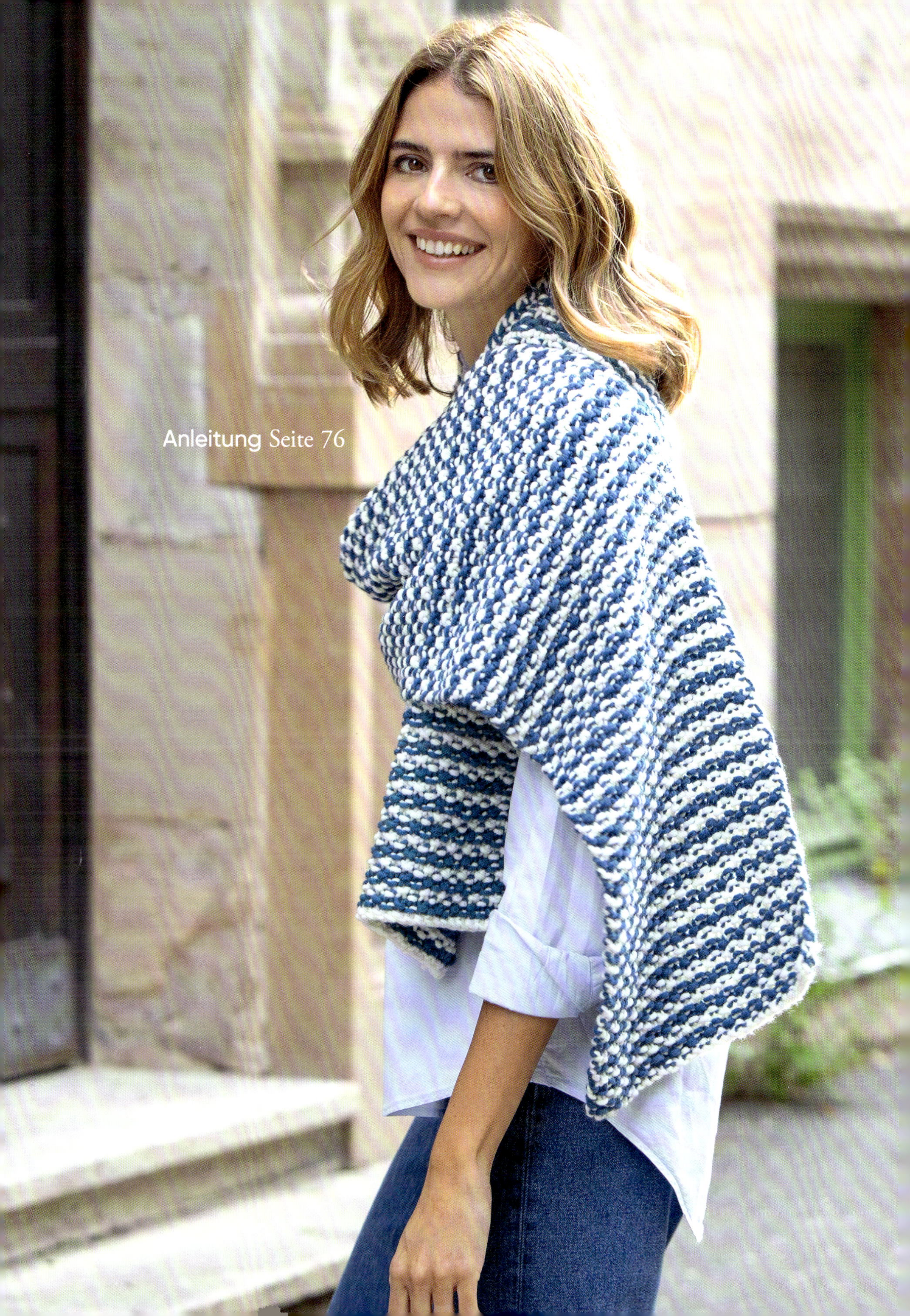
Anleitung Seite 76

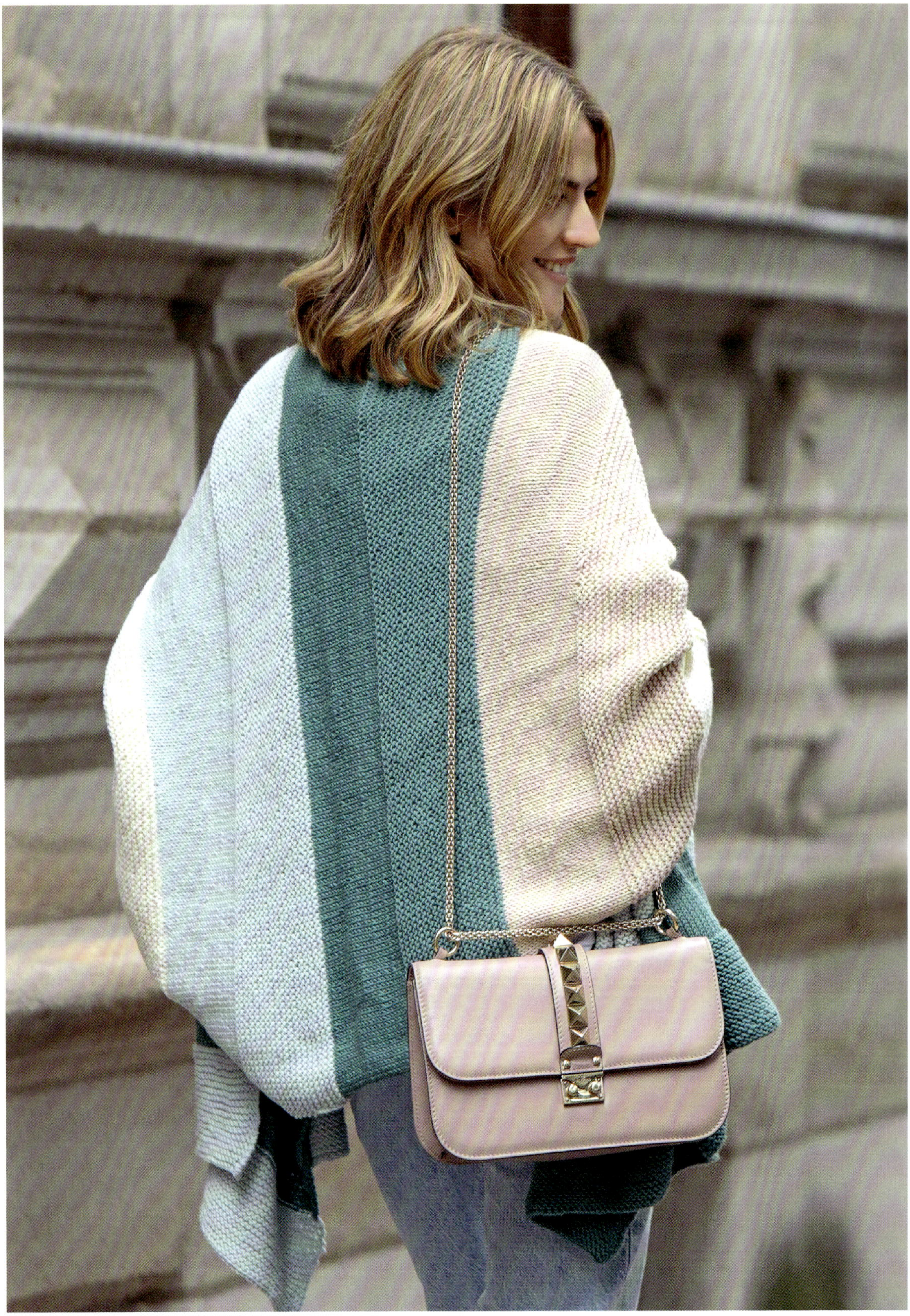

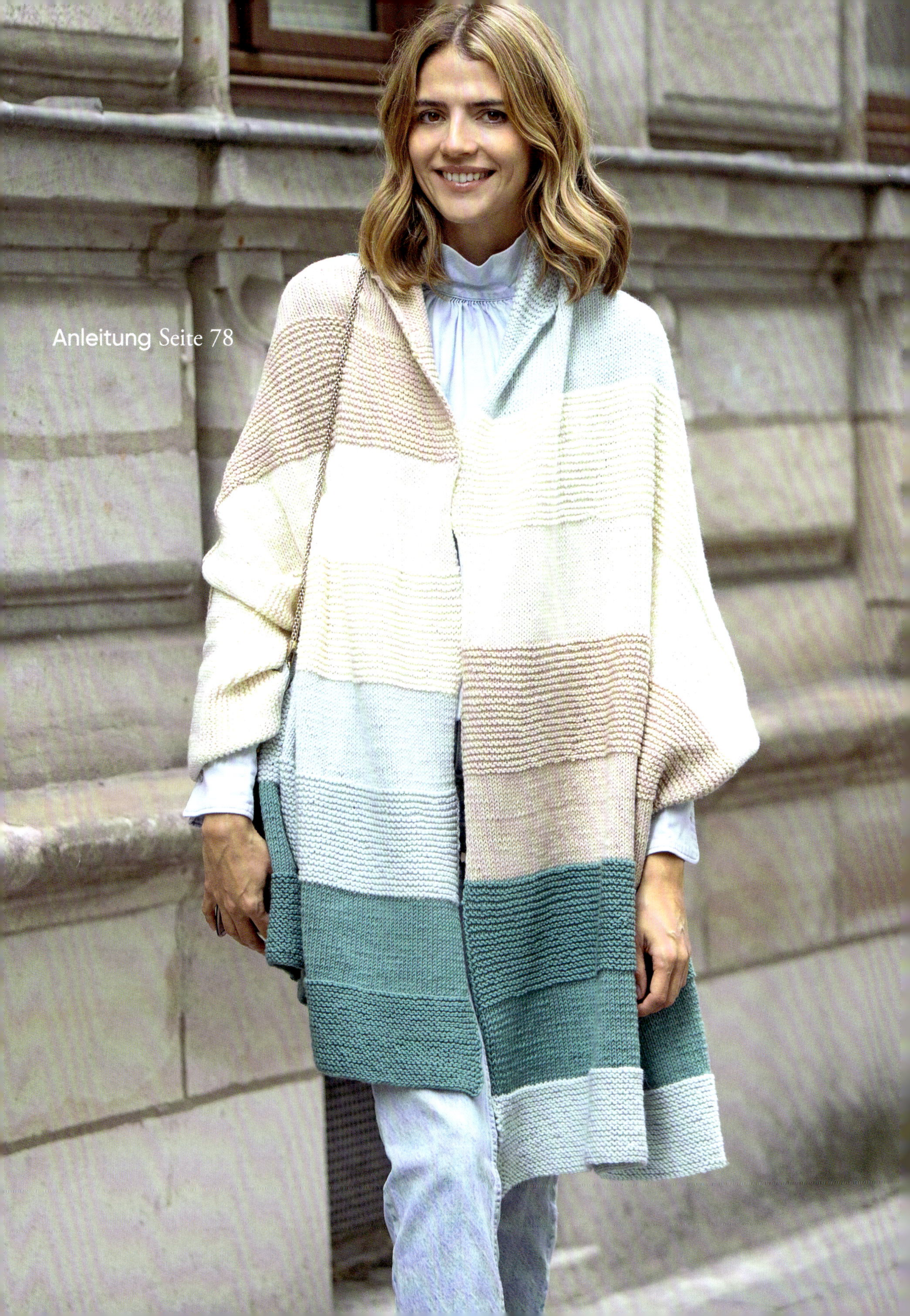

Anleitung Seite 78

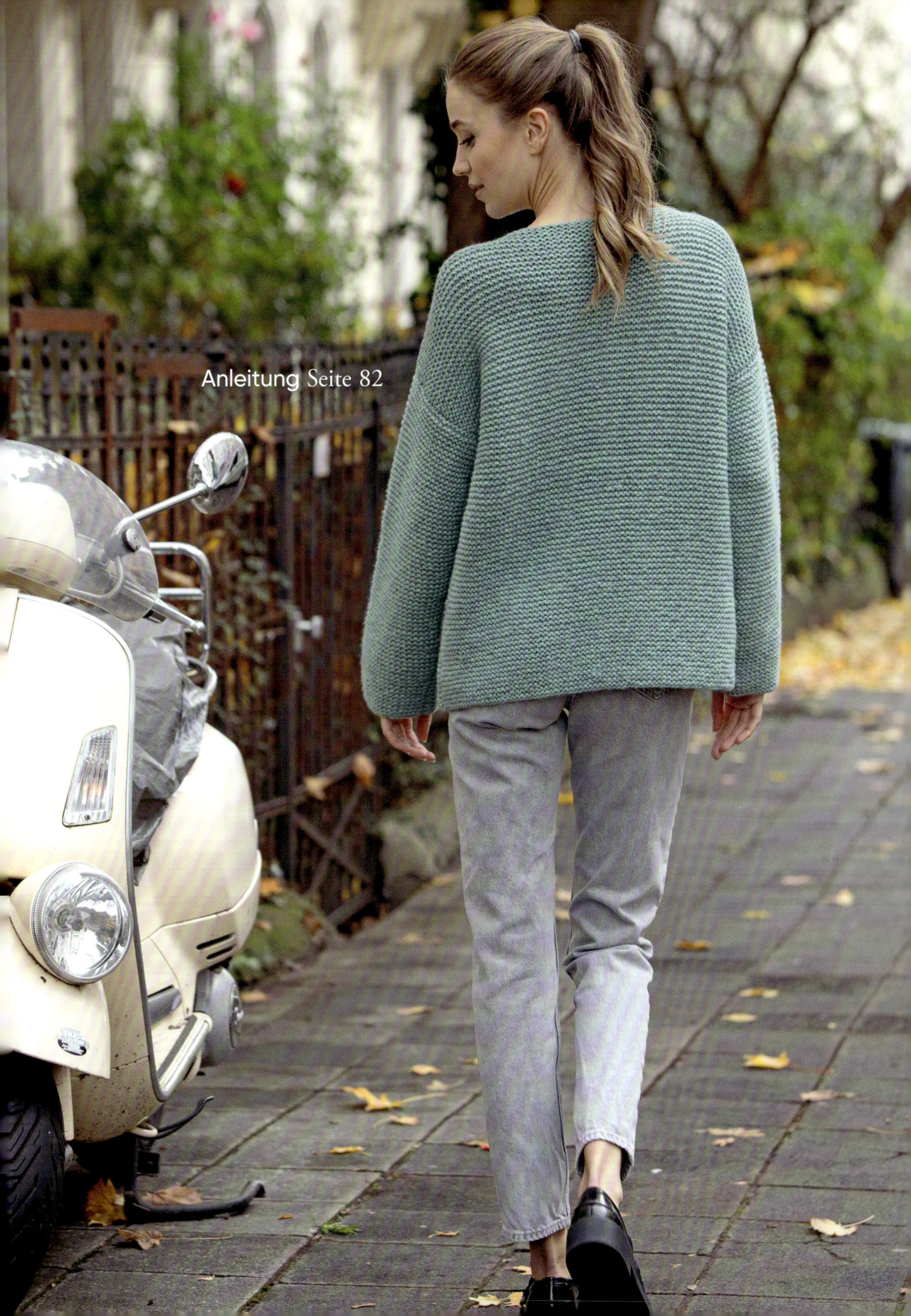

Anleitung Seite 82

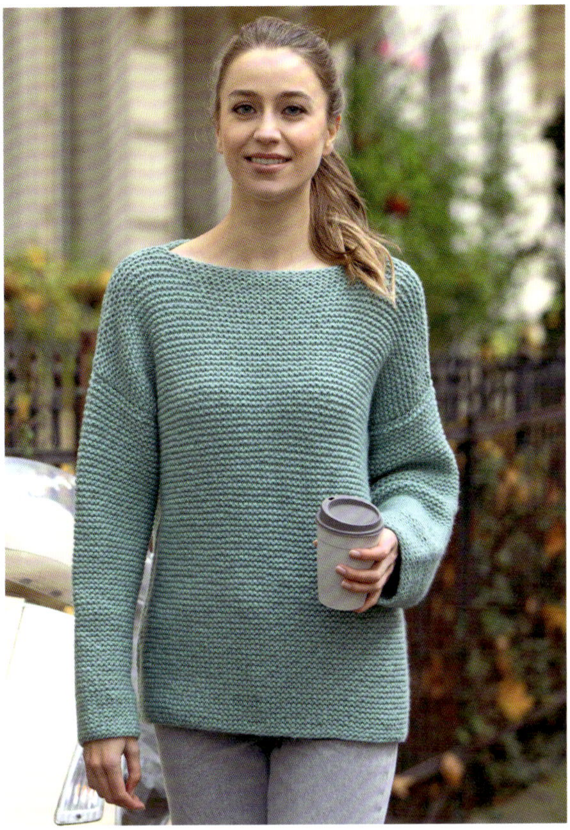

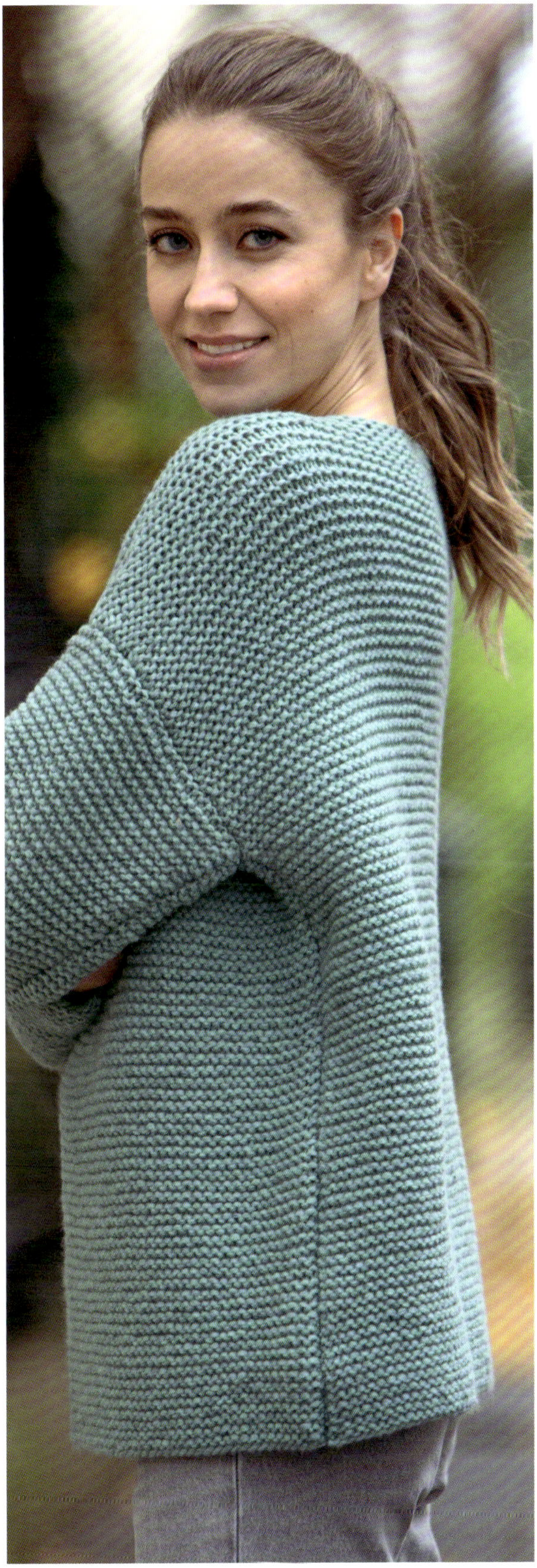

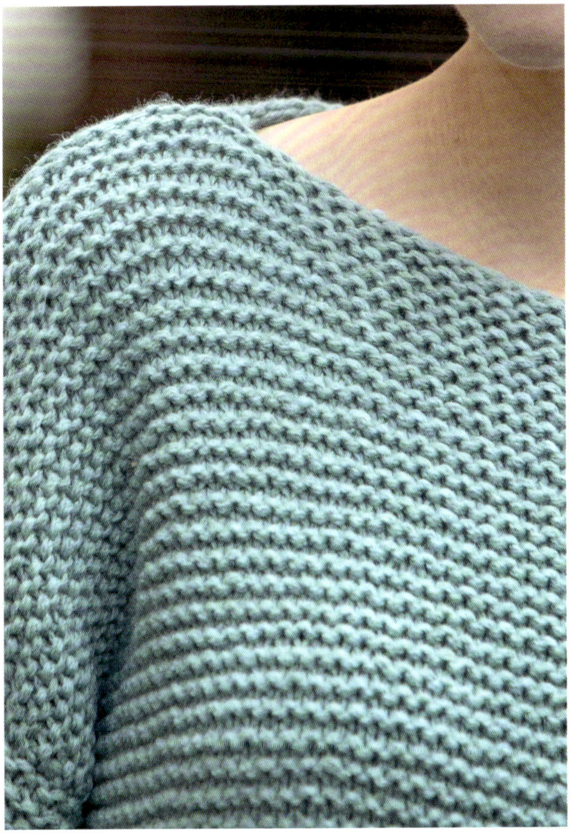

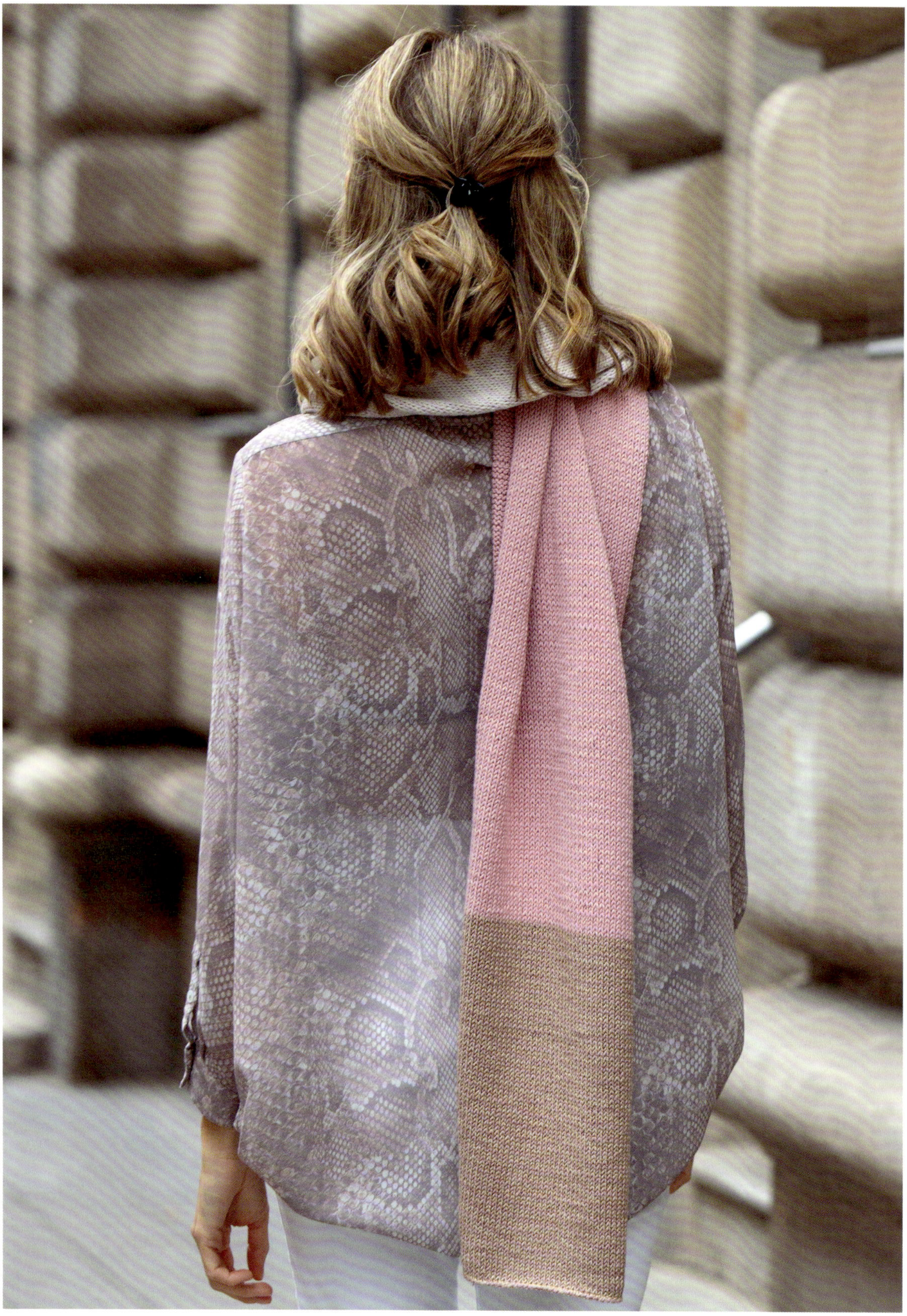

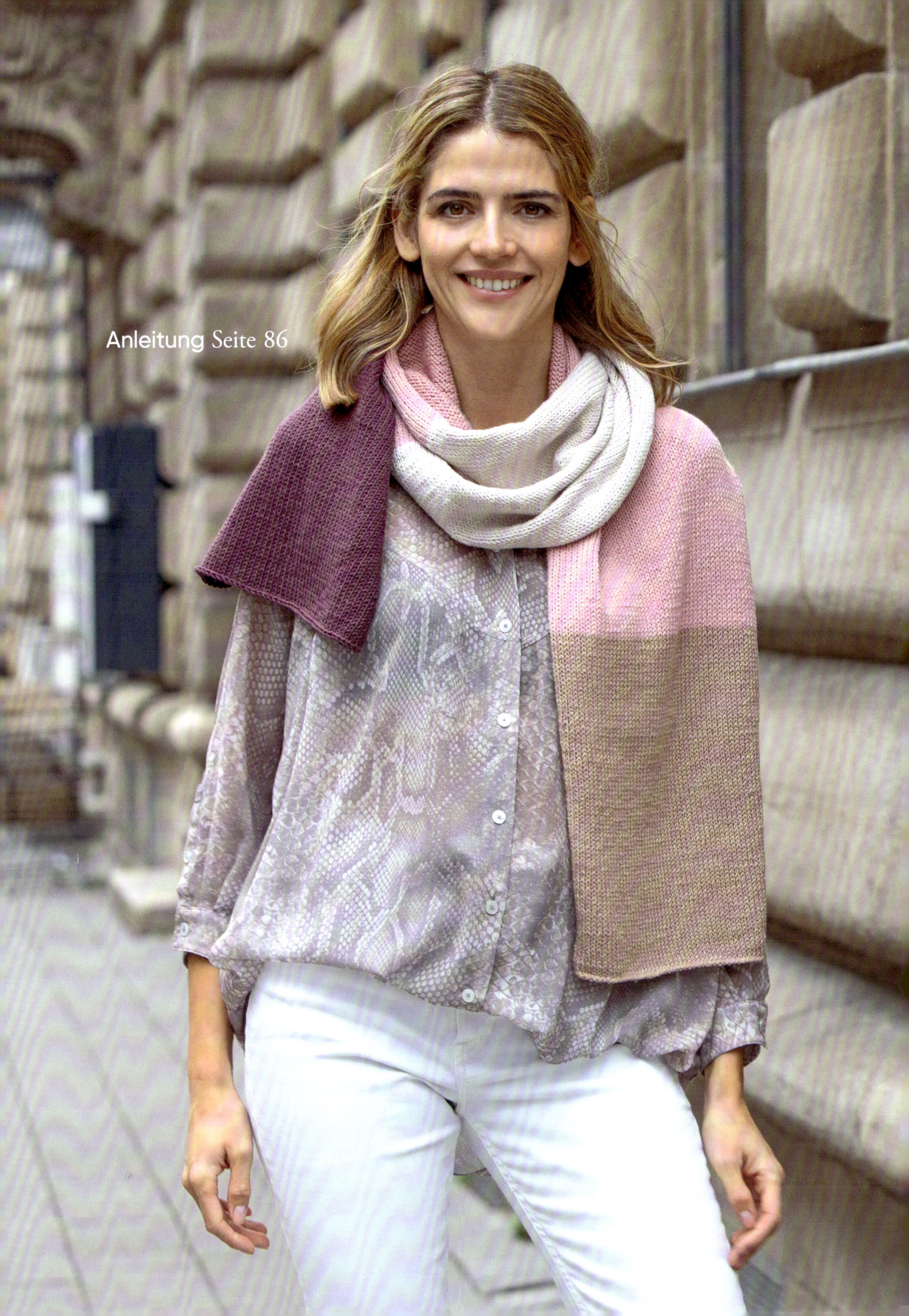

Anleitung Seite 86

Anleitung Seite 90

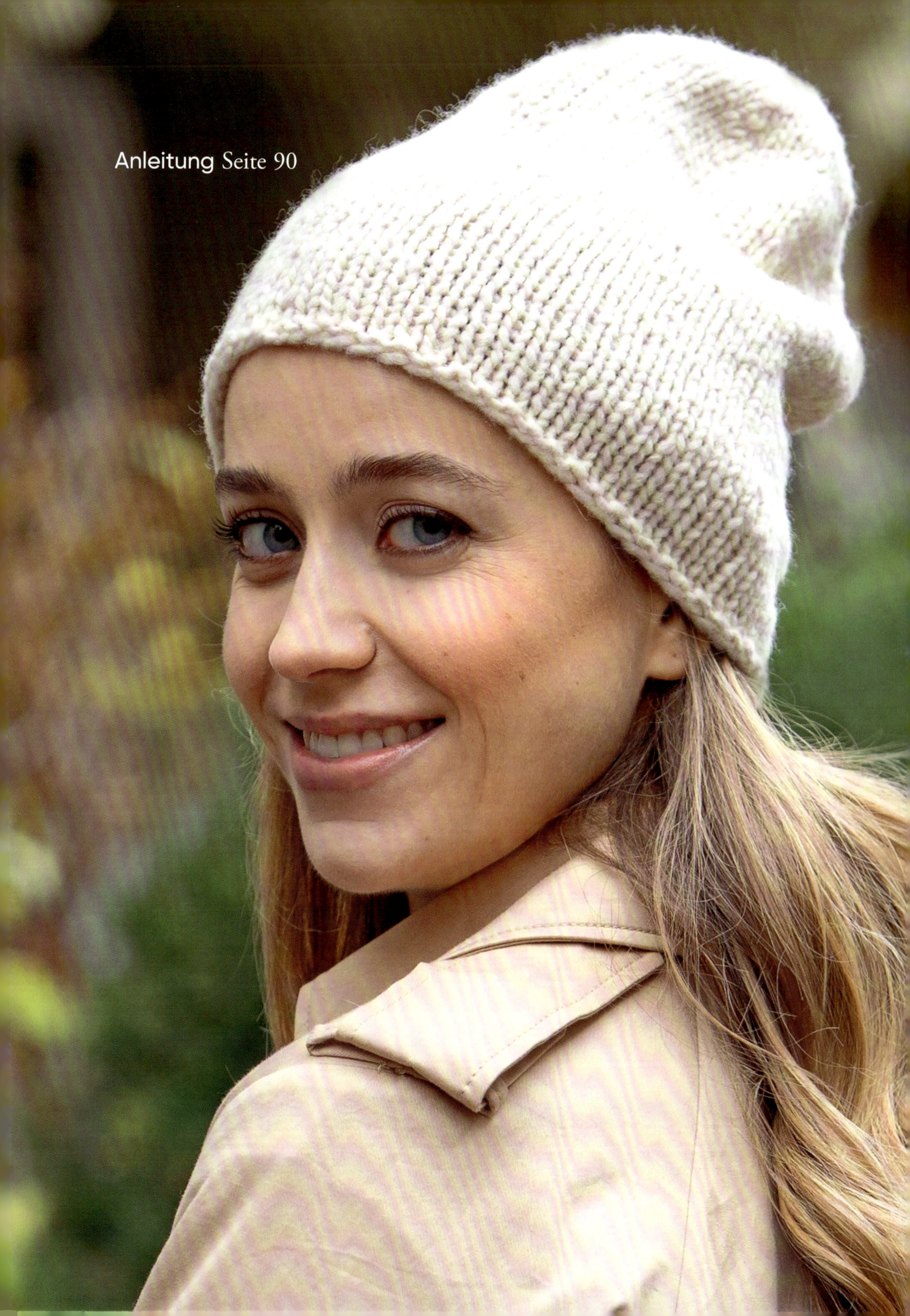

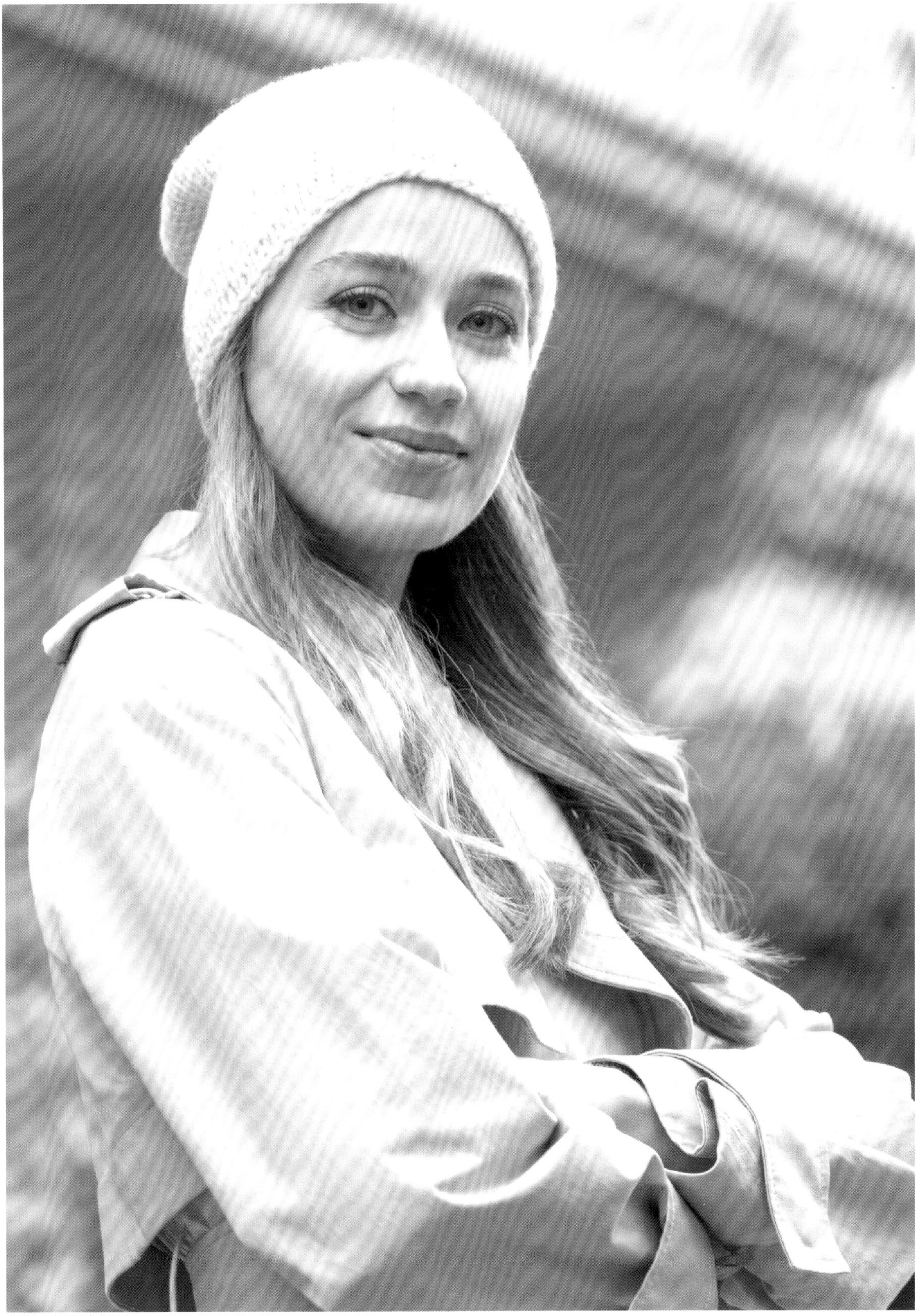

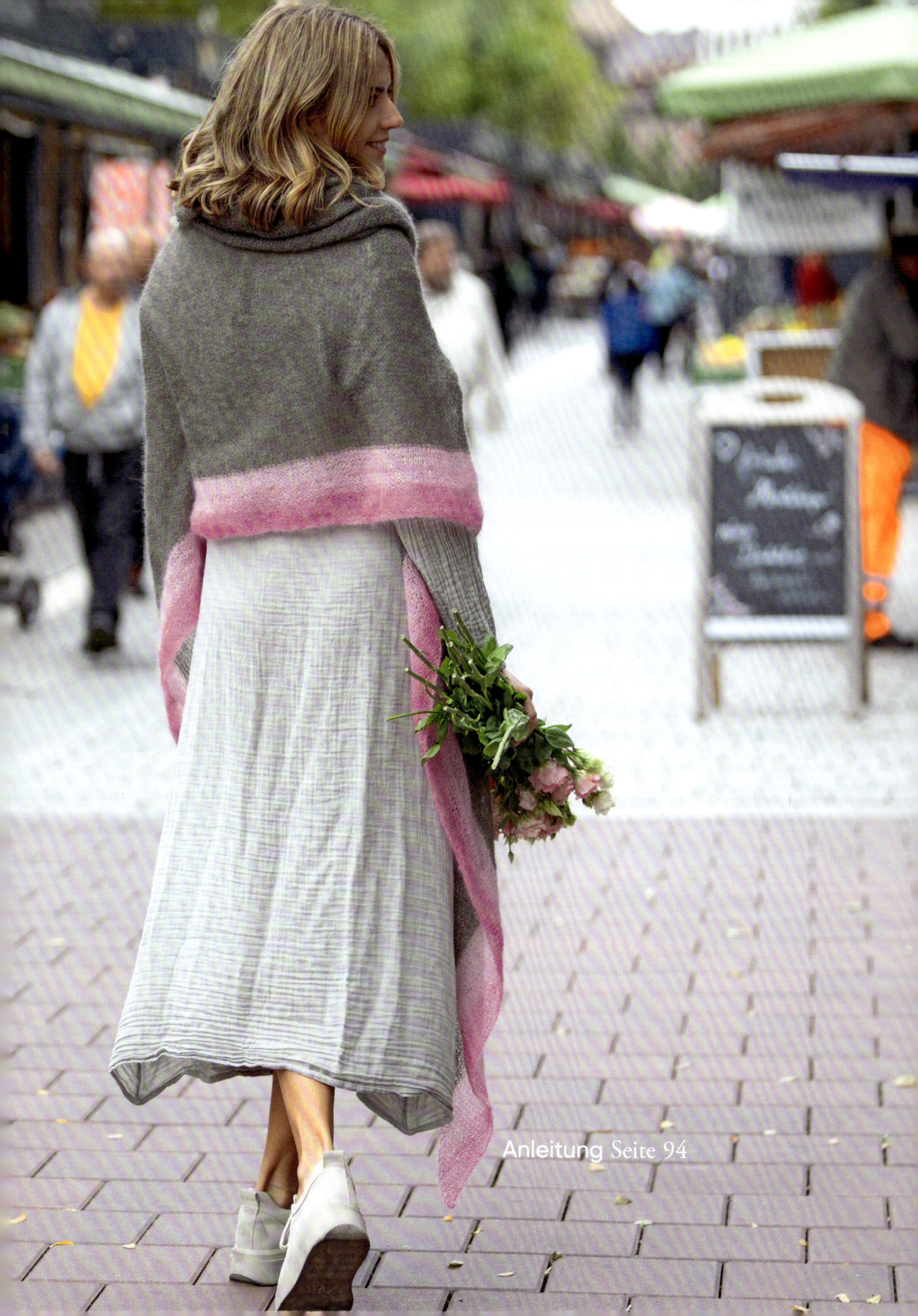

Anleitung Seite 94

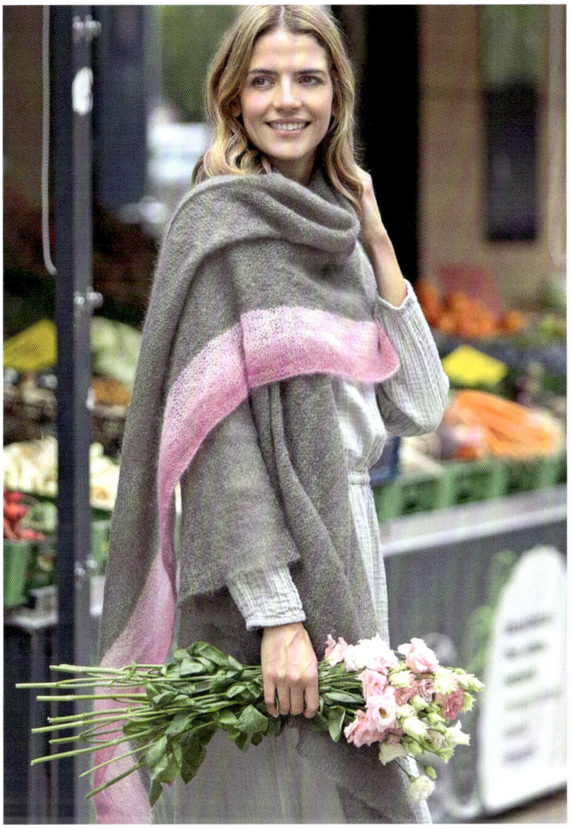

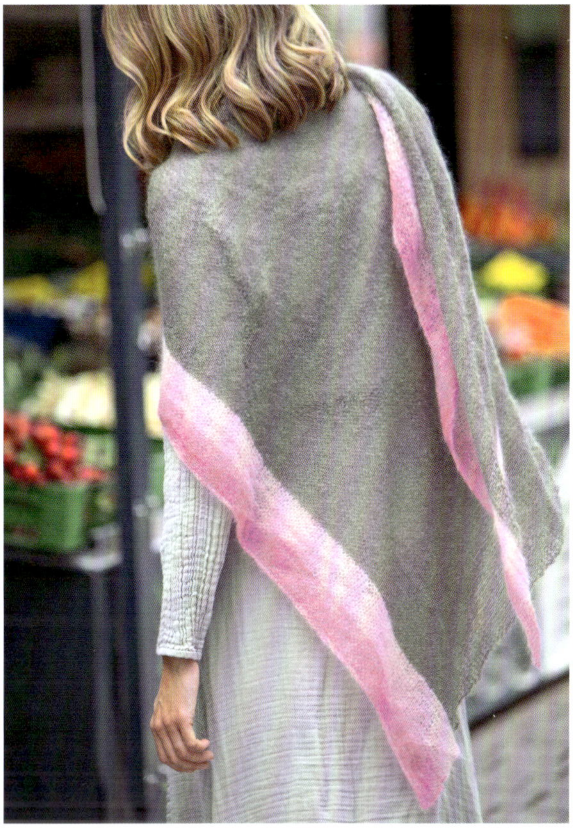

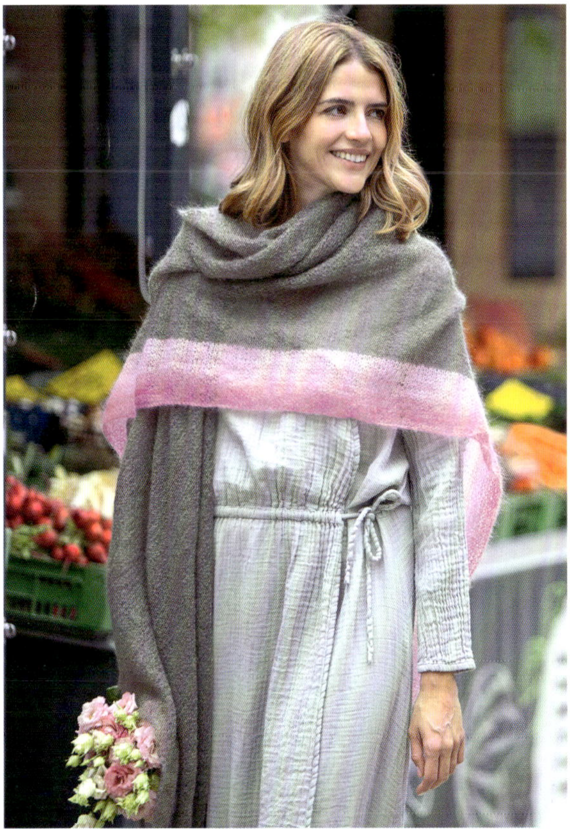

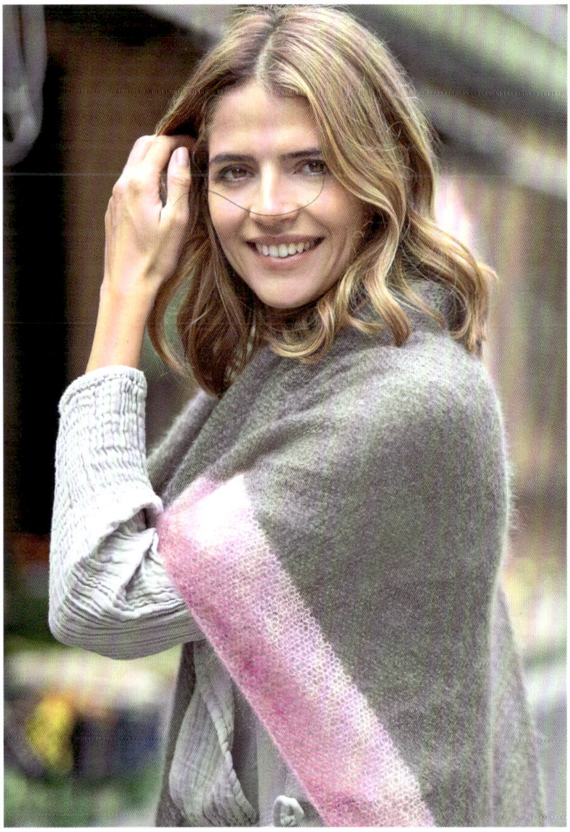

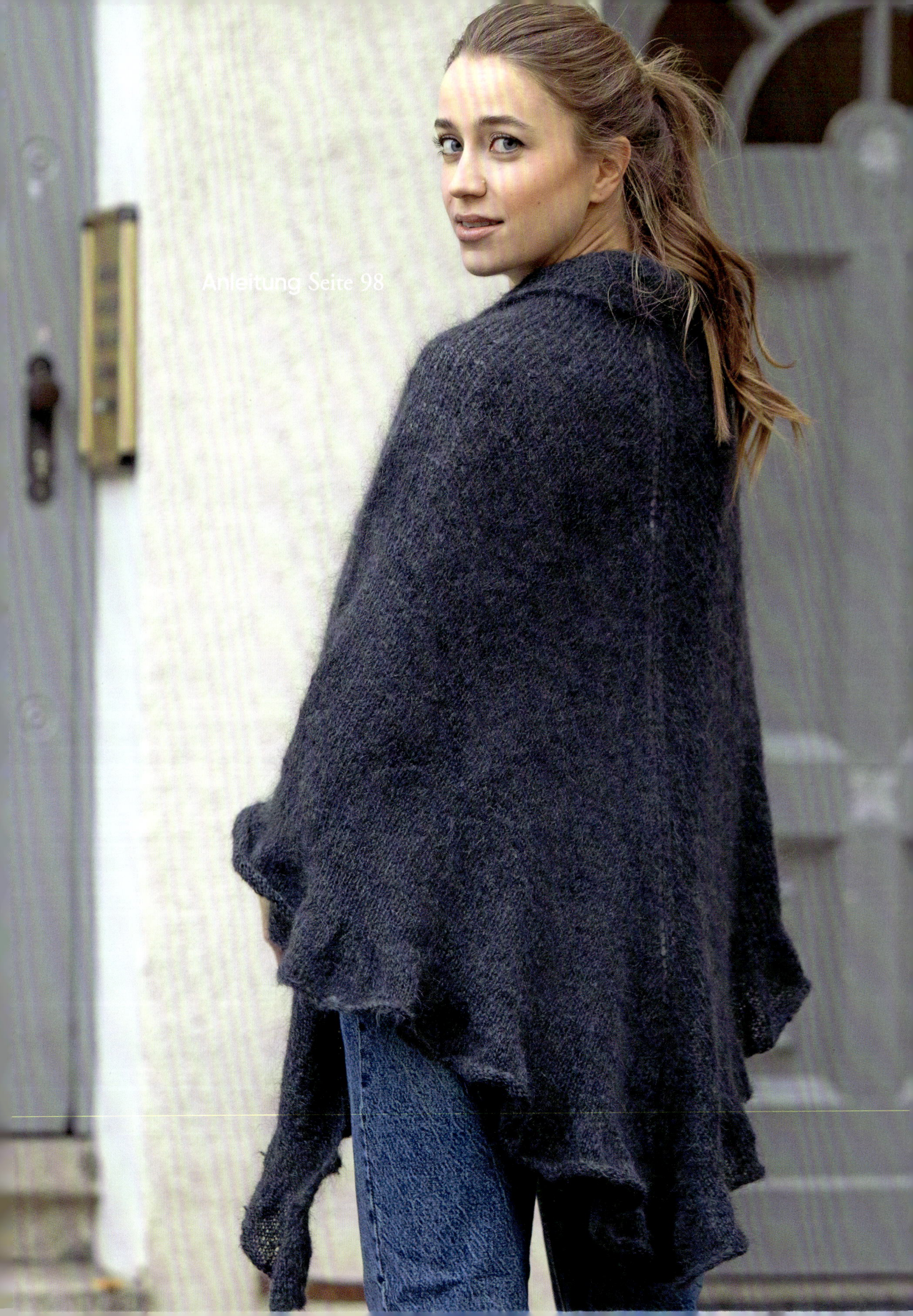

Anleitung Seite 98

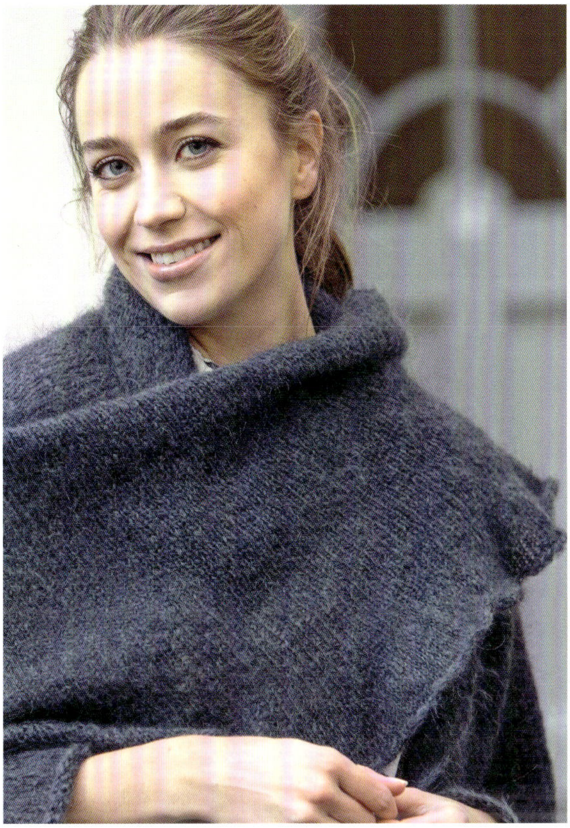

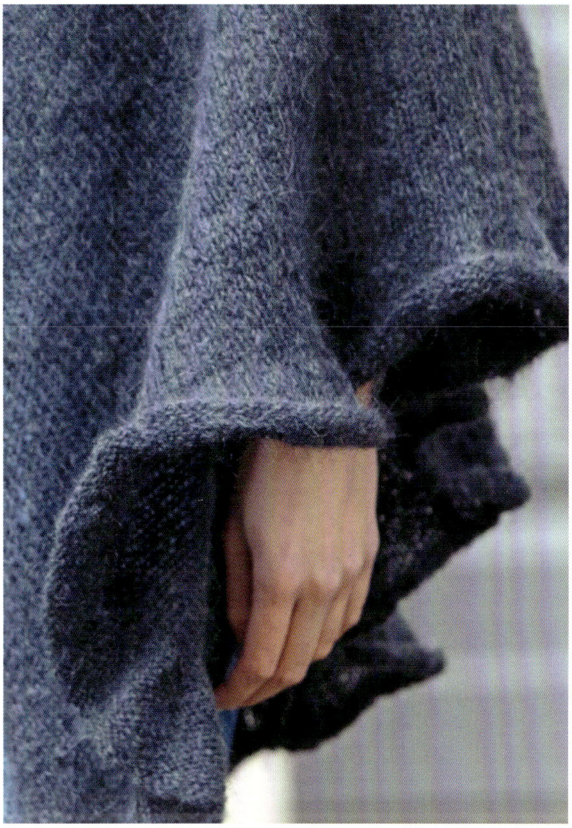

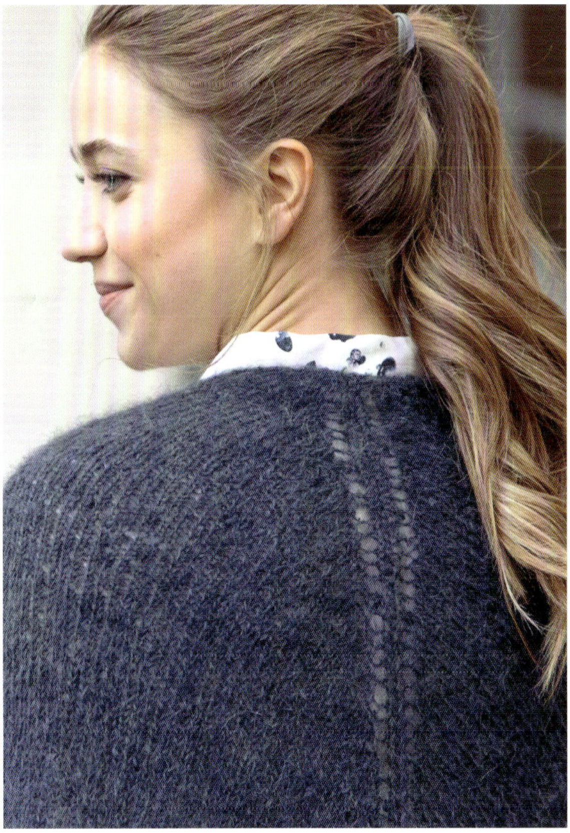

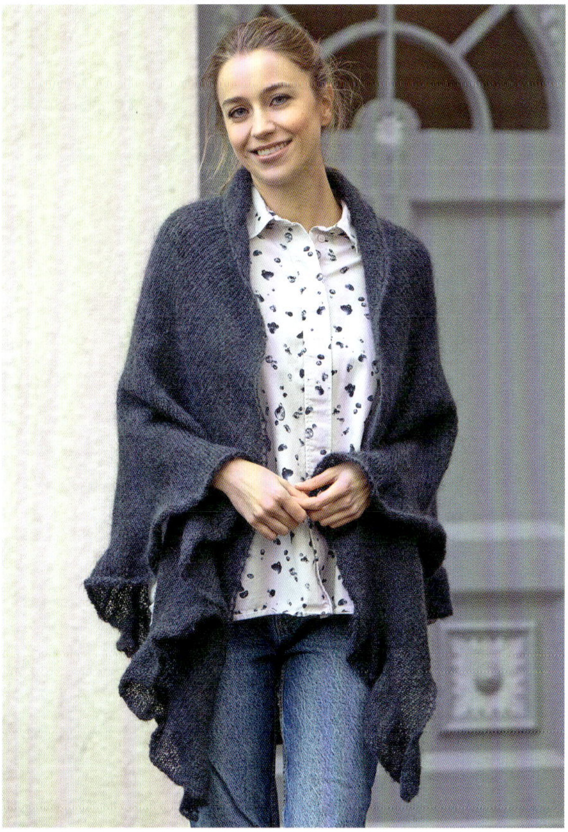

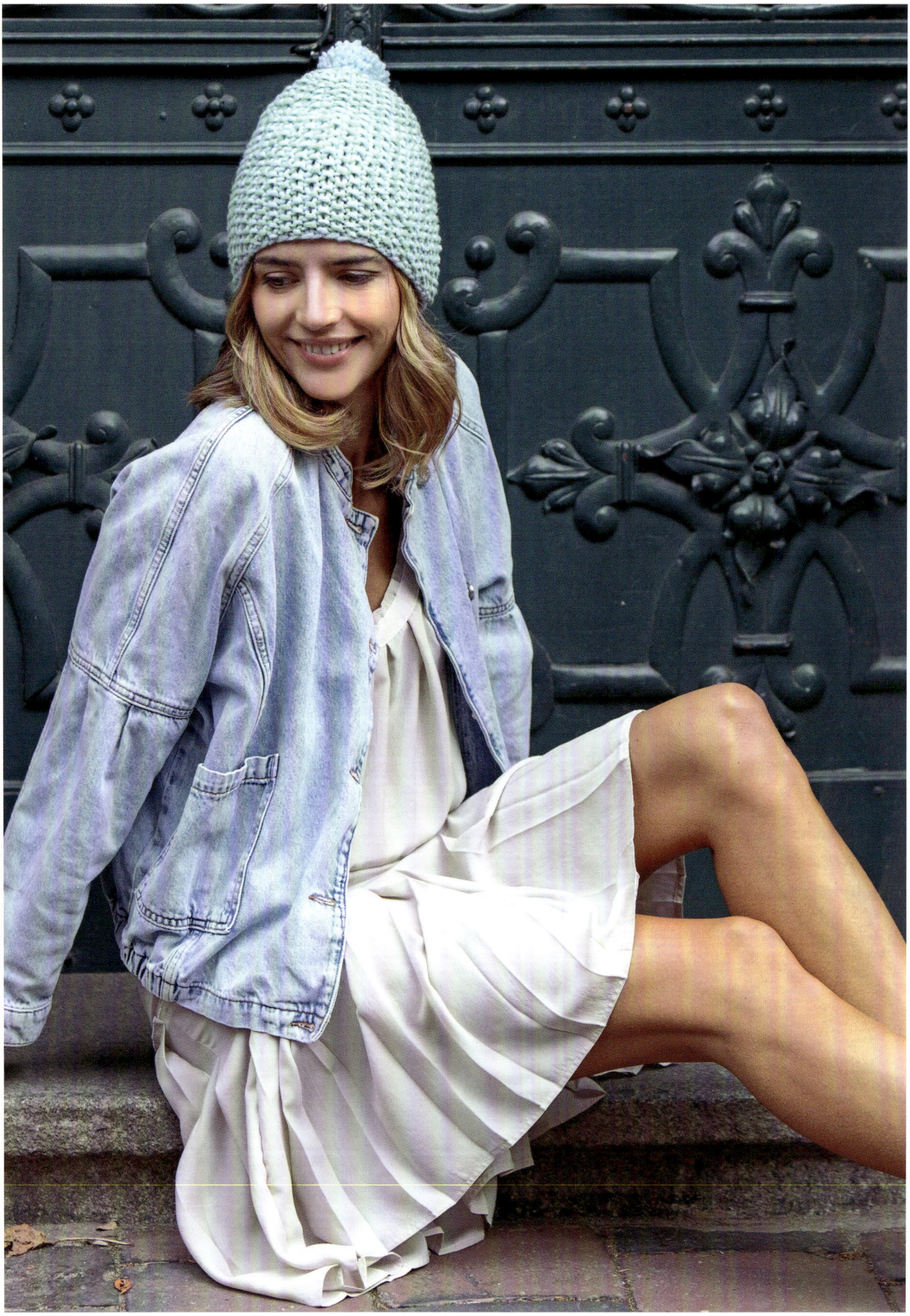

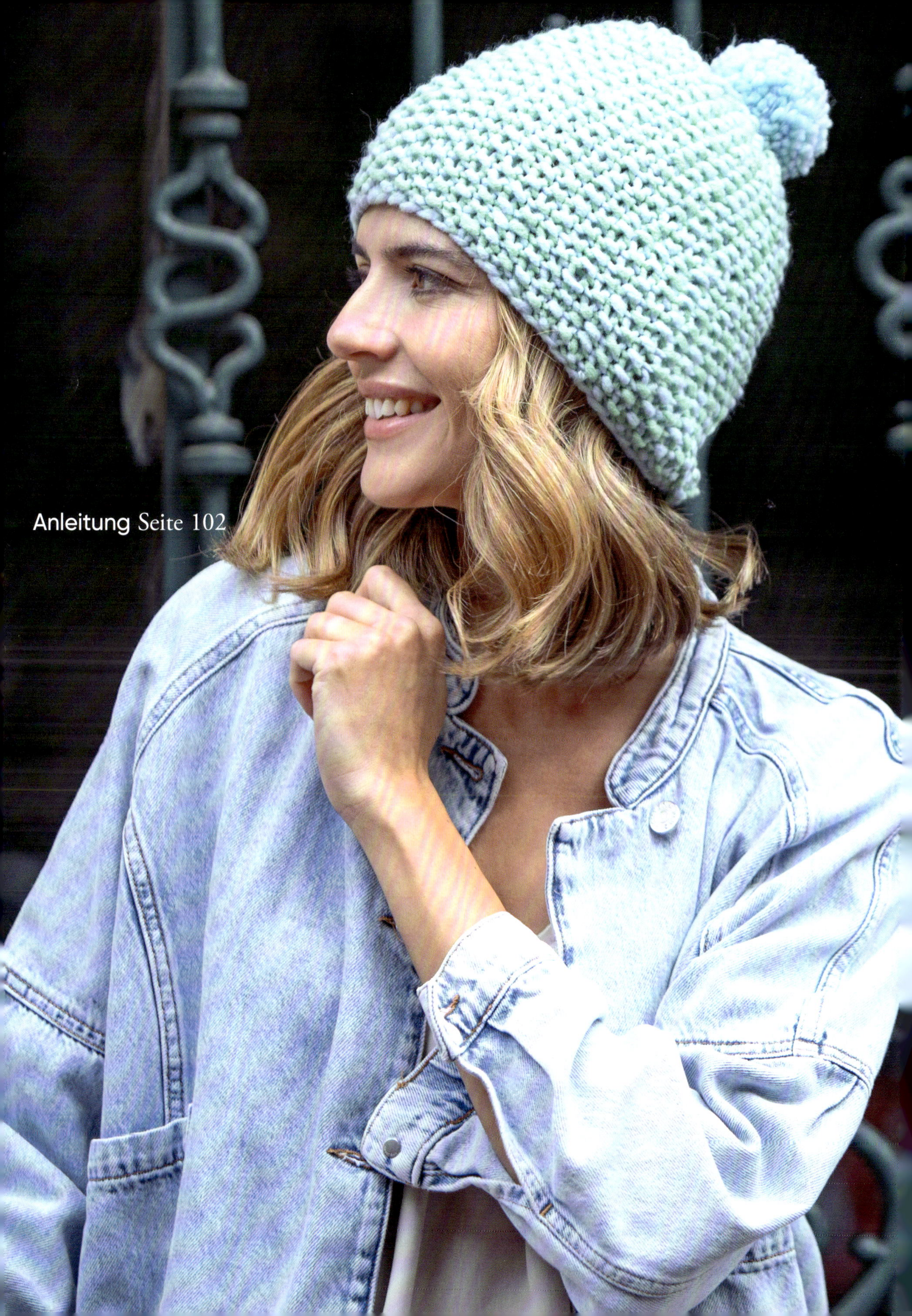

Anleitung Seite 102

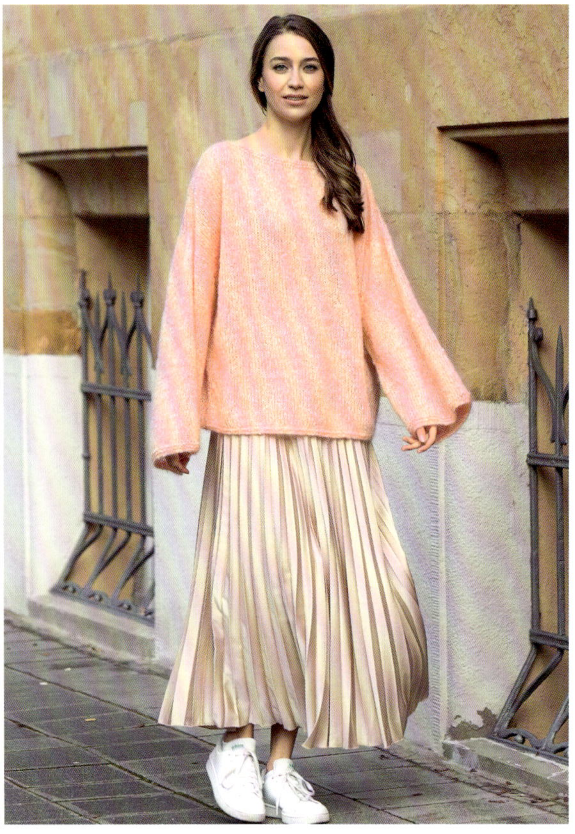

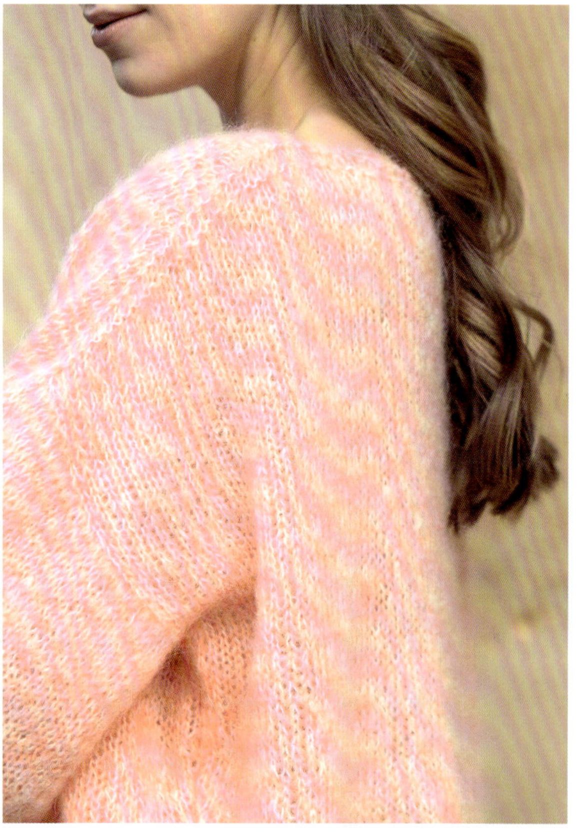

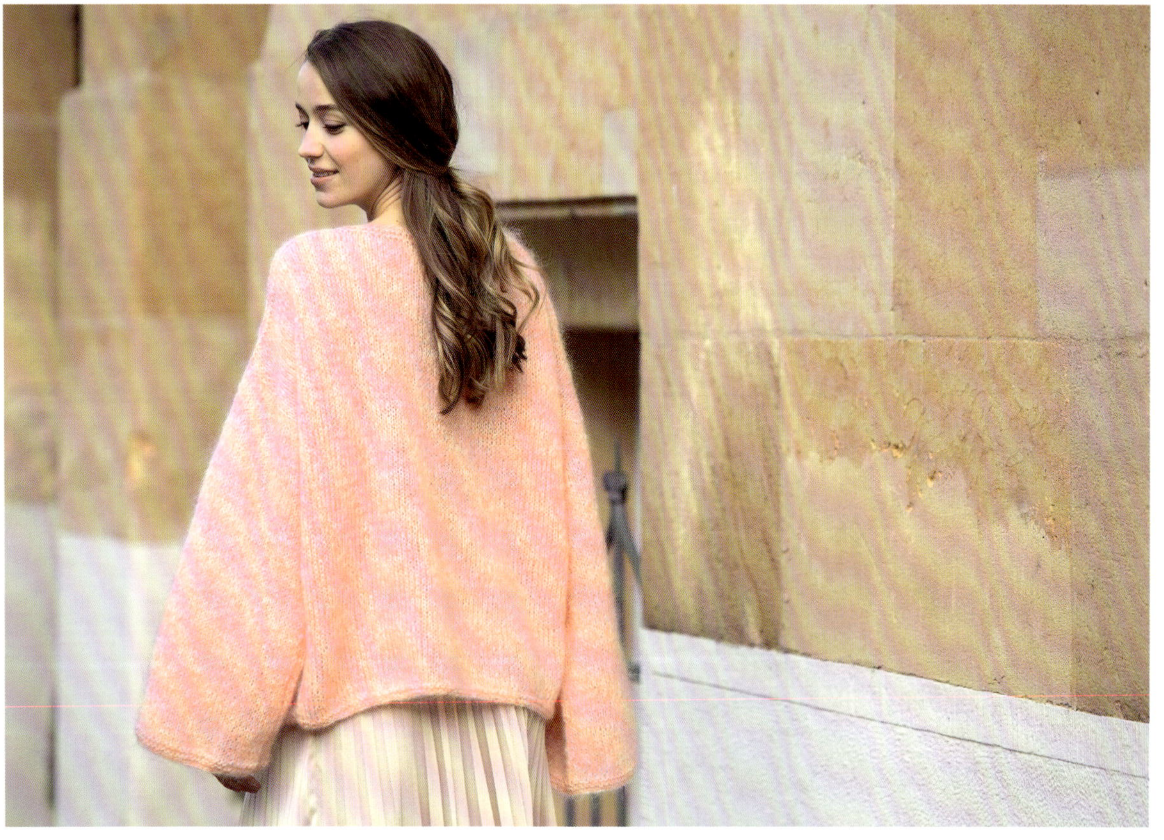

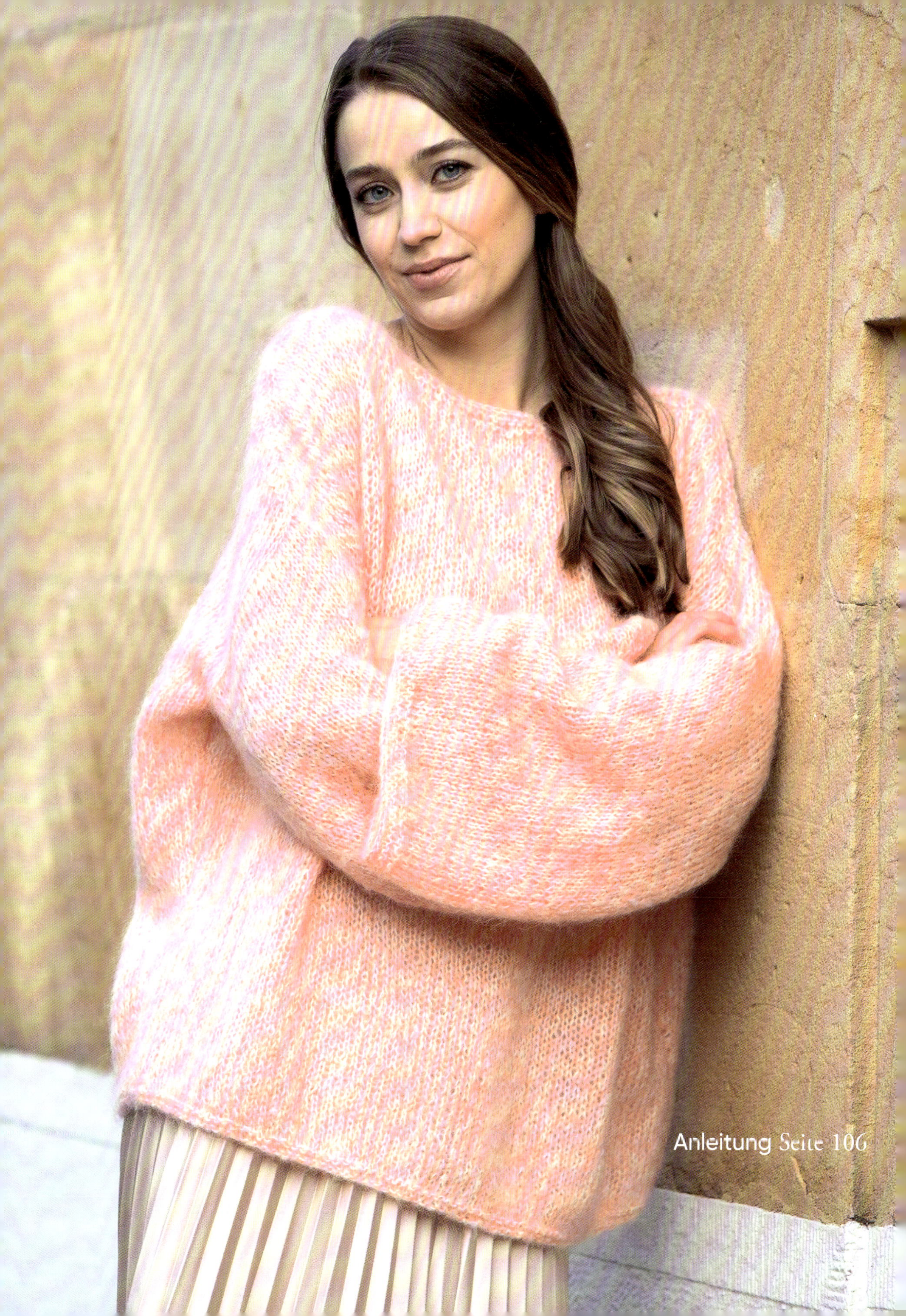
Anleitung Seite 106

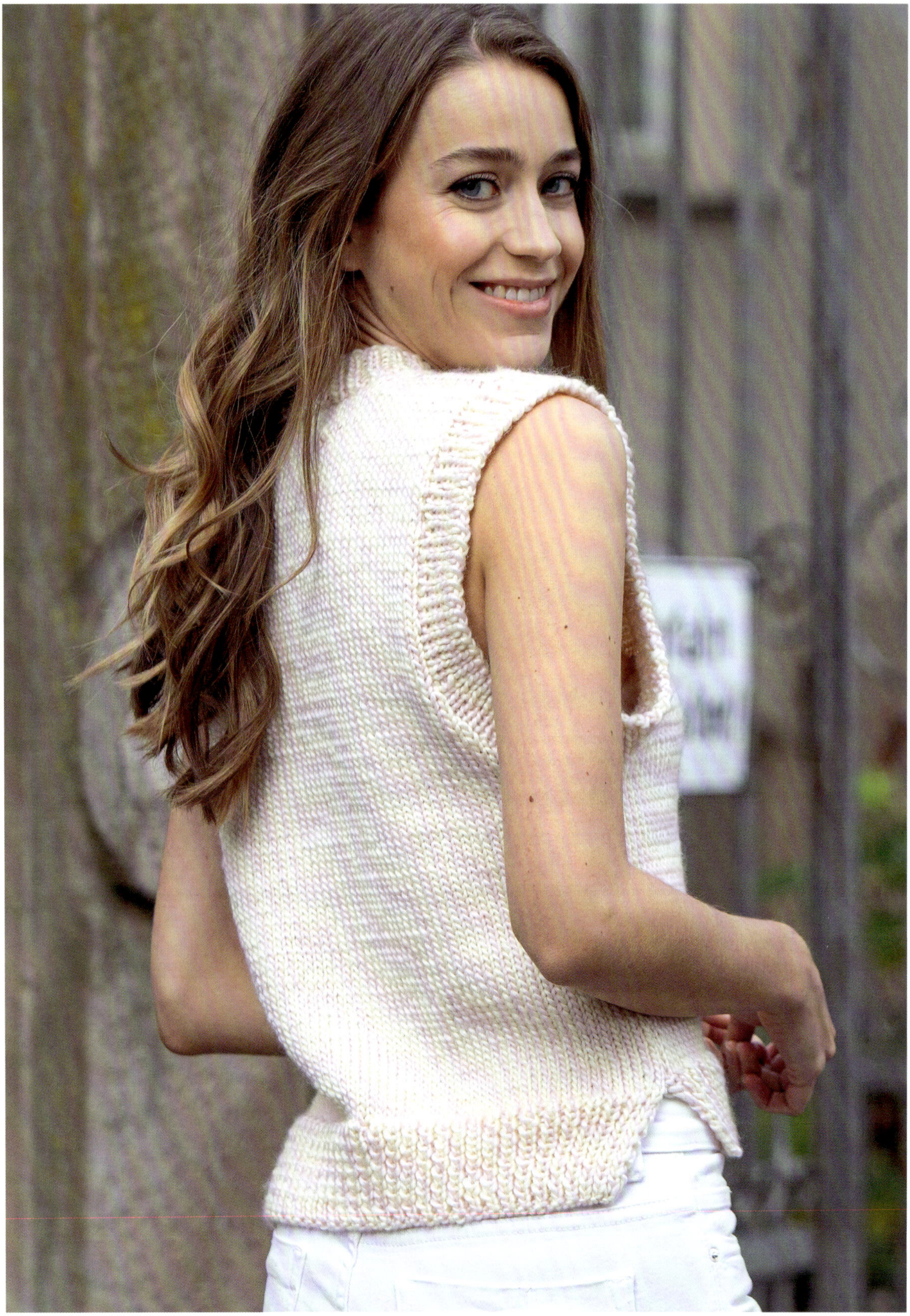

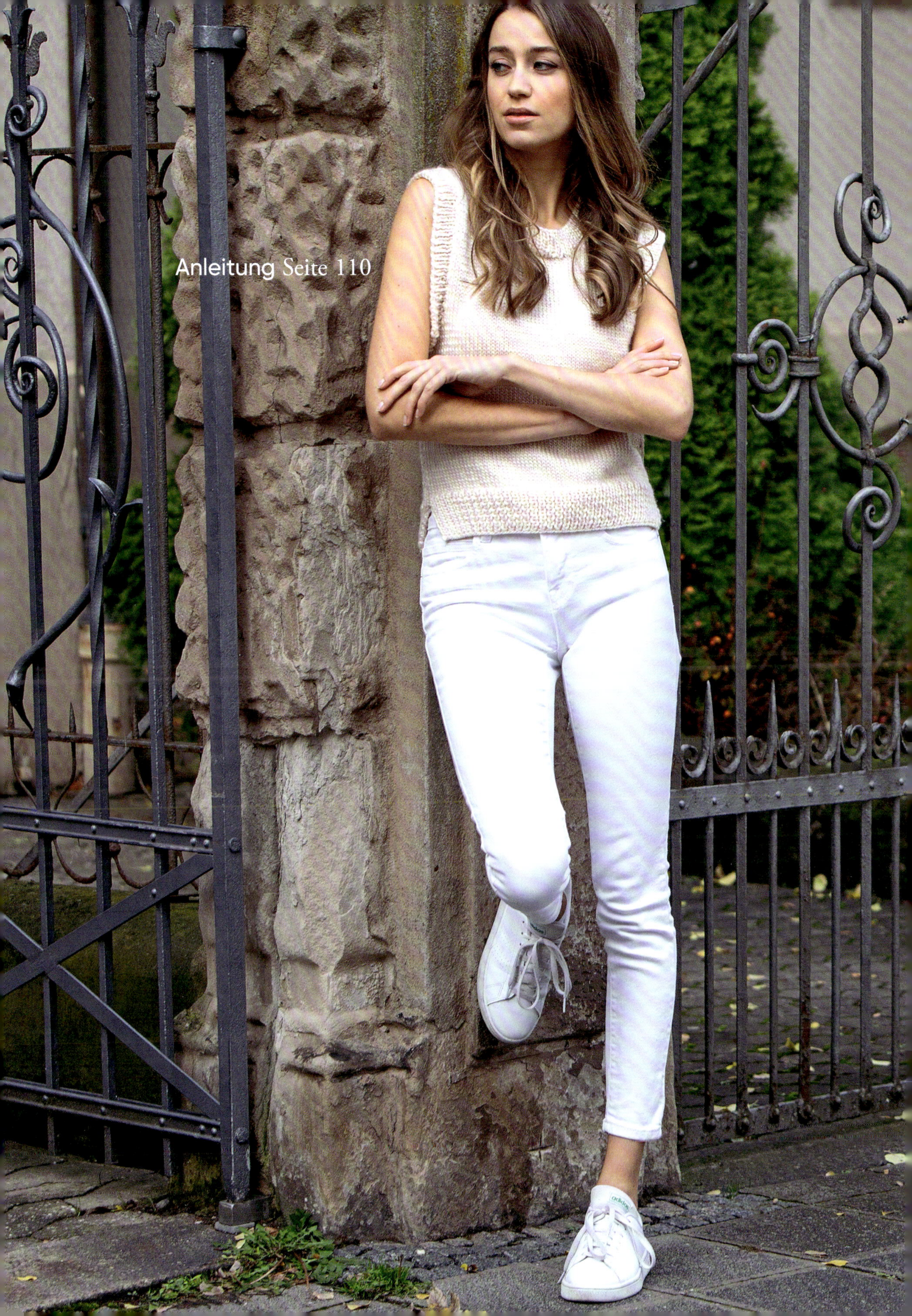

Anleitung Seite 110

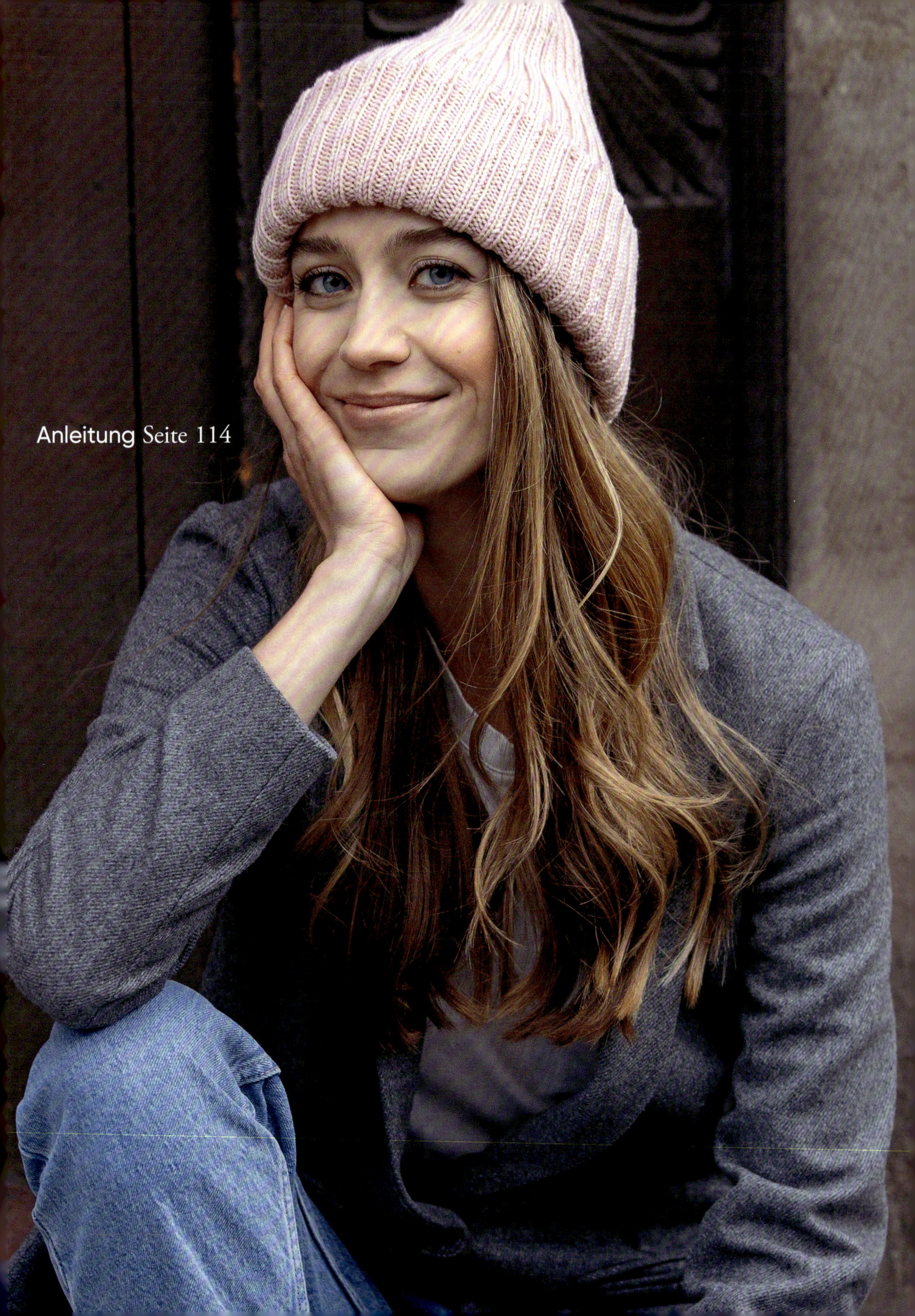

Anleitung Seite 114

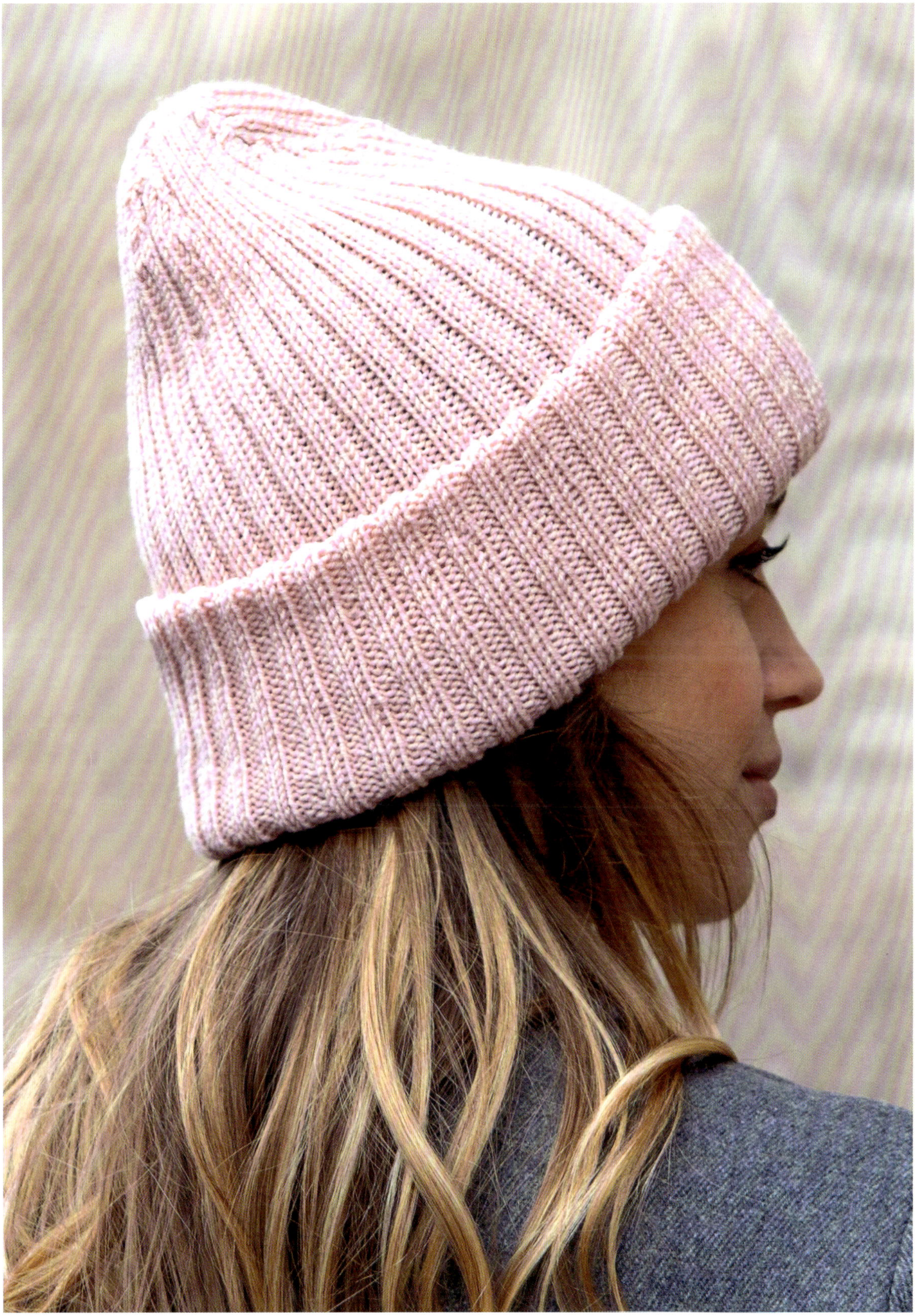

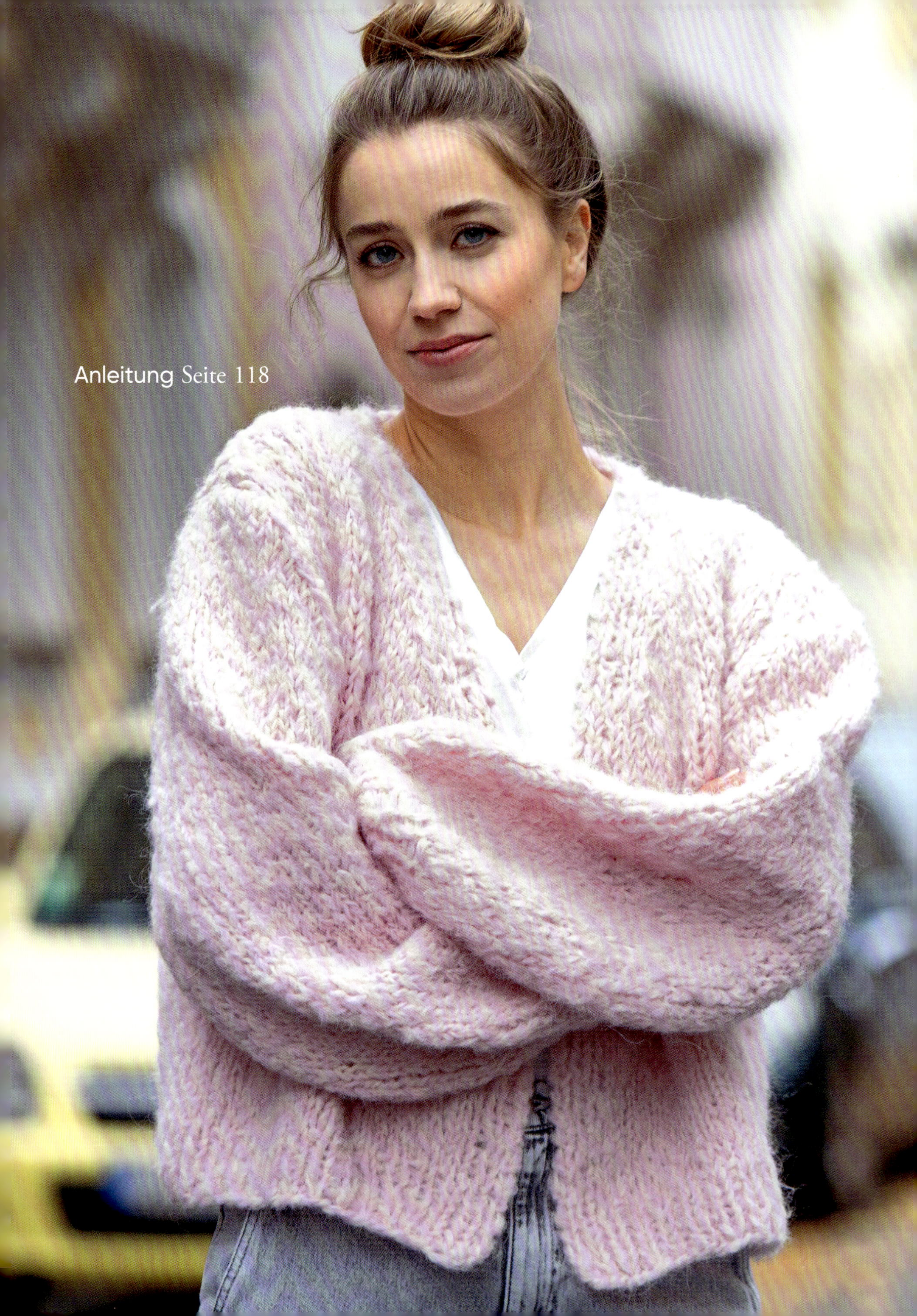

Anleitung Seite 118

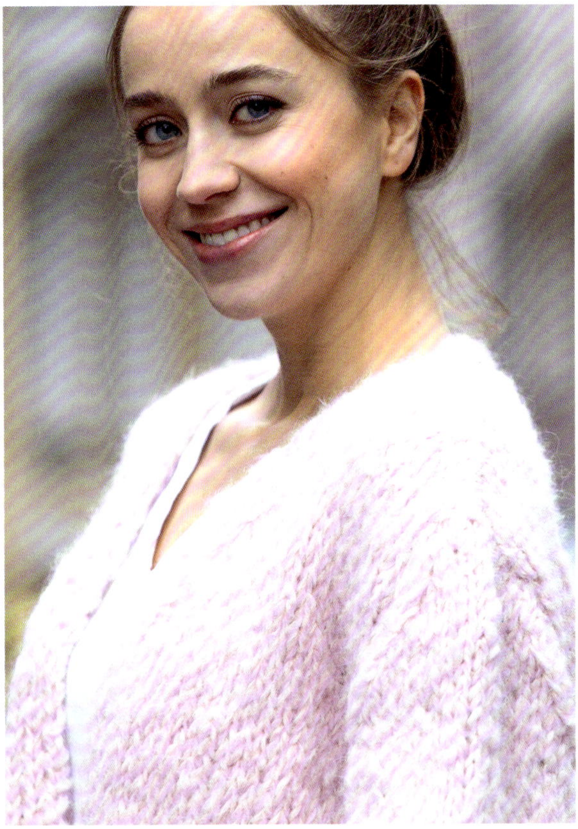

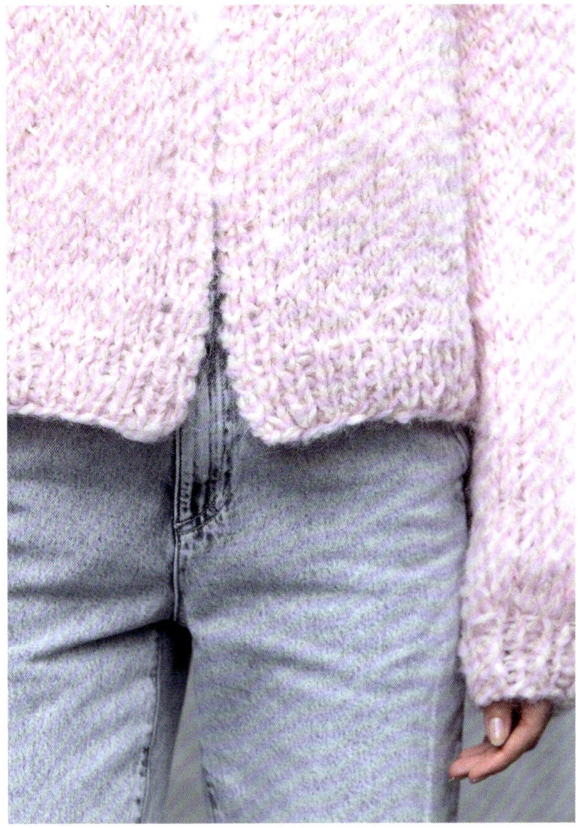

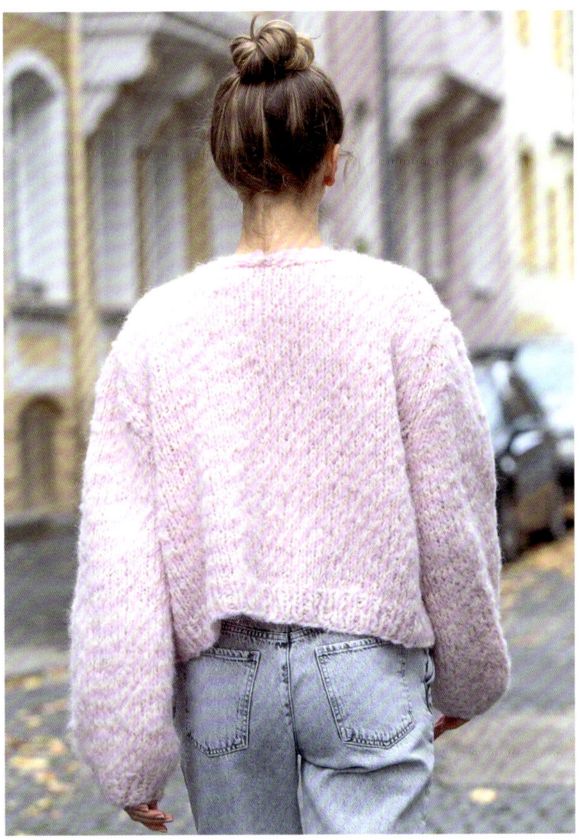

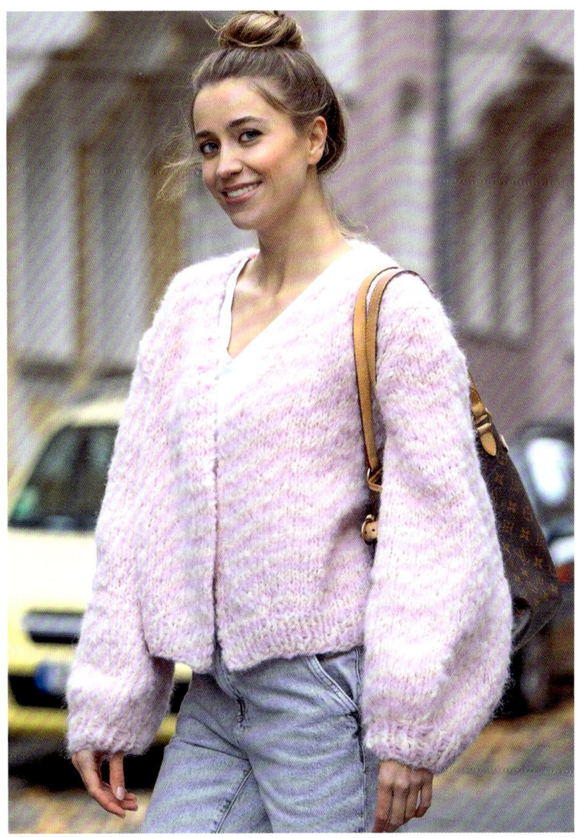

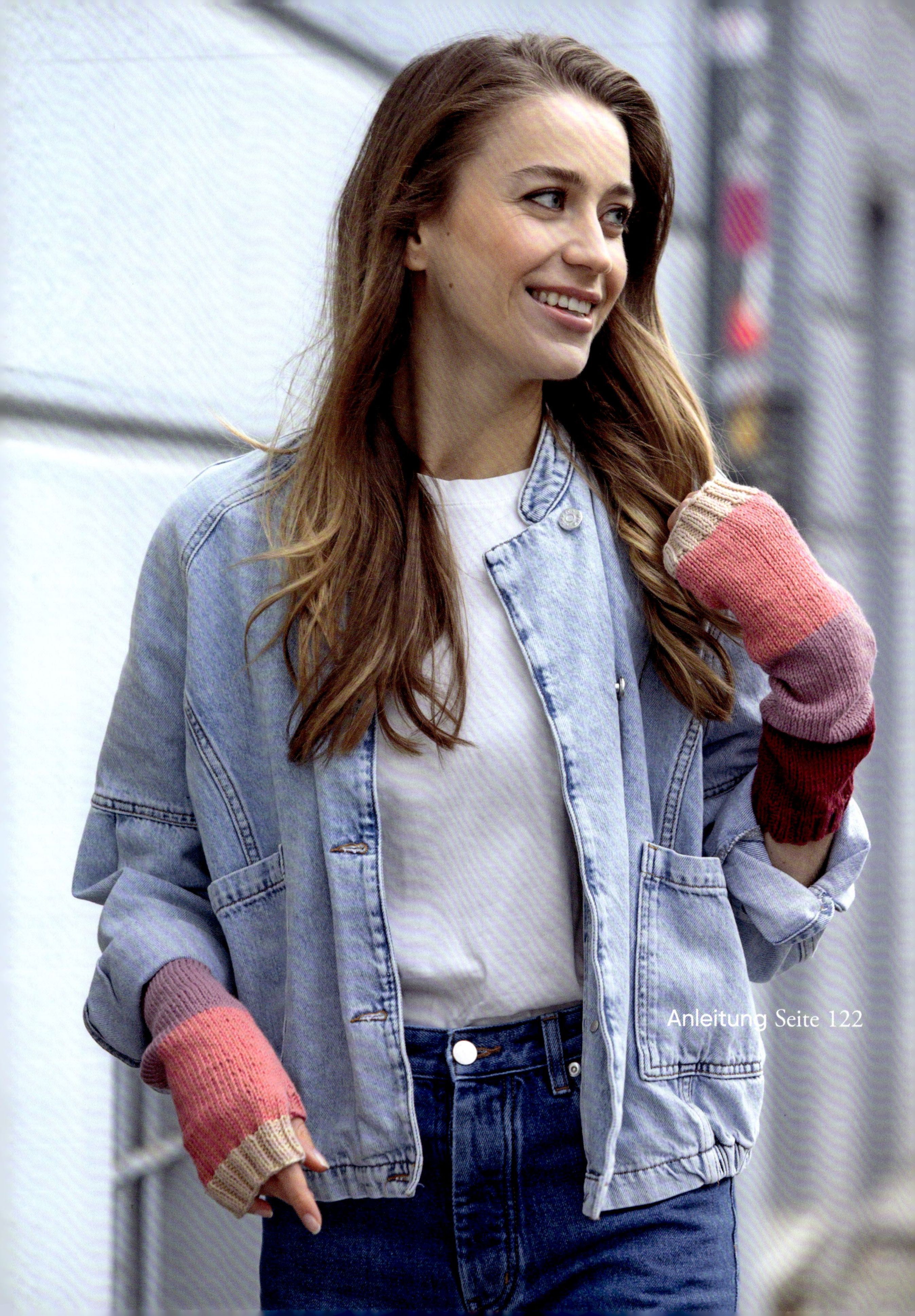

Anleitung Seite 122

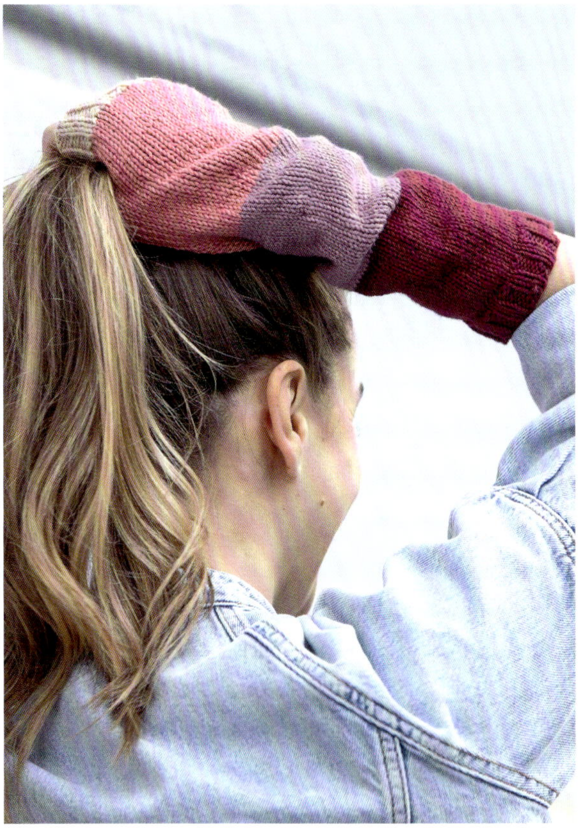

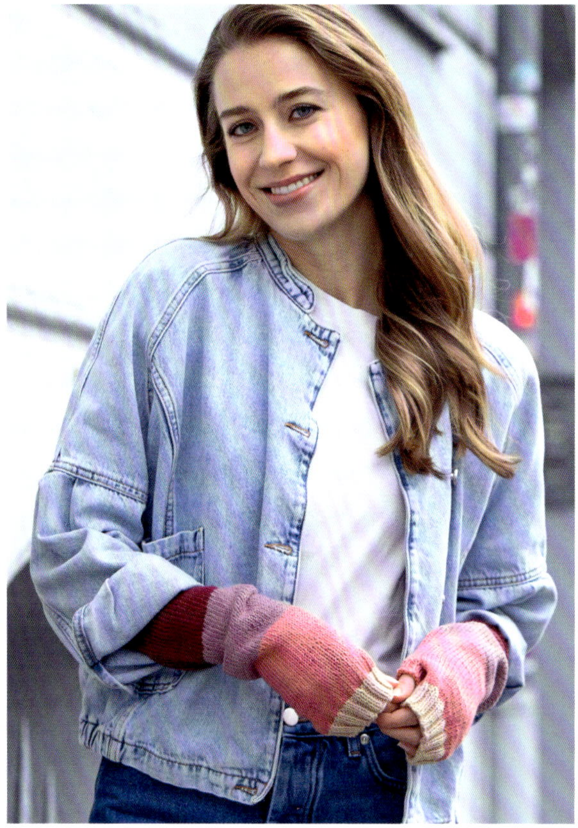

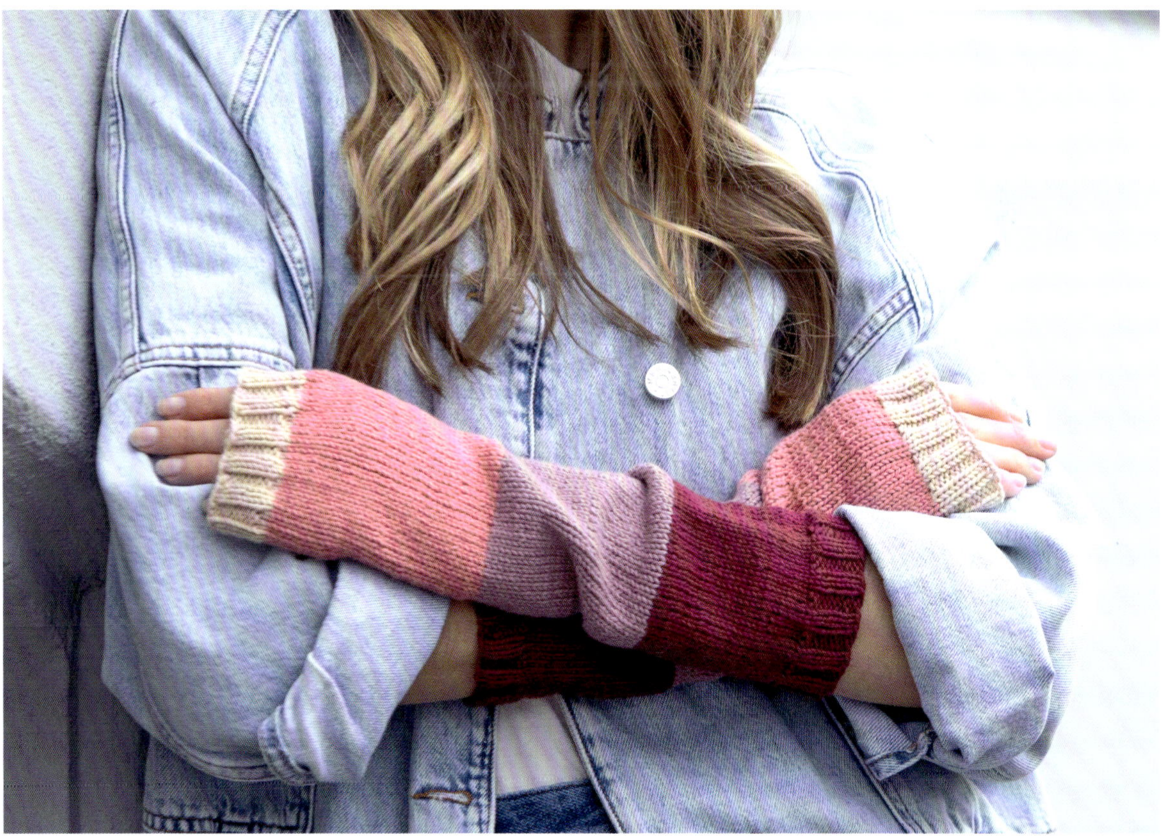

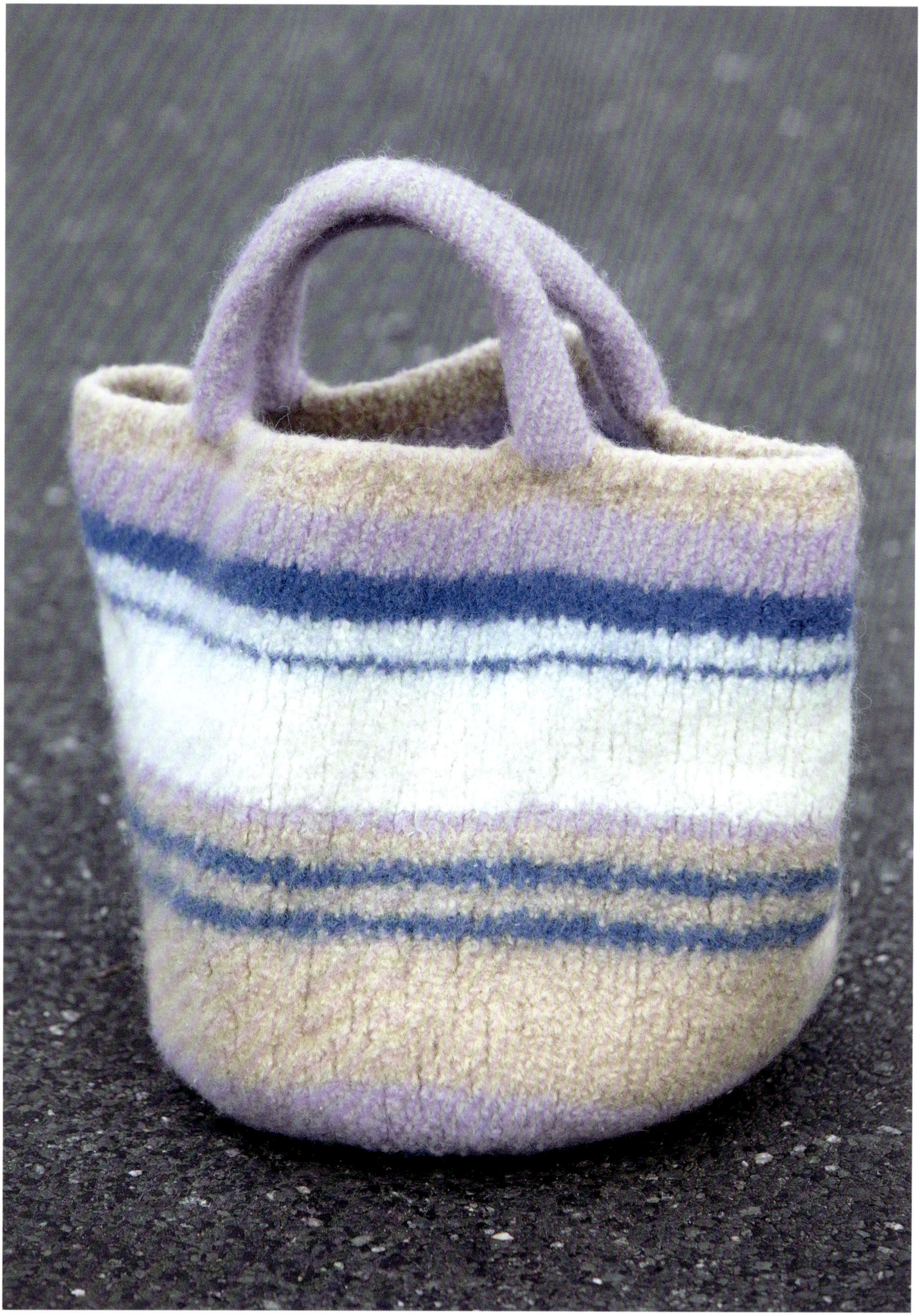

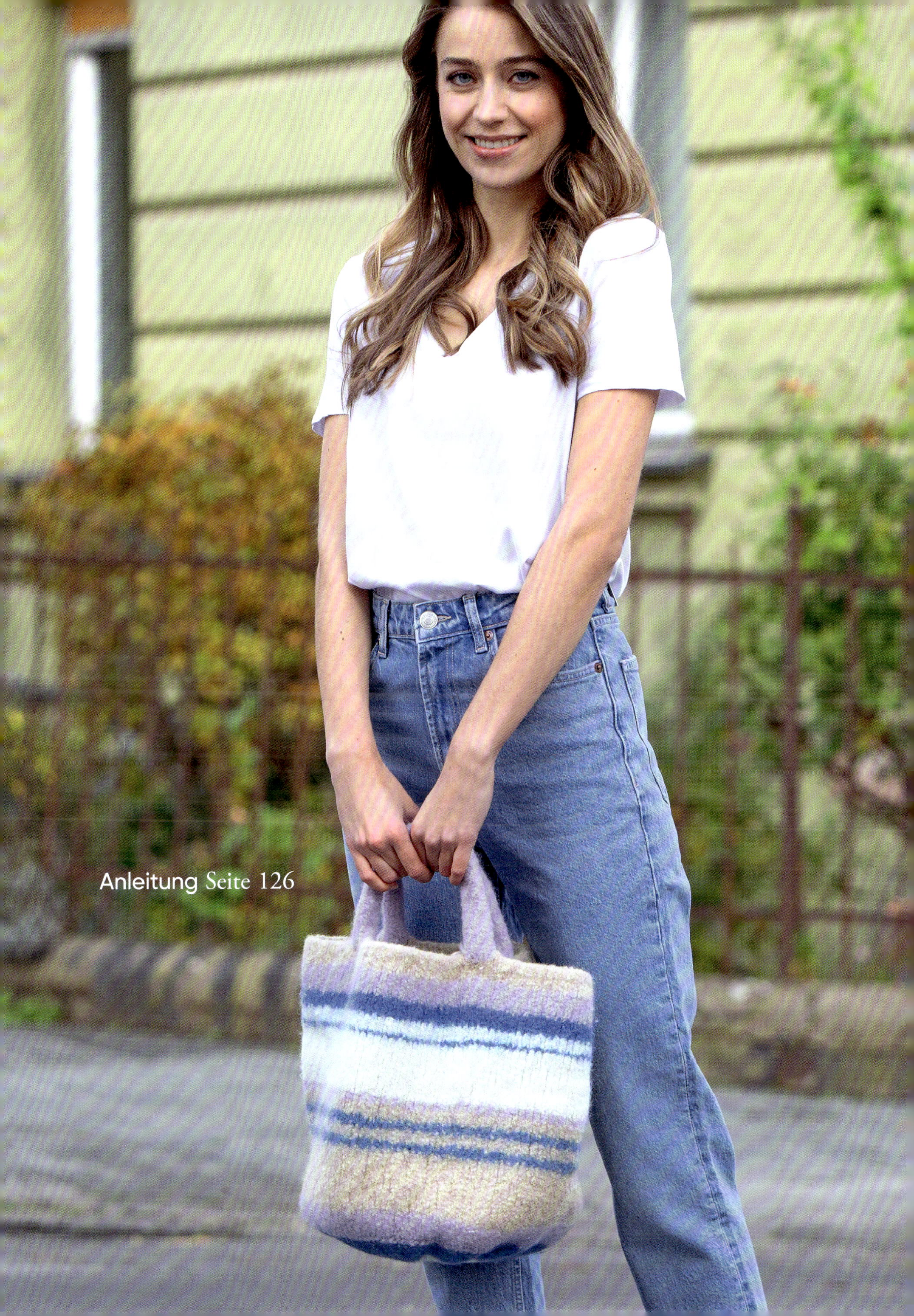

Anleitung Seite 126

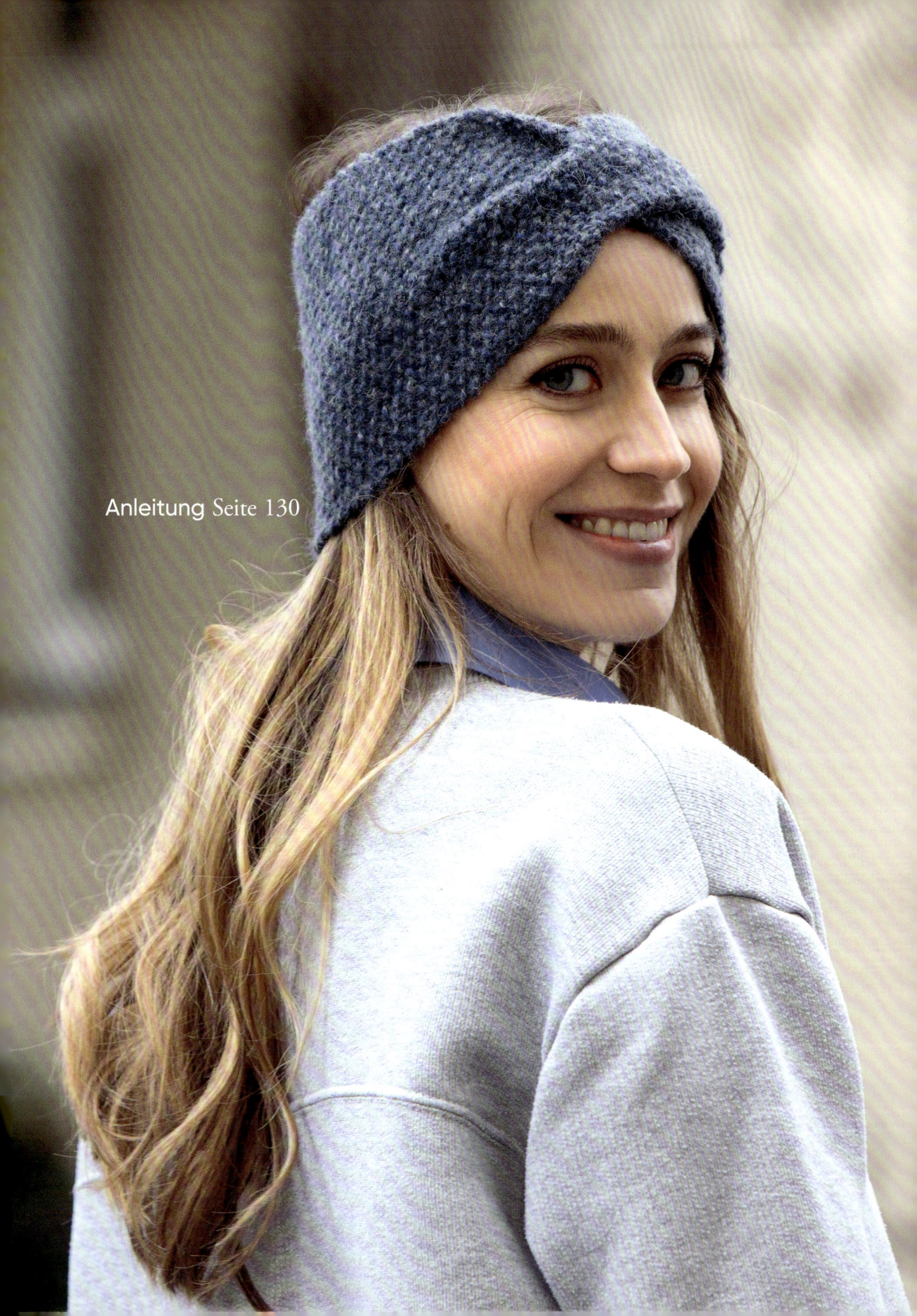

Anleitung Seite 130

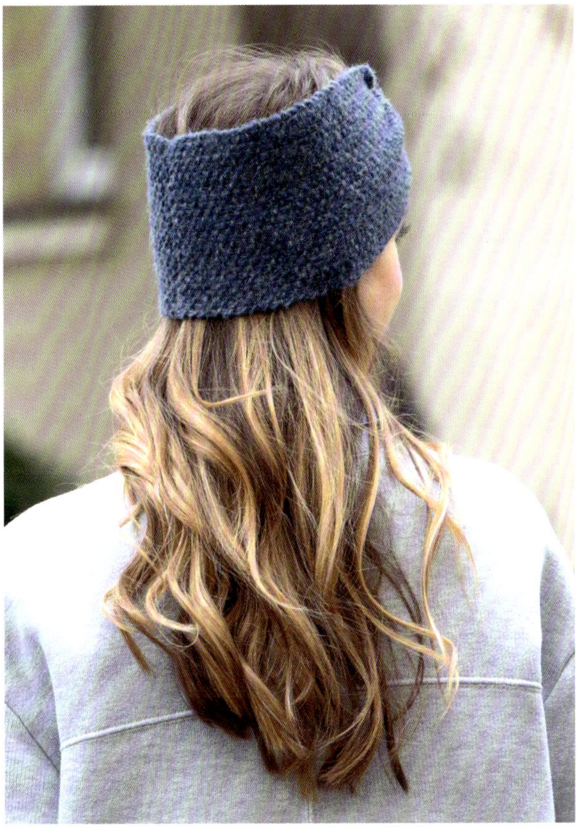

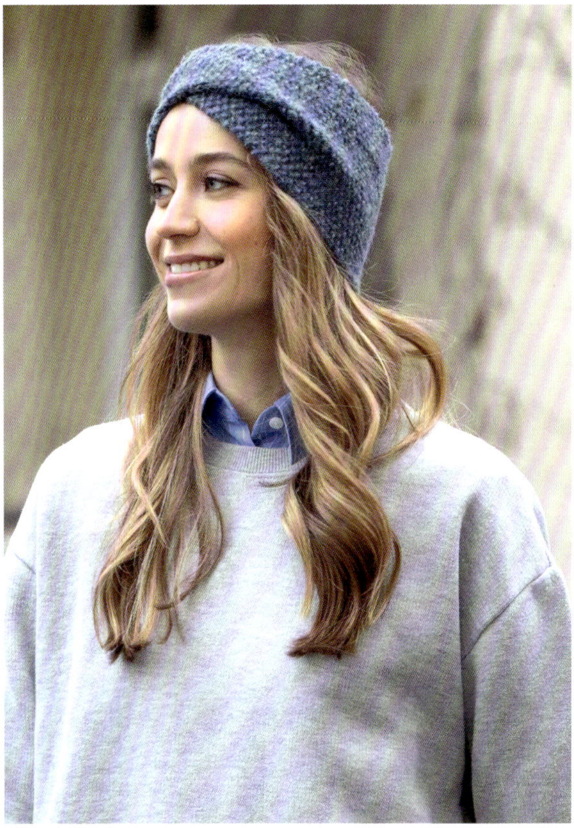

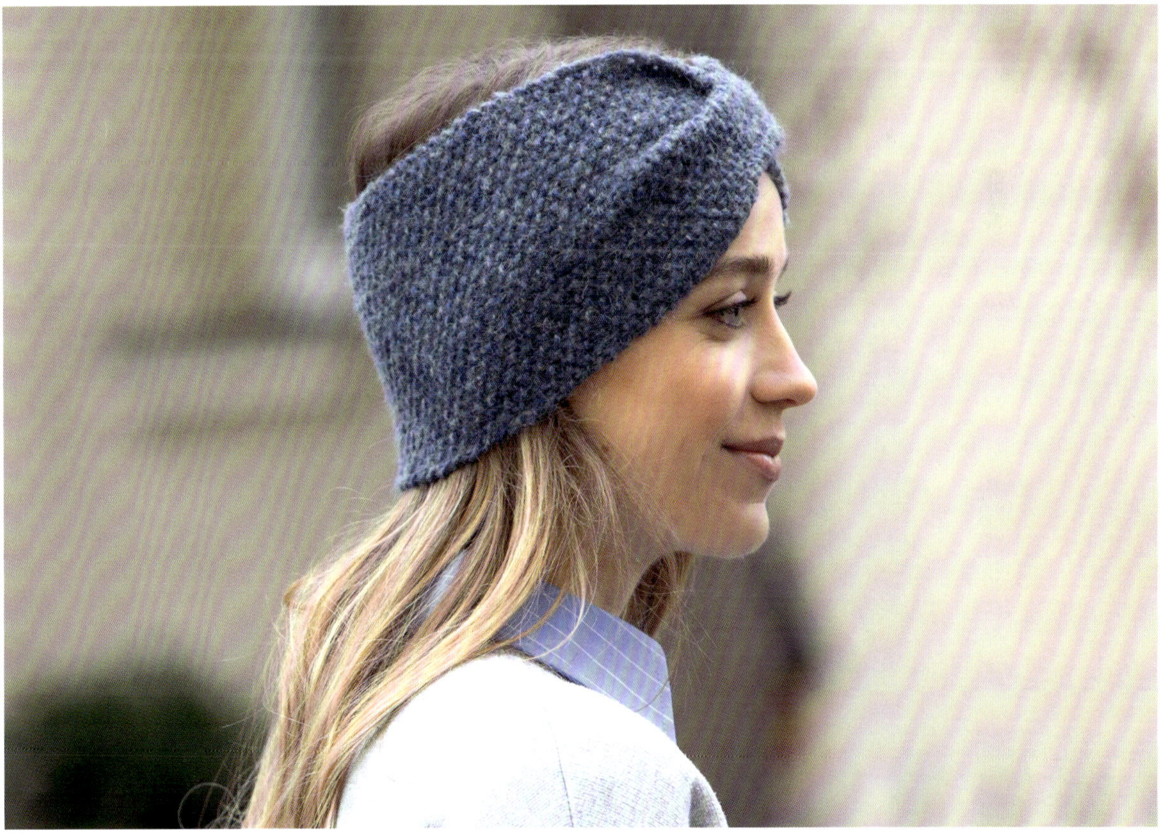

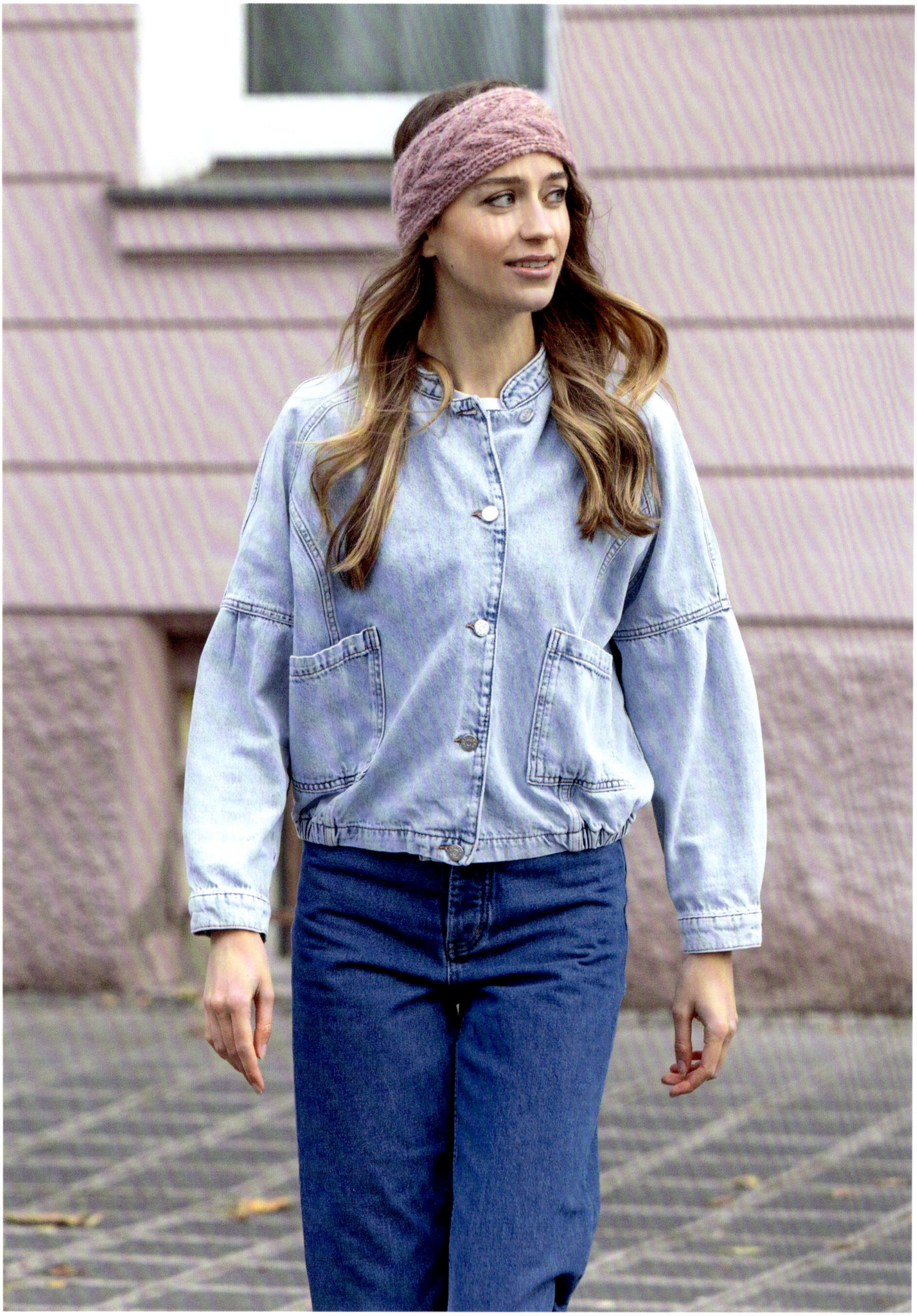

Anleitung Seite 134

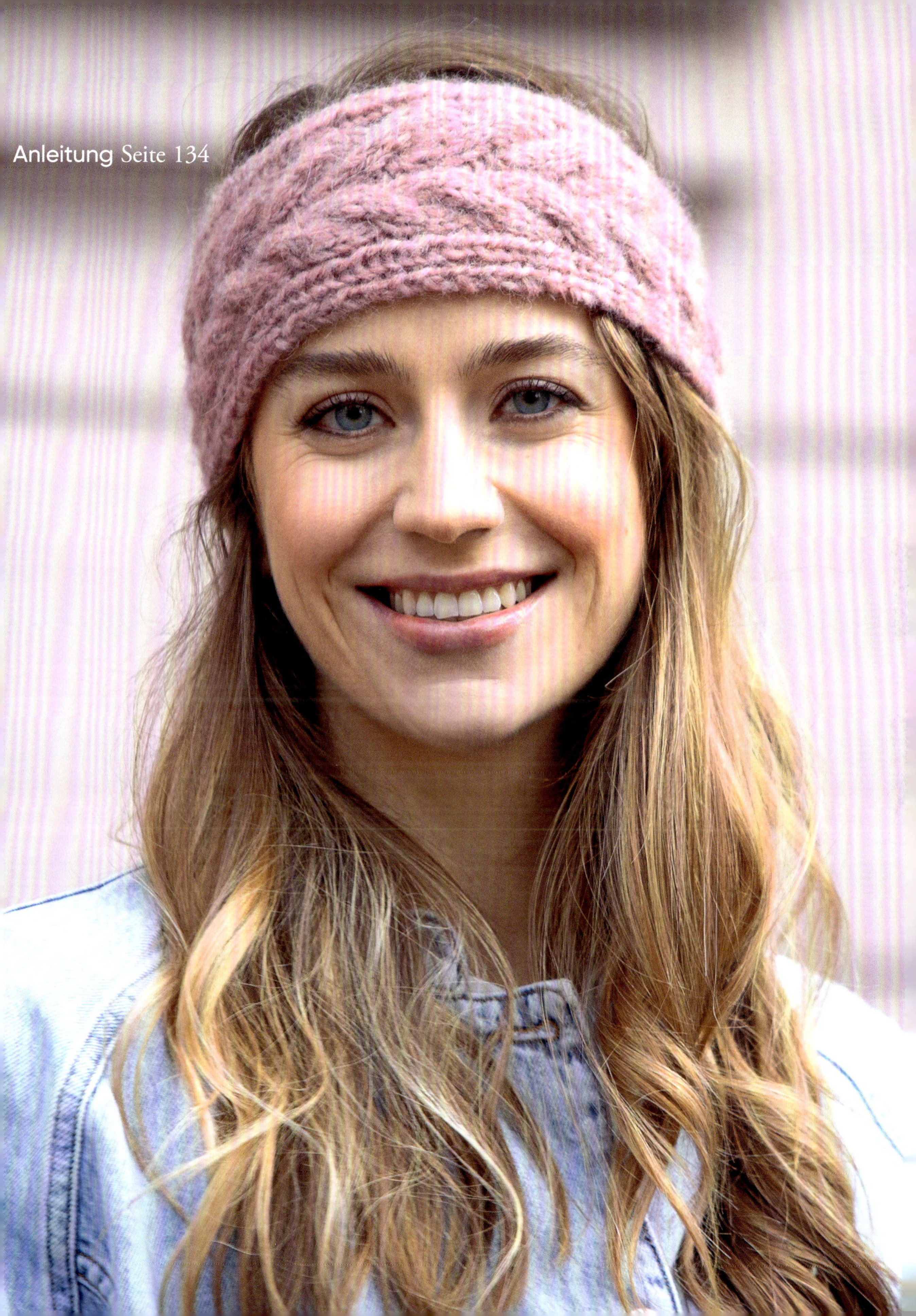

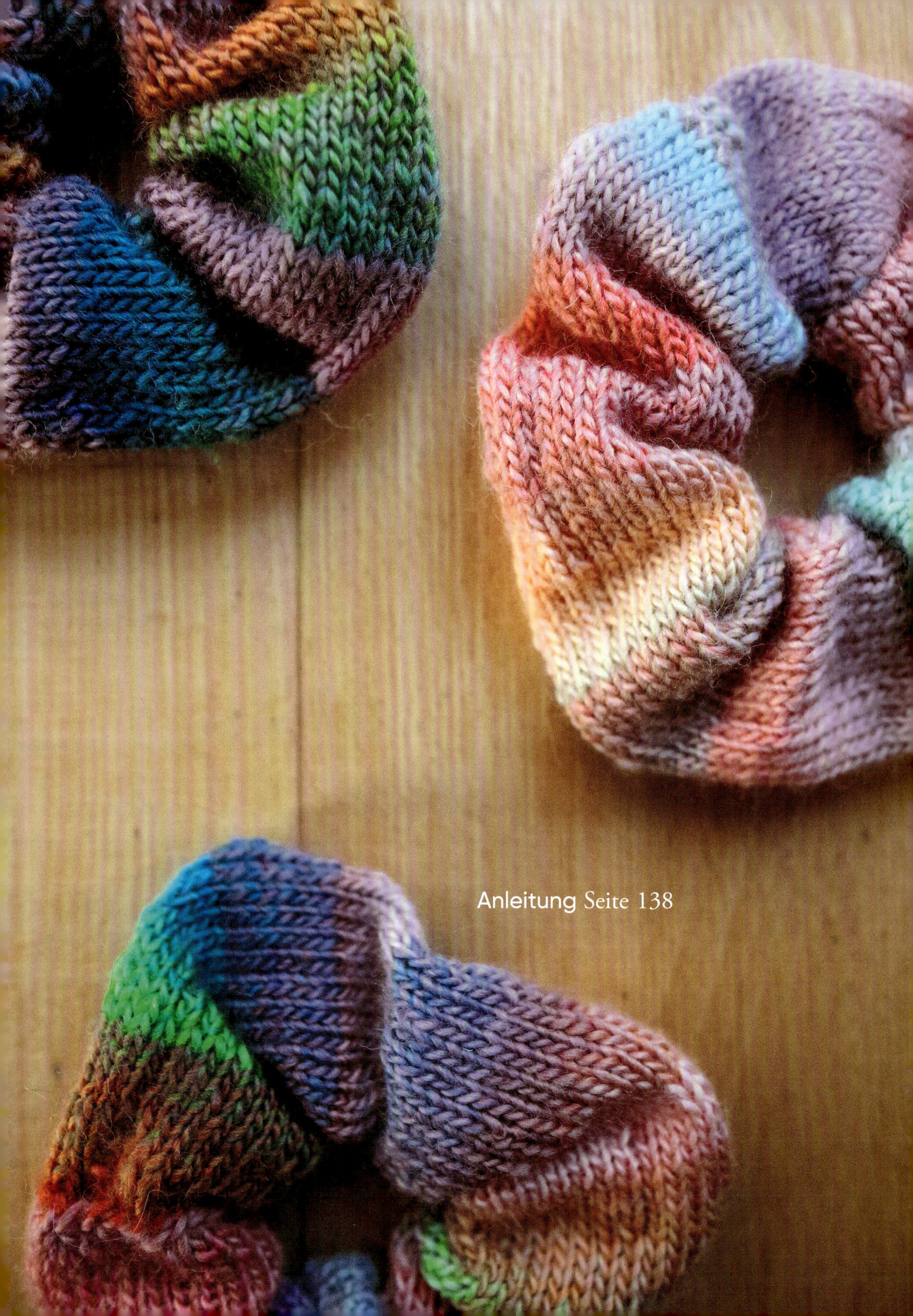

Anleitung Seite 138

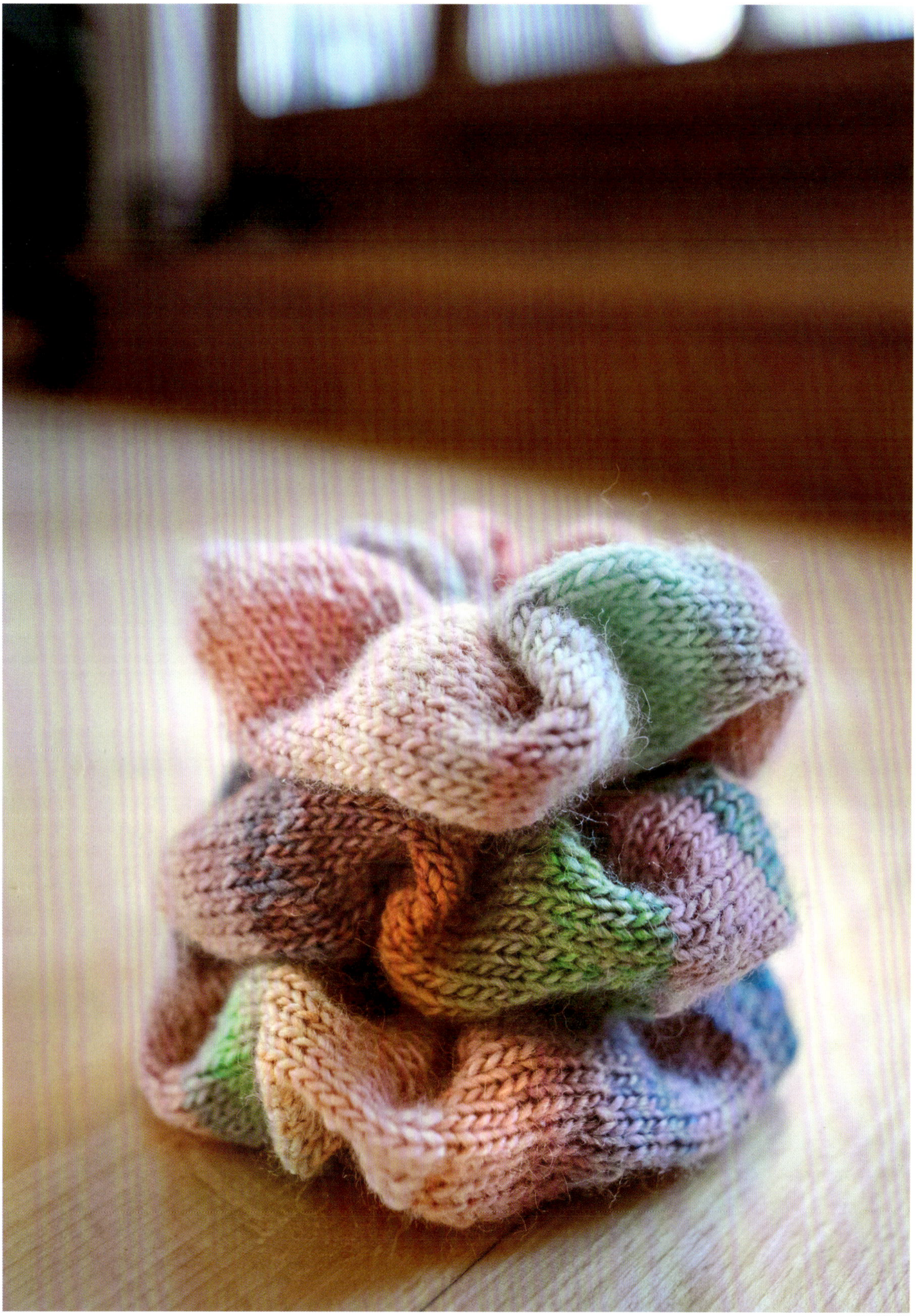

Gut zu wissen

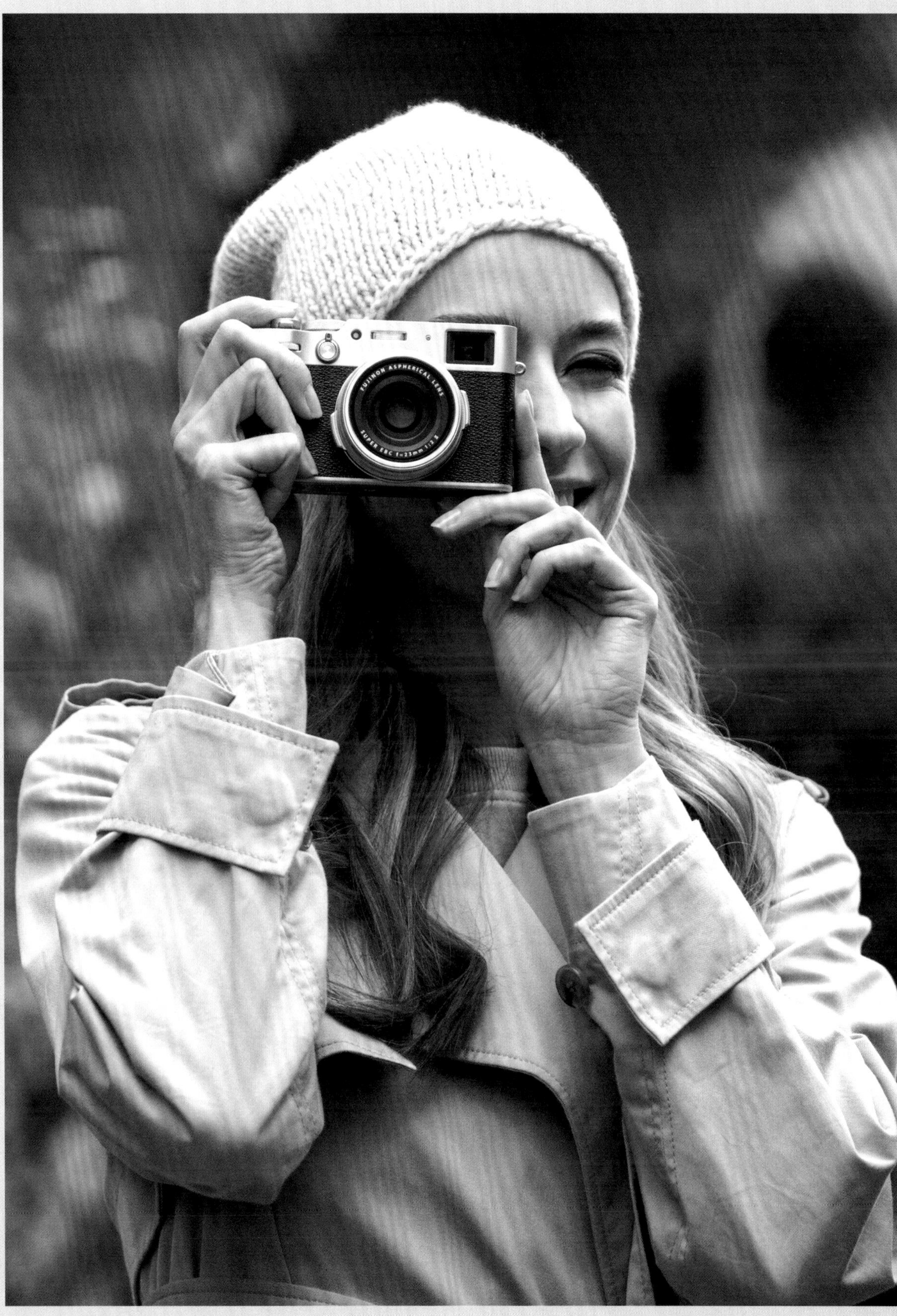
FUJINON ASPHERICAL LENS

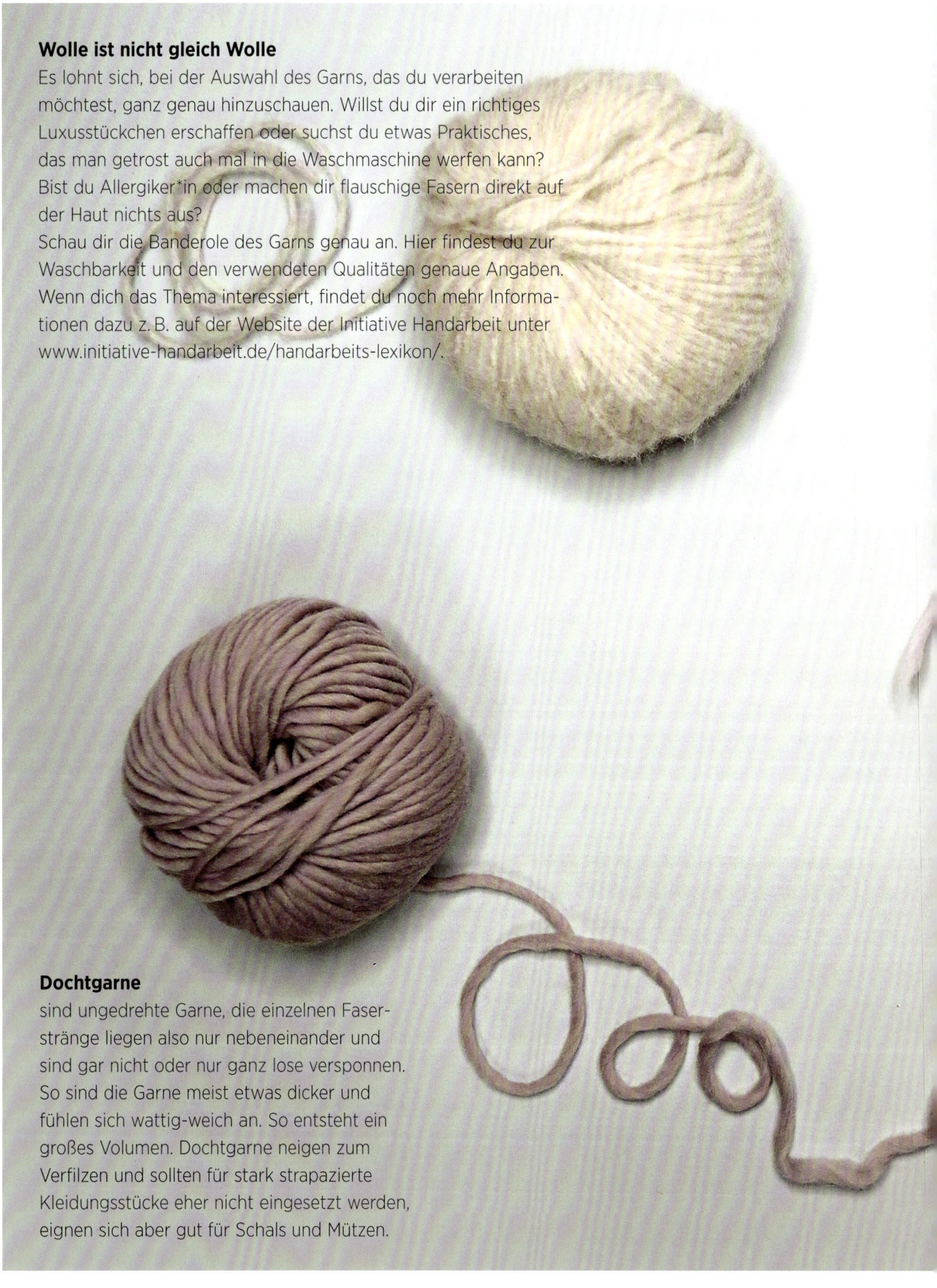

Wolle ist nicht gleich Wolle

Es lohnt sich, bei der Auswahl des Garns, das du verarbeiten möchtest, ganz genau hinzuschauen. Willst du dir ein richtiges Luxusstückchen erschaffen oder suchst du etwas Praktisches, das man getrost auch mal in die Waschmaschine werfen kann? Bist du Allergiker*in oder machen dir flauschige Fasern direkt auf der Haut nichts aus?
Schau dir die Banderole des Garns genau an. Hier findest du zur Waschbarkeit und den verwendeten Qualitäten genaue Angaben. Wenn dich das Thema interessiert, findet du noch mehr Informationen dazu z. B. auf der Website der Initiative Handarbeit unter www.initiative-handarbeit.de/handarbeits-lexikon/.

Dochtgarne

sind ungedrehte Garne, die einzelnen Faserstränge liegen also nur nebeneinander und sind gar nicht oder nur ganz lose versponnen. So sind die Garne meist etwas dicker und fühlen sich wattig-weich an. So entsteht ein großes Volumen. Dochtgarne neigen zum Verfilzen und sollten für stark strapazierte Kleidungsstücke eher nicht eingesetzt werden, eignen sich aber gut für Schals und Mützen.

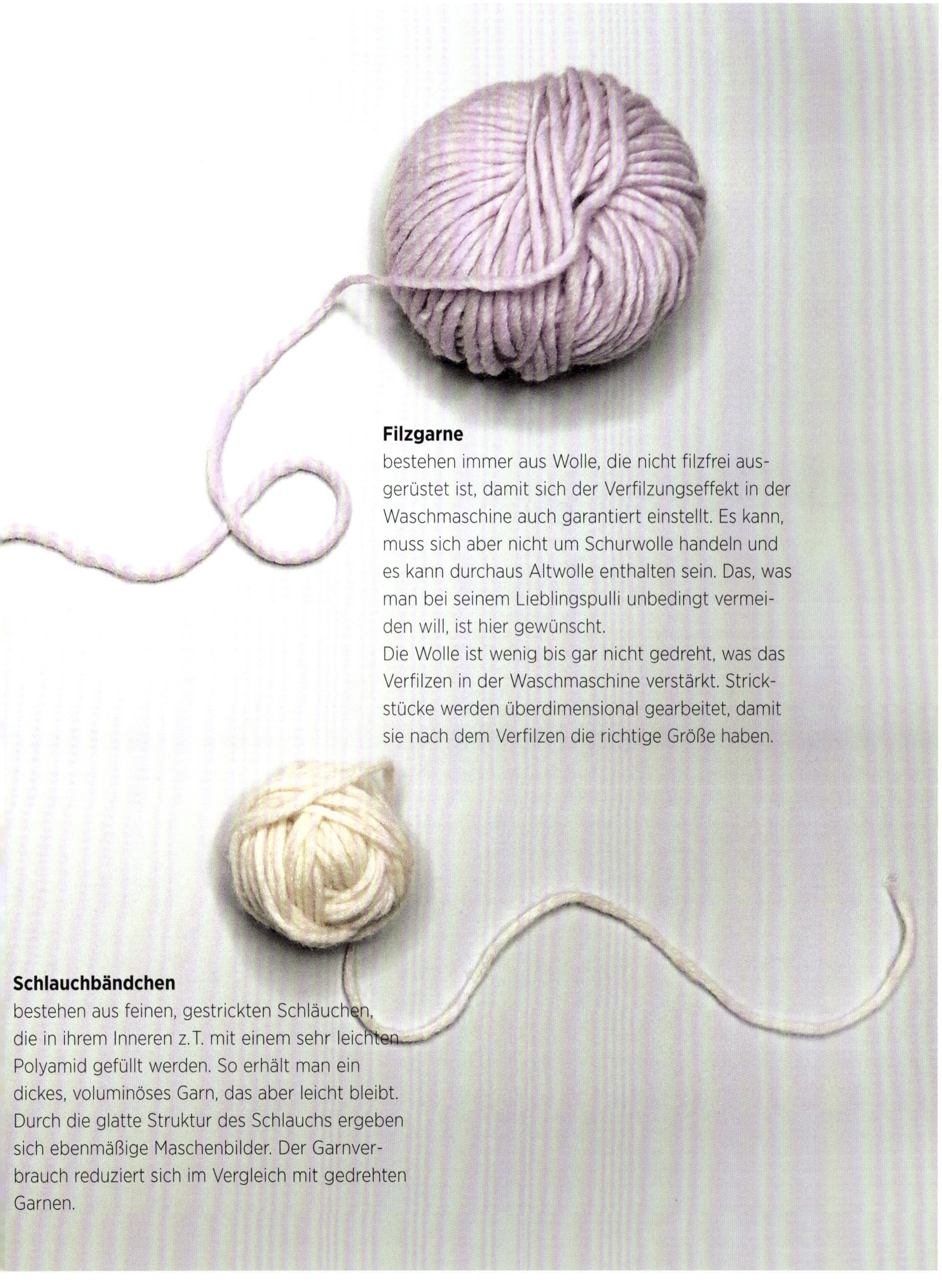

Filzgarne
bestehen immer aus Wolle, die nicht filzfrei ausgerüstet ist, damit sich der Verfilzungseffekt in der Waschmaschine auch garantiert einstellt. Es kann, muss sich aber nicht um Schurwolle handeln und es kann durchaus Altwolle enthalten sein. Das, was man bei seinem Lieblingspulli unbedingt vermeiden will, ist hier gewünscht.
Die Wolle ist wenig bis gar nicht gedreht, was das Verfilzen in der Waschmaschine verstärkt. Strickstücke werden überdimensional gearbeitet, damit sie nach dem Verfilzen die richtige Größe haben.

Schlauchbändchen
bestehen aus feinen, gestrickten Schläuchen, die in ihrem Inneren z. T. mit einem sehr leichten Polyamid gefüllt werden. So erhält man ein dickes, voluminöses Garn, das aber leicht bleibt. Durch die glatte Struktur des Schlauchs ergeben sich ebenmäßige Maschenbilder. Der Garnverbrauch reduziert sich im Vergleich mit gedrehten Garnen.

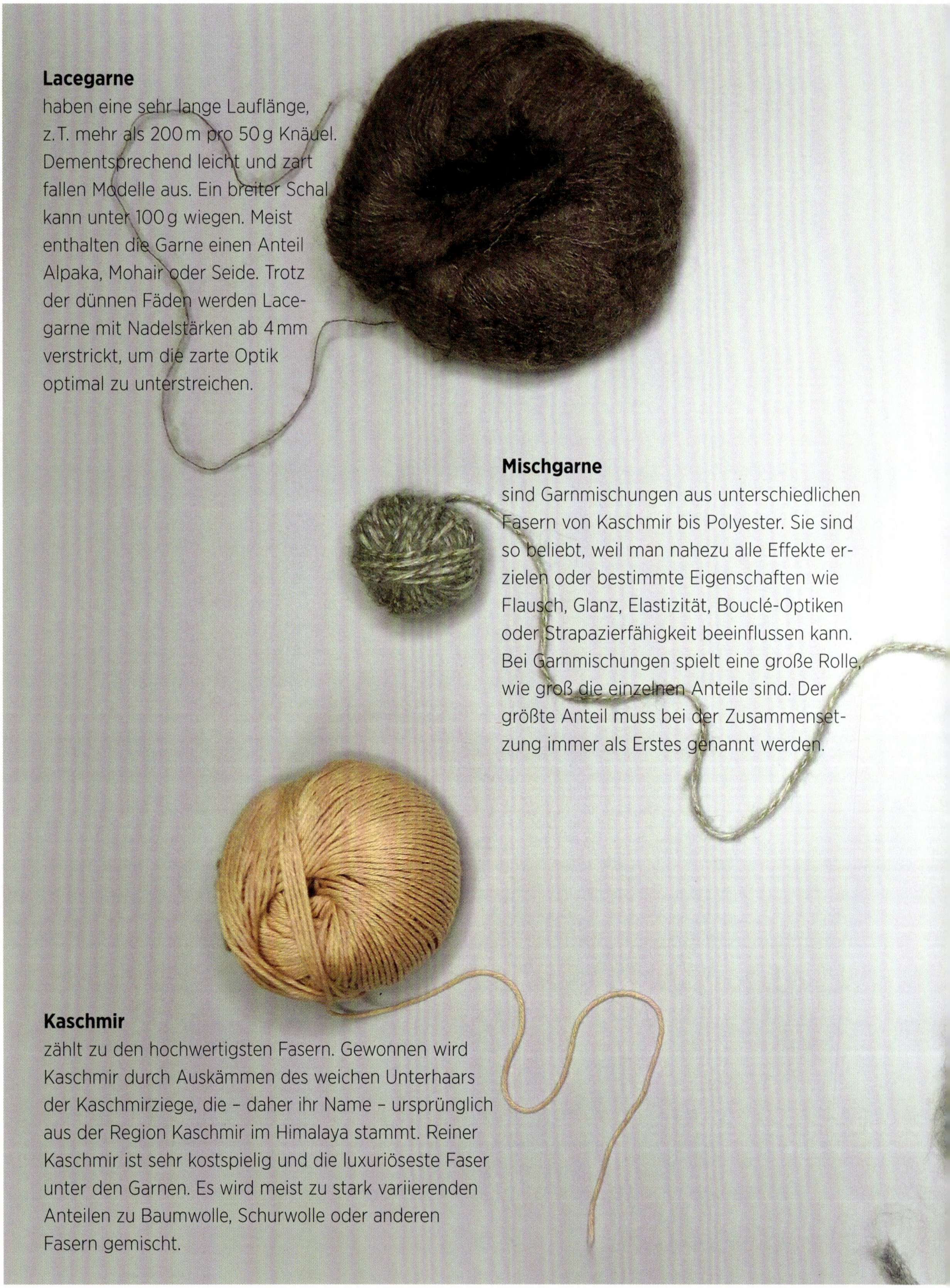

Lacegarne
haben eine sehr lange Lauflänge, z.T. mehr als 200 m pro 50 g Knäuel. Dementsprechend leicht und zart fallen Modelle aus. Ein breiter Schal kann unter 100 g wiegen. Meist enthalten die Garne einen Anteil Alpaka, Mohair oder Seide. Trotz der dünnen Fäden werden Lacegarne mit Nadelstärken ab 4 mm verstrickt, um die zarte Optik optimal zu unterstreichen.

Mischgarne
sind Garnmischungen aus unterschiedlichen Fasern von Kaschmir bis Polyester. Sie sind so beliebt, weil man nahezu alle Effekte erzielen oder bestimmte Eigenschaften wie Flausch, Glanz, Elastizität, Bouclé-Optiken oder Strapazierfähigkeit beeinflussen kann. Bei Garnmischungen spielt eine große Rolle, wie groß die einzelnen Anteile sind. Der größte Anteil muss bei der Zusammensetzung immer als Erstes genannt werden.

Kaschmir
zählt zu den hochwertigsten Fasern. Gewonnen wird Kaschmir durch Auskämmen des weichen Unterhaars der Kaschmirziege, die – daher ihr Name – ursprünglich aus der Region Kaschmir im Himalaya stammt. Reiner Kaschmir ist sehr kostspielig und die luxuriöseste Faser unter den Garnen. Es wird meist zu stark variierenden Anteilen zu Baumwolle, Schurwolle oder anderen Fasern gemischt.

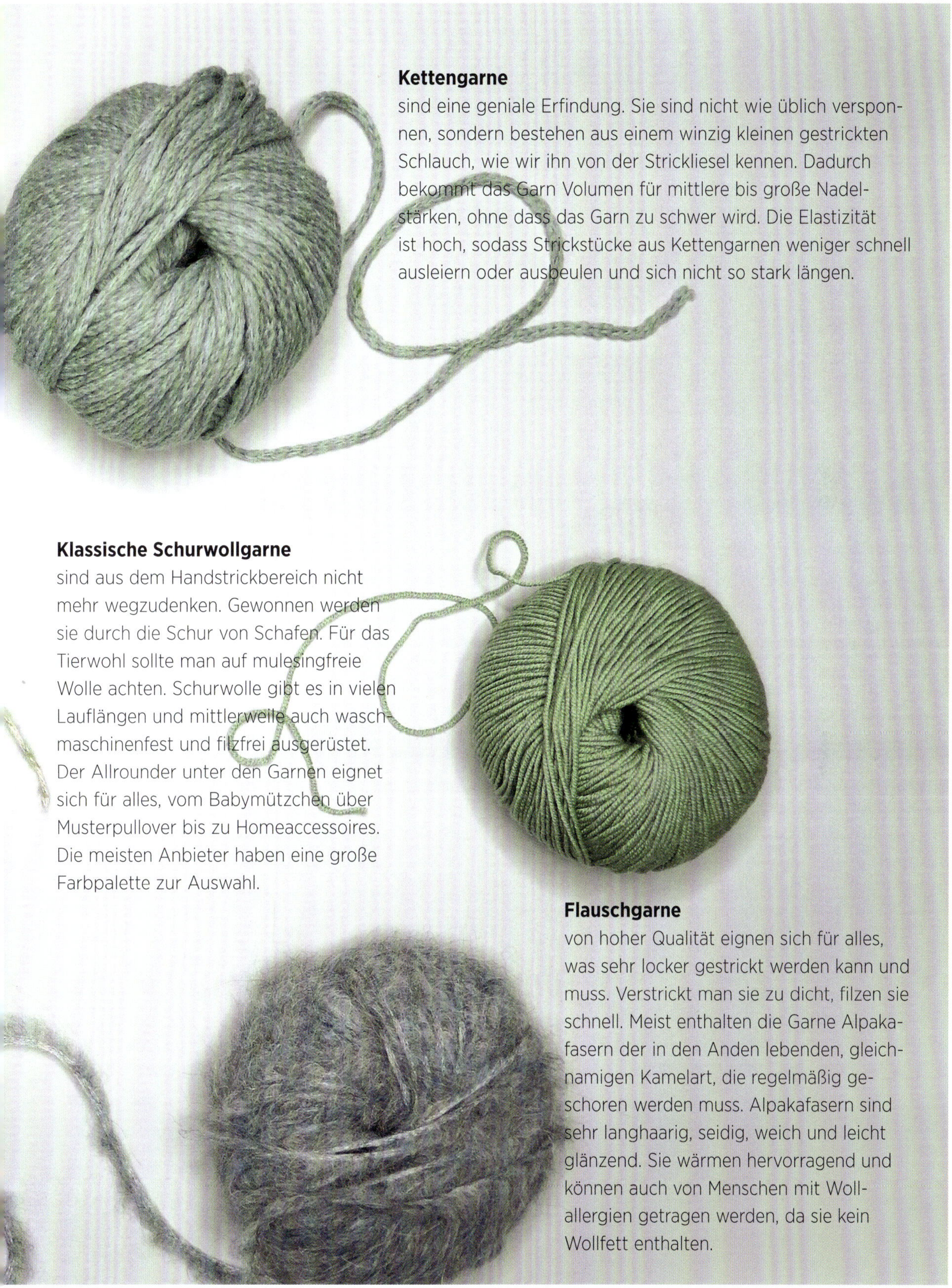

Kettengarne
sind eine geniale Erfindung. Sie sind nicht wie üblich versponnen, sondern bestehen aus einem winzig kleinen gestrickten Schlauch, wie wir ihn von der Strickliesel kennen. Dadurch bekommt das Garn Volumen für mittlere bis große Nadelstärken, ohne dass das Garn zu schwer wird. Die Elastizität ist hoch, sodass Strickstücke aus Kettengarnen weniger schnell ausleiern oder ausbeulen und sich nicht so stark längen.

Klassische Schurwollgarne
sind aus dem Handstrickbereich nicht mehr wegzudenken. Gewonnen werden sie durch die Schur von Schafen. Für das Tierwohl sollte man auf mulesingfreie Wolle achten. Schurwolle gibt es in vielen Lauflängen und mittlerweile auch waschmaschinenfest und filzfrei ausgerüstet. Der Allrounder unter den Garnen eignet sich für alles, vom Babymützchen über Musterpullover bis zu Homeaccessoires. Die meisten Anbieter haben eine große Farbpalette zur Auswahl.

Flauschgarne
von hoher Qualität eignen sich für alles, was sehr locker gestrickt werden kann und muss. Verstrickt man sie zu dicht, filzen sie schnell. Meist enthalten die Garne Alpakafasern der in den Anden lebenden, gleichnamigen Kamelart, die regelmäßig geschoren werden muss. Alpakafasern sind sehr langhaarig, seidig, weich und leicht glänzend. Sie wärmen hervorragend und können auch von Menschen mit Wollallergien getragen werden, da sie kein Wollfett enthalten.

Infos **Banderole**

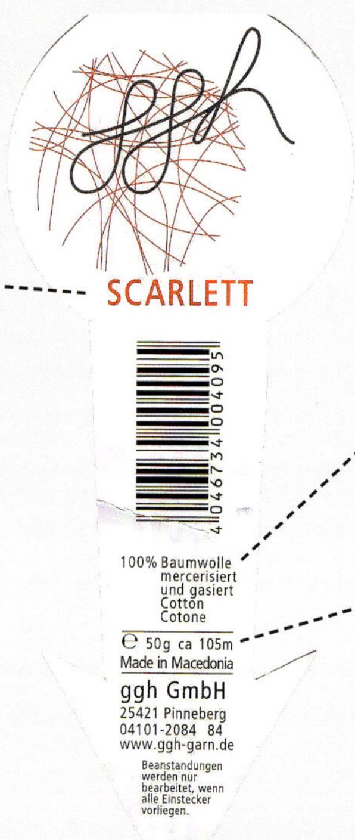

Das ist der **Name** des Garns. So findest du das Garn leicht in Shops oder du kannst dich bei Nachbestellungen darauf berufen.

Hier findest du die **Zusammensetzung** des Garns. In diesem Beispiel besteht das Garn zu 100 % aus Baumwolle. Zusätzlich bekommst du manchmal weitere Hinweise wie hier „mercerisiert“ und „glasiert“. Die Baumwolle ist also mit einer Spezialbehandlung bearbeitet worden.

Die sogenannte **Lauflänge** gibt an, wie lang ein Faden ist, wenn er 50 g wiegt. Hier haben wir eine Länge von 105 m pro 50 g Knäuel. Manche Knäuel sind auch in 25 g Knäuel gewickelt. Je höher die Zahl der Lauflänge ist, desto dünner ist das Garn. 60 m auf 50 g gibt einen sehr dicken Kuschelpulli, 250 m / 50 g ein hauchfeines Lace-Tuch.

Die **Farb-** und **Partienummern** sind sehr wichtig für Nachbestellungen. Hier heißt die Farbe „006“. Ebenso wichtig ist die Partienummer. Hier lautet sie „06“. Sie sagt aus, aus welchem Farbbad die Wolle kommt. Nur Knäuel, die miteinander gefärbt wurden, sehen auch zu 100 % identisch in der Farbe aus. Im Knäuel sieht man Abweichungen meist nicht, aber verstrickt fallen kleine Unterschiede auf.

Hier findest du die Waschanleitung. So darfst du dein fertiges Werk waschen oder reinigen.

Der geschätzte **Verbrauch** für ein Herren-, Damen- oder Kindermodell ist hier aufgeführt, gibt aber nur eine sehr grobe Einschätzung an. Die korrekten Verbrauchsangaben findest du immer in der Anleitung.

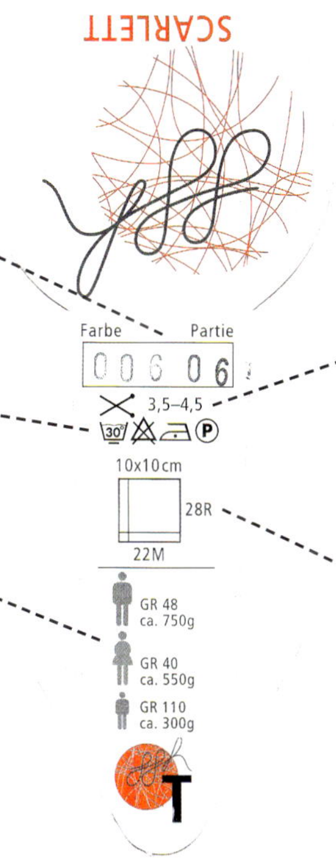

Hier bekommst du eine Empfehlung, mit welcher **Nadelstärke** du am besten arbeitest. Aber beachte auch immer die angegebene Nadel in der Anleitung und beachte die Maschenprobe. Jeder strickt individuell.

Die angegebene **Maschenprobe** bezieht sich immer nur auf grobe Anhaltspunkte in der angegebenen Nadelstärke und glatt rechts gestrickt. Mach immer eine eigene Maschenprobe so wie in der Anleitung angegeben.

Lesen einer **Strickschrift**

Die Leserichtung

Die Strickschrift wird immer ausgehend von der Reihenbezeichnung gelesen. Steht die Reihenbezeichnung am rechten Rand, liest man von rechts nach links. Die Masche, die als erste links neben der Reihenbezeichnung steht, ist also die erste Masche der Reihe. In Rückreihen liest man dementsprechend die Reihe von links nach rechts.

Zopfmuster

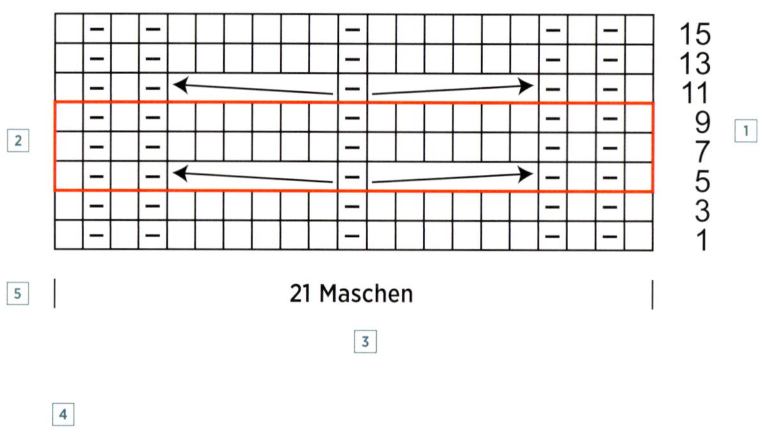

Zeichenerklärung

= 1 glatt rechte M: In Hin-R rechts und in Rück-R links stricken.

= 1 glatt linke M: In Hin-R links und in Rück-R rechts stricken.

= 3 M auf der Hilfsnadel hinter die Arbeit legen, 3 M rechts stricken, dann die 3 M der Hilfsnadel rechts abstricken. In der Rück-R die M links stricken.

= 3 M auf der Hilfsnadel vor die Arbeit legen, 3 M rechts stricken, dann die 3 M der Hilfsnadel rechts abstricken. In der Rück-R die M links stricken.

1 **Reihenbezeichnungen**
Rechts neben der Strickschrift sind die Nummern der Reihen angegeben. Auf der rechten Seite stehen die Angaben für die Hinreihen und auf der linken Seite die Angaben für die Rückreihen. Sind an der linken Seite keine Angaben gemacht, bedeutet das immer, dass die Rückreihen so gestrickt werden, wie die Maschen erscheinen oder wie in der Legende angegeben ist.

2 **Rapport**
Als Rapport oder manchmal auch als Mustersatz wird der Bereich bezeichnet, der fortlaufend in der Breite und in der Höhe wiederholt wird. Hier ist er rot umrandet.

3 **Rapport in der Höhe**
In der Höhe verhält es sich so wie in der Breite. Die Reihen werden sooft wiederholt wie angegeben. Hier wird die Angabe über die Reihenbezeichnung gemacht. Es heißt meist: „Wiederhole die 5.–10. Reihe 18x".

4 **Legende**
Zu jeder Strickschrift gehört eine Legende. Aus der kannst du entnehmen, was welches Zeichen bedeutet und wie man die Masche in den Hin- und Rückreihen strickt. Wenn du dich immer an die Legende hältst, dann kann eigentlich nichts schiefgehen.

5 **Rapportpfeile oder -striche**
Bei manchen Strickschriften werden rechts und links neben dem Rapport weitere Maschen gezeichnet. In dem Fall strickst du erst die Maschen, die rechts der Striche gezeichnet sind 1x, dann wiederholst du sooft wie angegeben die Maschen zwischen den Strichen, bis nur noch so viele Maschen übrig sind, wie links neben den Strichen liegen. Die Maschen strickst du zum Schluss auch 1x. Zwischen den Pfeilen oder Strichen ist die Anzahl von Maschen angegeben, die du wiederholen musst. Das sind die Rapportmaschen.

Grundkurs Stricken

Aus dem Querfaden zunehmen

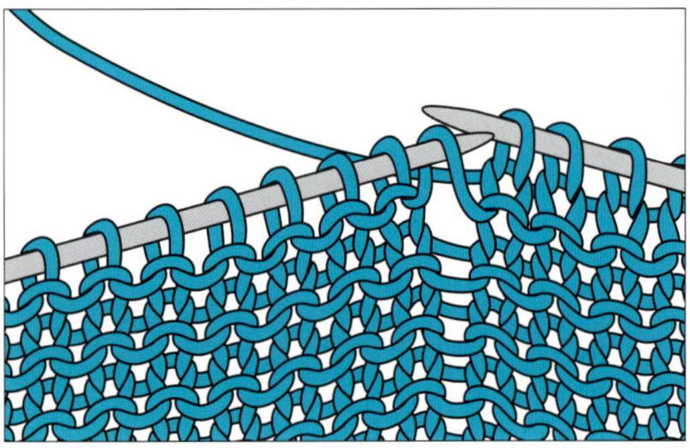

Der Arbeitsfaden liegt hinten. Mit der linken Nadel von vorn nach hinten unter dem Querfaden zwischen 2 Maschen einstechen, sodass der Querfaden auf der Nadelspitze liegt.

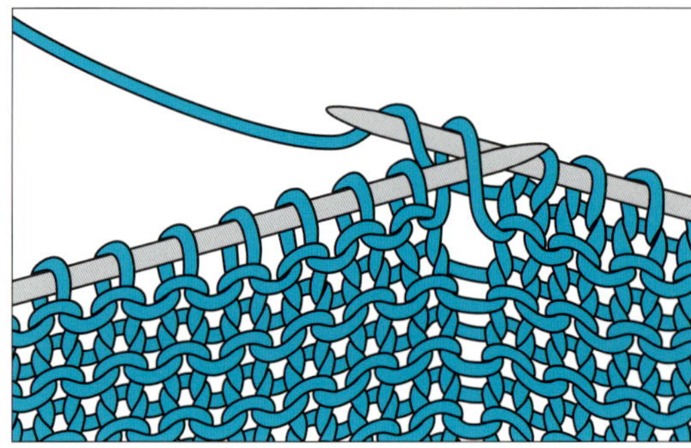

Mit der rechten Nadel hinter der Arbeit von rechts nach links in die Schlinge des Querfadens einstechen, sodass sie sich verdreht, und den Arbeitsfaden um die Nadel legen.

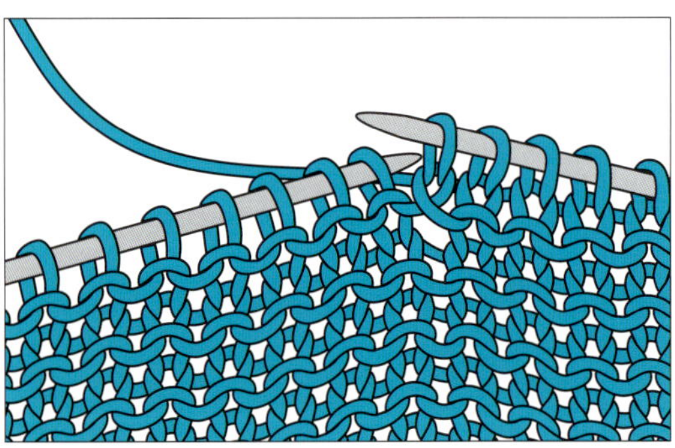

Den Arbeitsfaden nach vorn durchholen und anschließend den Querfaden von der linken Nadel gleiten lassen. So entsteht eine zusätzliche rechte Masche.

1 Masche verdoppeln

Aus 1 Masche 2 Maschen herausstricken: wie zum Rechtsstricken in die Masche einstechen und den Faden holen. Die Masche noch nicht von der linken Nadel gleiten lassen, sondern jetzt noch einmal einstechen – entweder von hinten (rechts verschränkt) oder den Faden von vorne holen wie zum Linksstricken – und den Faden holen. Um mehr Maschen aus 1 Masche herauszustricken, diesen Vorgang so oft wie gewünscht wiederholen. Zuletzt die Masche von der Nadel gleiten lassen.

Hier findest du alle Video-Tutorials

Umschlag

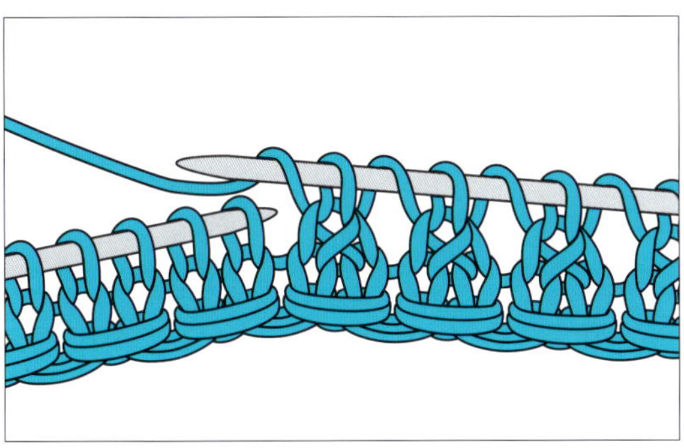

Den Faden von vorne nach hinten über die rechte Nadel legen. Danach weiter nach Anleitung stricken. In der Rückreihe werden Umschläge wie normale Maschen gestrickt; dadurch entsteht dann ein Loch.

Maschenstich

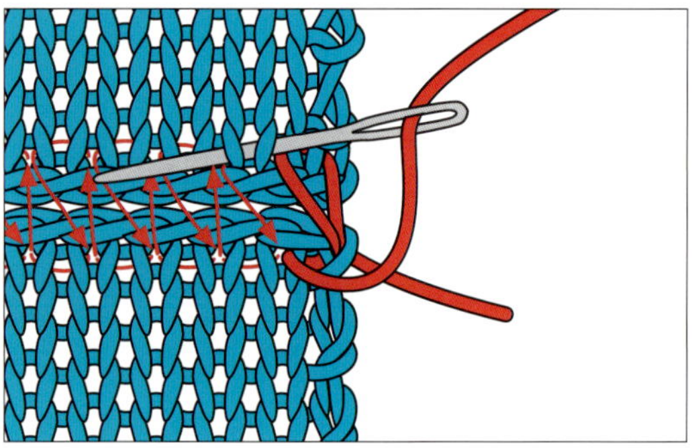

Die Teile mit der Vorderseite nach oben gegeneinanderlegen. Mit der Nadel 1 Masche des oberen Teils erfassen, Faden durchziehen, gegenüberliegende Masche des unteren Teils erfassen und den Faden durchziehen.

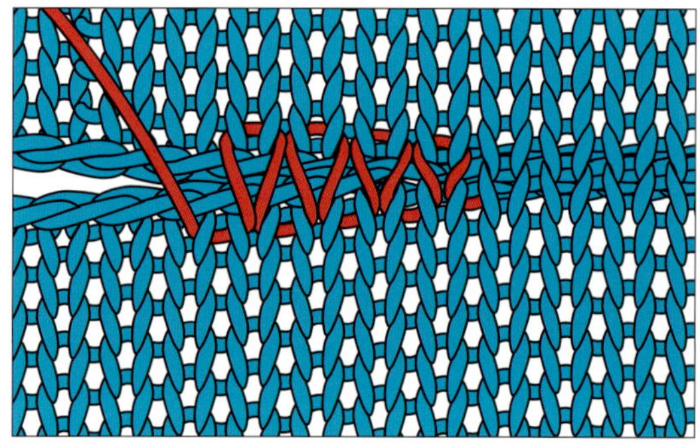

Anschließend mit den folgenden Maschen wiederholen.

Matratzenstich

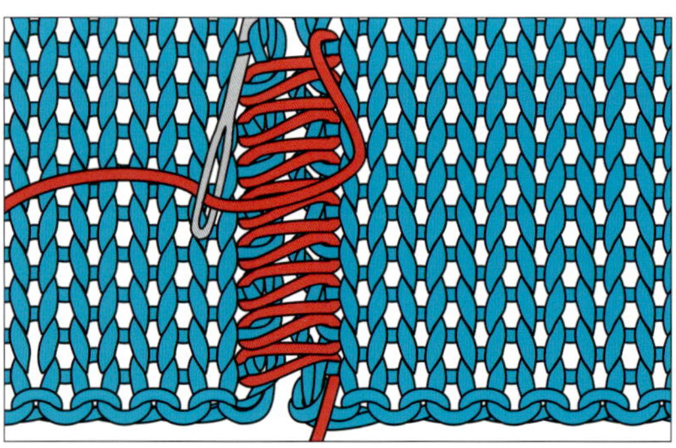

Auf der Vorderseite arbeiten und mit der Nadel 1x auf der einen Seite und 1x auf der anderen Seite je den Querfaden zwischen Randmaschen und 1. Masche erfassen, Faden durchziehen. Diesen Vorgang abwechselnd auf beiden Seiten wiederholen.

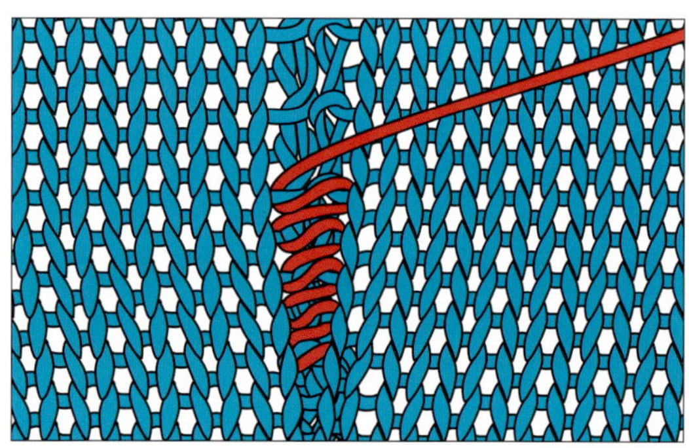

Nach ca. 2 cm den Arbeitsfaden anziehen, damit sich die Strickteile übergangslos aneinanderfügen.

Maschen auffassen

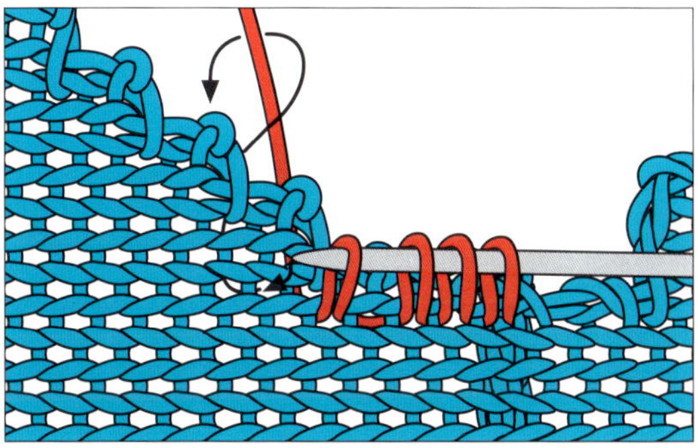

Werden die Maschen am **Reihenanfang oder -ende** aufgefasst, mit der Nadel das außen liegende Maschenglied der 1. Masche nach der Randmasche erfassen und den Faden durchholen. Bei längeren Geraden ca. jede vierte Reihe übergehen.

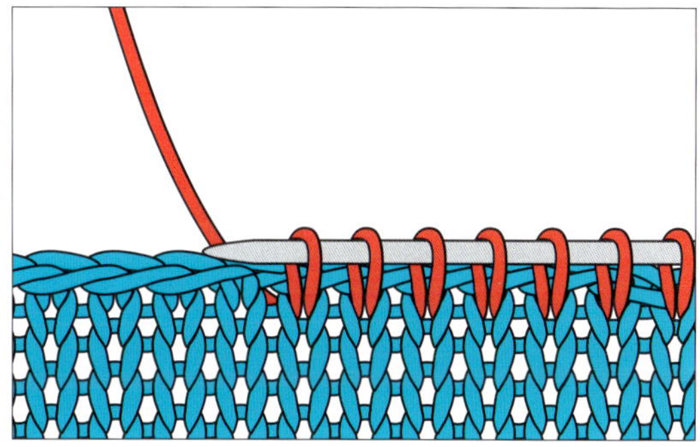

Werden die Maschen an der **Anschlag- oder Abkettkante** aufgefasst, in die Masche unterhalb der Kante einstechen und den Faden durchholen. Hier wird aus jeder der Maschen 1 Masche herausgestrickt.

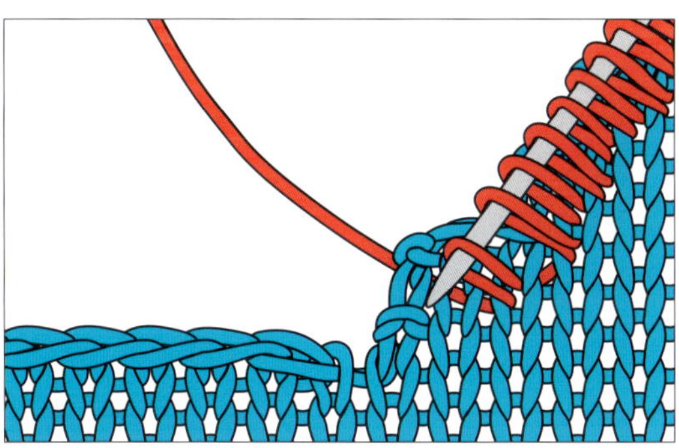

Beim Auffassen aus den Rundungen muss eine gleichmäßige Rundung erzielt werden. Dafür kann auch 1 Reihe tiefer gestochen werden.

Überzug / 2 Maschen rechts überzogen zusammenstricken

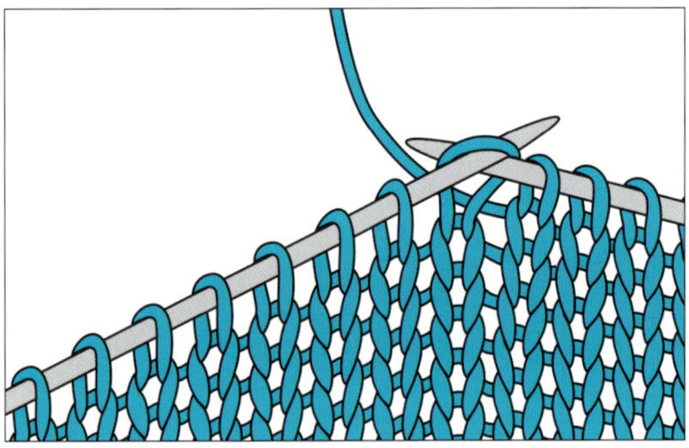

2 Maschen rechts überzogen zusammenstricken:
1 Masche wie zum Rechtsstricken abheben.

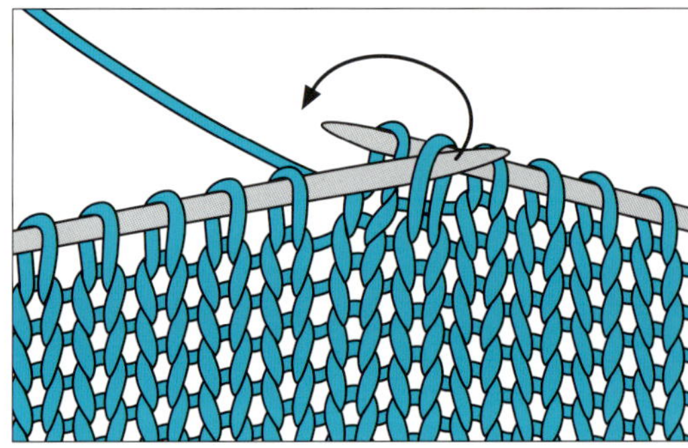

Die folgende Masche rechts stricken.

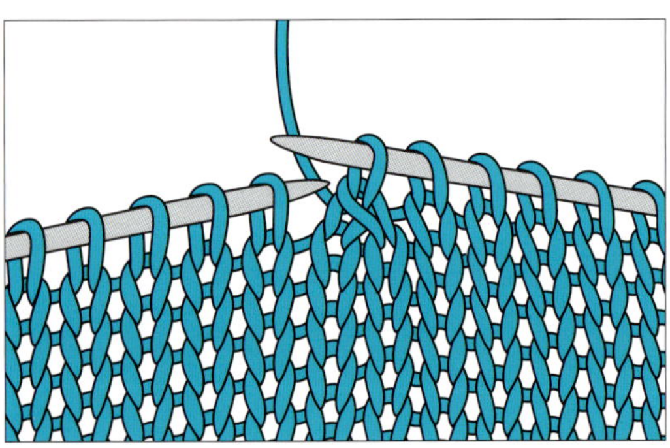

Die abgehobene Masche darüberziehen.

Maschen rechts zusammenstricken

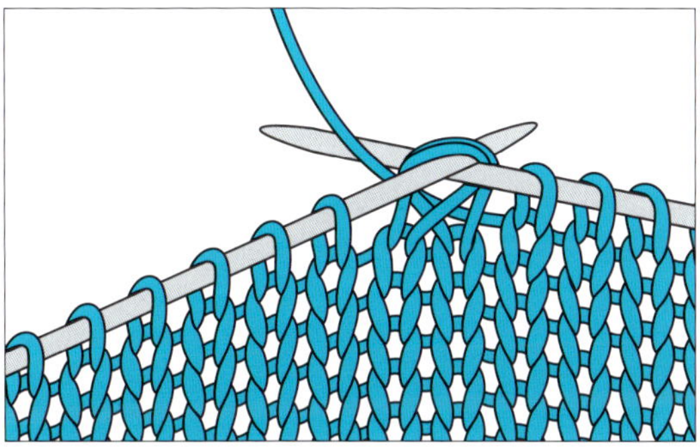

Der Faden liegt hinter der Arbeit. Mit der rechten Nadel von links nach rechts wie zum Rechtsstricken in die beiden Maschen zugleich einstechen.

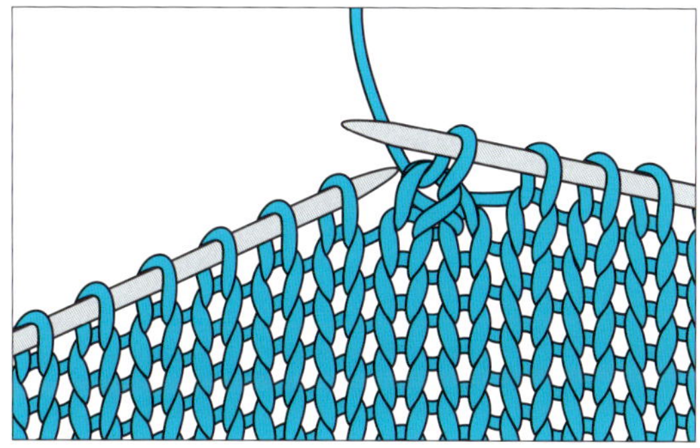

Den Faden holen und nach vorn durch beide Maschen ziehen. Die Maschen von der linken Nadel gleiten lassen.

Zopf – Verzopfung nach links

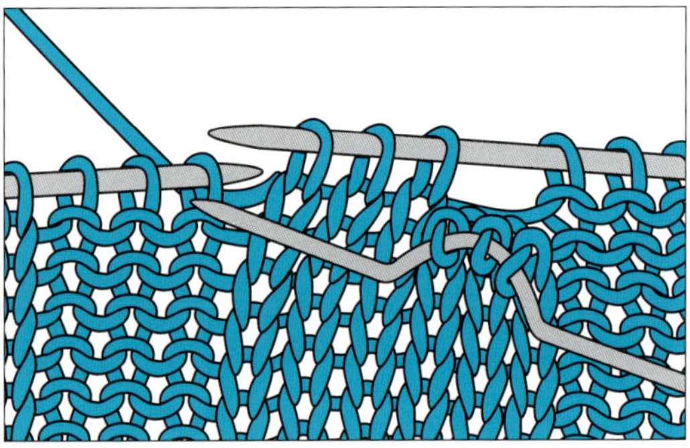

3 Maschen auf eine Zopfnadel nehmen und vor die Arbeit legen, die folgenden Maschen der linken Nadel rechts stricken.

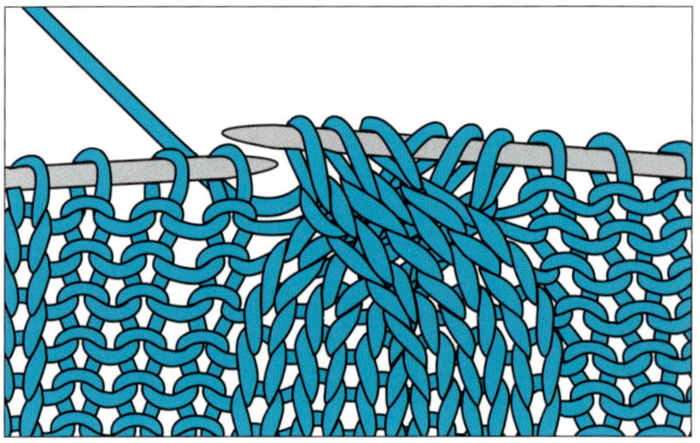

Dann die 3 Maschen der Zopfnadel rechts stricken.

Zopf – Verzopfung nach rechts

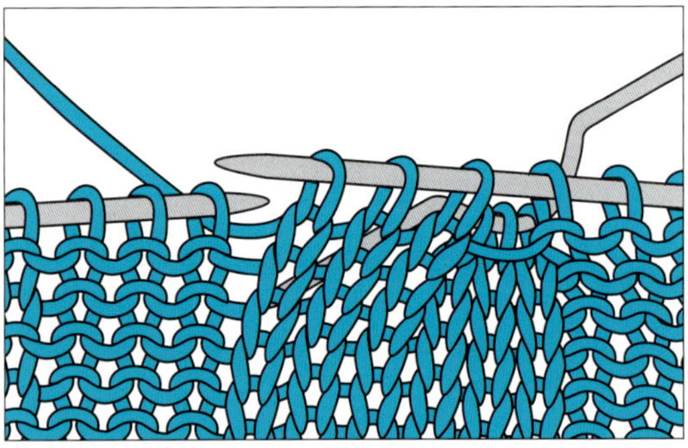

3 Maschen auf eine Hilfsnadel heben und hinter die Arbeit legen, die folgenden 3 Maschen der linken Nadel rechts stricken.

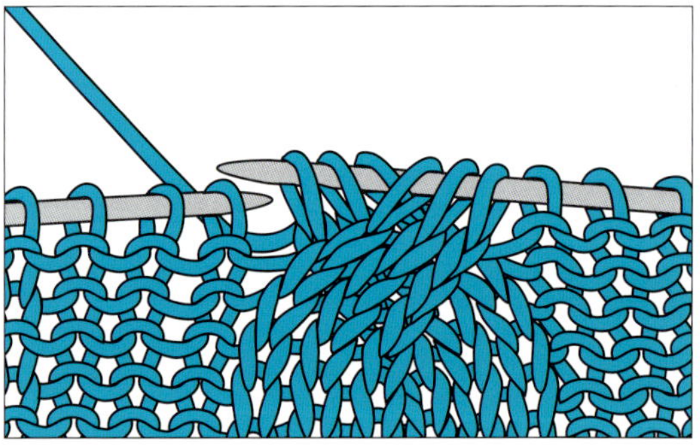

Dann die 3 Maschen der Hilfsnadel rechts stricken.

Abketten

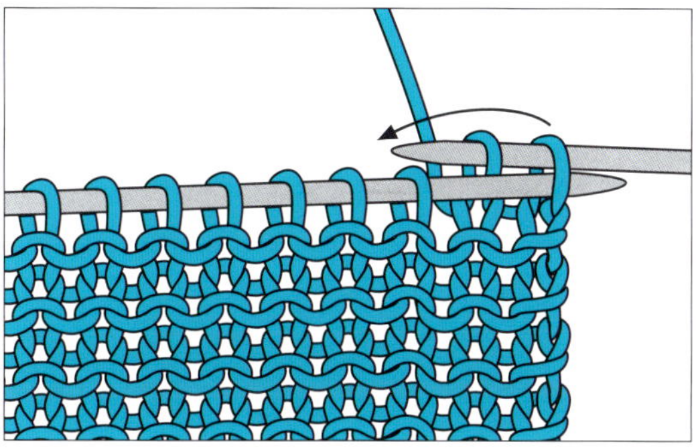

Die ersten beiden Maschen stricken. Mit der linken Nadel in die 1. Masche einstechen, diese über die 2. Masche heben und mit der rechten Nadel die 2. Masche durch die 1. ziehen.

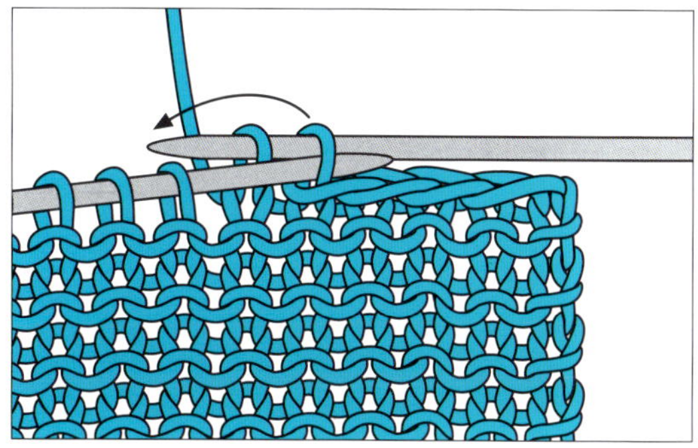

Die nächste Masche stricken und die vorhergehende darüberziehen. Am Ende den Faden abschneiden und durch die letzte Masche ziehen.

Faden vernähen innerhalb der Reihe

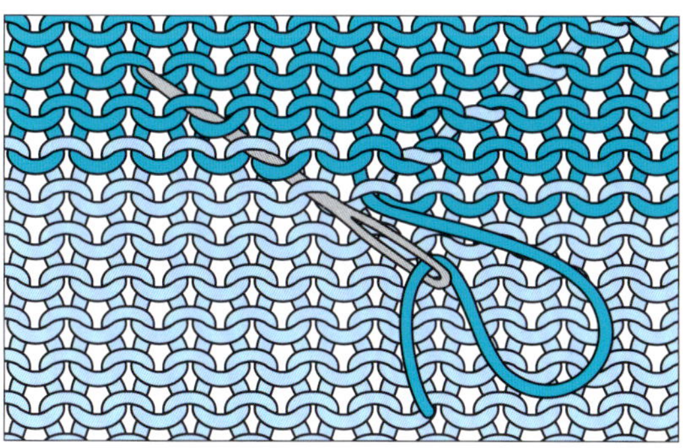

Innerhalb der Reihe werden die Fäden auf der Rückseite vernäht. Zunächst durch die daneben liegende Masche stechen, sodass zwischen der letzten Masche des alten und der 1. Masche des neuen Fadens eine Verkreuzung entsteht. Den Faden schräg in die Reihen einziehen, dabei nur einen Teil der Maschenglieder erfassen, damit der Faden auf der Vorderseite nicht sichtbar ist.

Faden vernähen am Rand

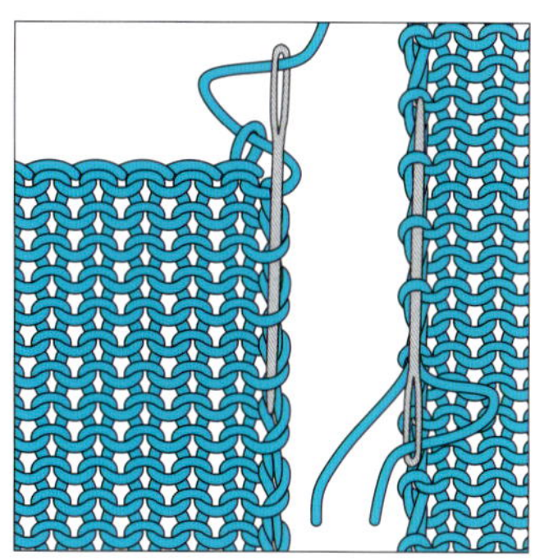

Die Fadenenden in eine stumpfe Wollnadel fädeln und in die Randmaschen einziehen, dabei einen Faden nach oben, den anderen nach unten ziehen. Bei zusammengenähten Strickteilen die Fäden in die Naht einziehen.

Die Muster

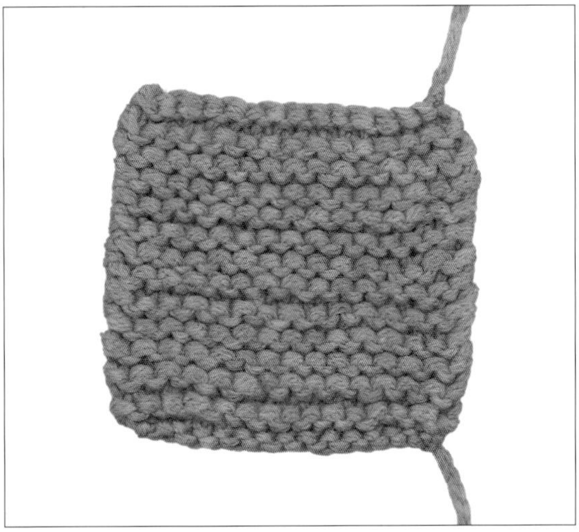

Kraus rechts

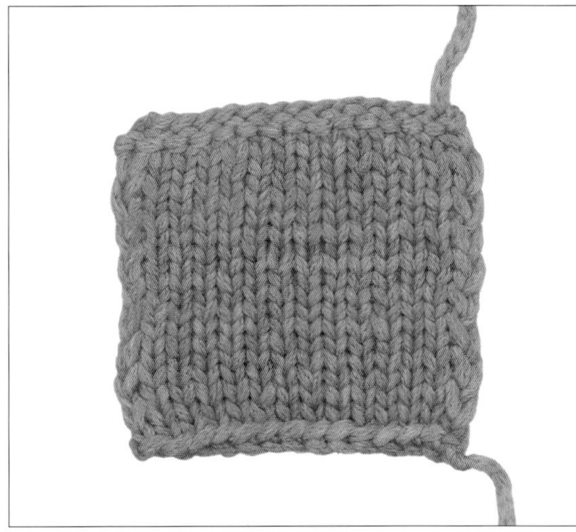

Glatt rechts

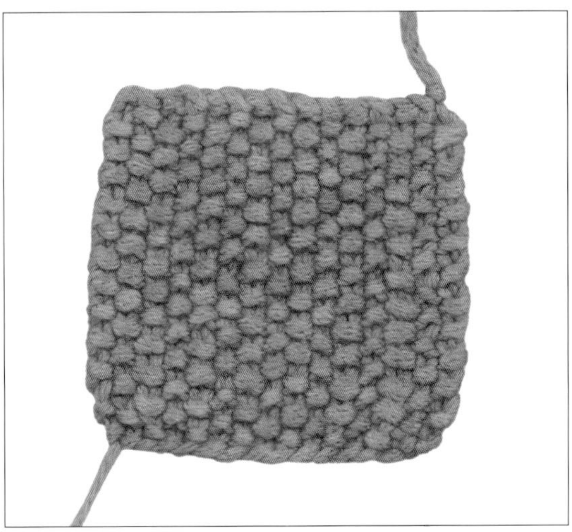

Perlmuster

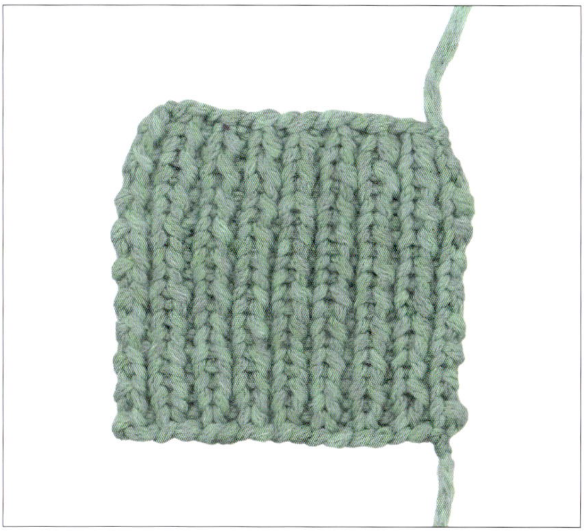

1:1-Rippe

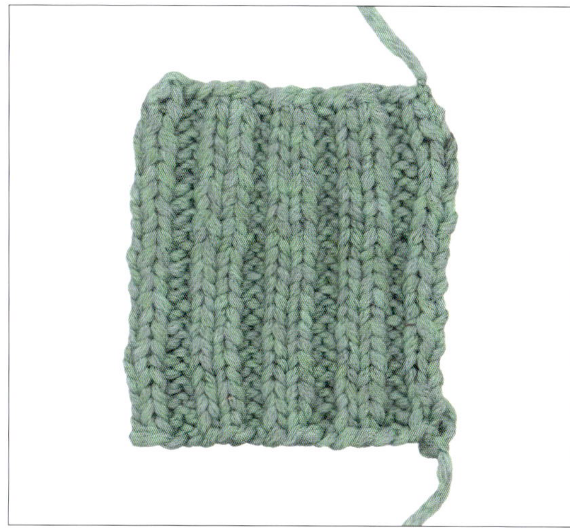

Rippenmuster

Schal Easy-Peasy

Kuscheldecke Lazy

Loop Eiszeit

Kuschelpulli Comfy

Schal Perfetto! Schal Frida & Fred

Stola Skandi

Dreieckstuch Nur ein Hauch!

Mütze Twilight

Tuch Girl's best friend

Mütze Eiszeit Pullover Sorbet Mütze Warme Ohren

Einkaufstasche Wundertüte

Cardigan Bella Figura

Stulpen Audrey Pullunder Weekend

Stirnband Twist

Stirnband Zopf

Scrunchie Regenbogen

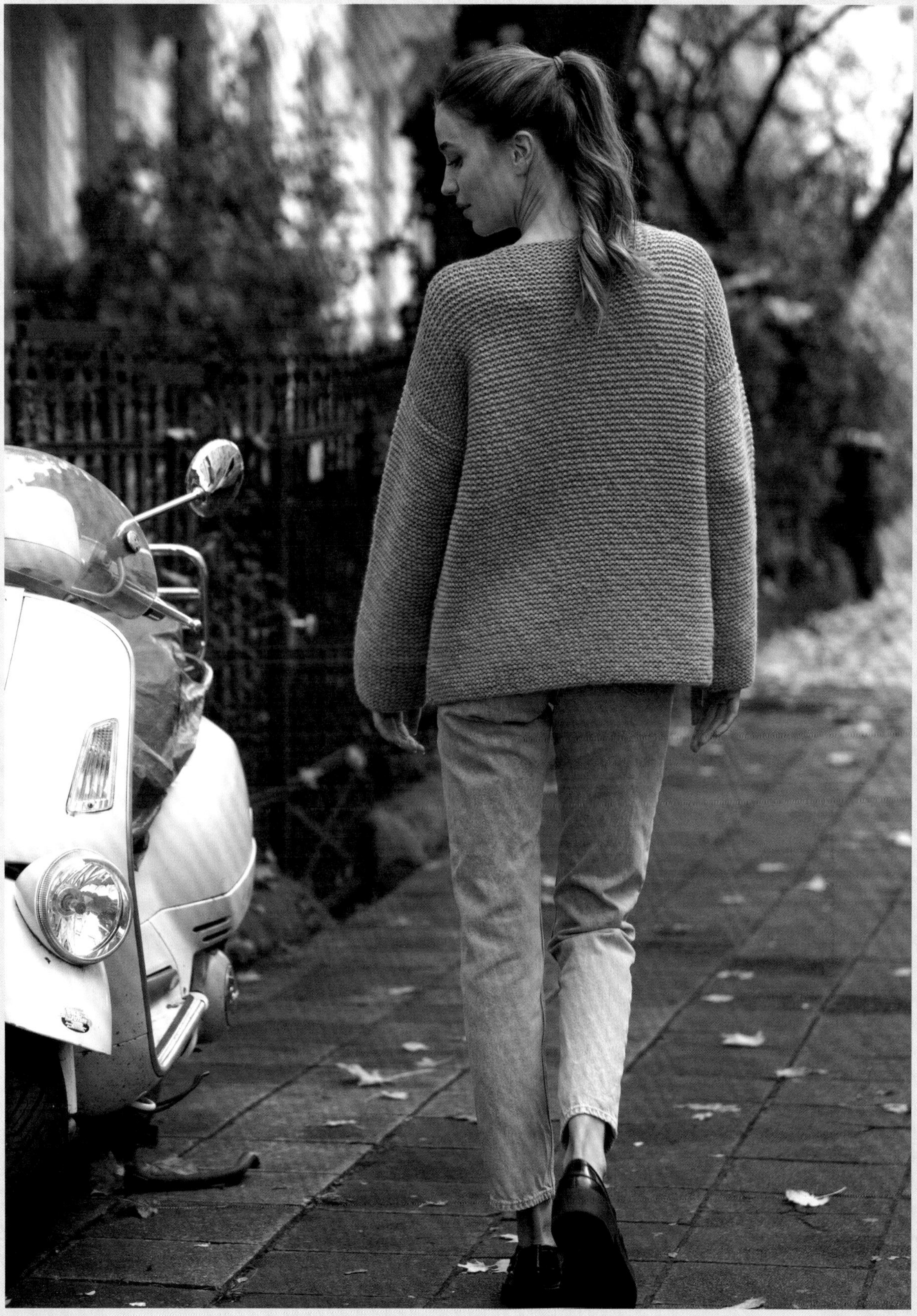

Schal Easy-Peasy

Der Easy-Peasy-Schal ist wirklich sehr einfach zu stricken!
*Großes Stricker*innen-Ehrenwort. Hast du die rechten Maschen erst mal sicher gelernt, strickt er sich fast von allein und du kannst nebenher sogar noch deine Lieblingsserie schauen. Mit dem dicken Garn kommst du super schnell voran und siehst ganz schnell deinen Erfolg, wenn der Schal Zentimeter um Zentimeter wächst.*

Welche Maschen-Typen musst du beherrschen, um dieses Modell zu stricken?
Maschen anschlagen
Rechte Maschen stricken
Maschen abketten

Welches Material benötigst du?
350 g dickes Dochtgarn aus 100 % Merinowolle (GOTS zertifiziert): PER LEI von Lana Grossa in Mint (Fb 04), mit einer Lauflänge von 60 m/50 g
1 Stricknadel der Stärke 7 mm

Wie groß ist das fertige Modell?
Der Schal ist ca. 25 cm breit und 185 cm lang, sodass du ihn bequem zweifach um den Hals schlingen kannst. Magst du ihn länger? Dann plane für ca. 25 cm mehr an Länge ein Knäuel Wolle zusätzlich ein. Beim Tragen hängt der Schal sich durch die Maschenstruktur noch etwas aus.

Beachte die Maschenprobe!
Mit Nadelstärke 7 mm gestrickt, ergeben 12 M in der Breite und 28 R = 14 Querrippen in der Höhe 10 x 10 cm.

Welches Muster wird gestrickt?
Es wird „kraus rechts" gestrickt.

Was du sonst noch wissen musst!
In der folgenden Anleitung werden Masche und Maschen mit M abgekürzt, die Reihe und die Reihen mit R.

Jetzt geht's los!
1. Schlage 30 M an.
2. Verknote den Anschlagsfaden und stricke 30 rechte M.
3. Stricke solange in allen R rechte M, bis dein Schal 180 cm lang ist oder du 7 Knäuel fast verbraucht hast.
4. Kette alle M ab und bemühe dich, dabei locker zu stricken.
5. Vernäh sorgfältig alle Fäden.

Maschen anschlagen

Rechte Maschen stricken

Maschen abketten

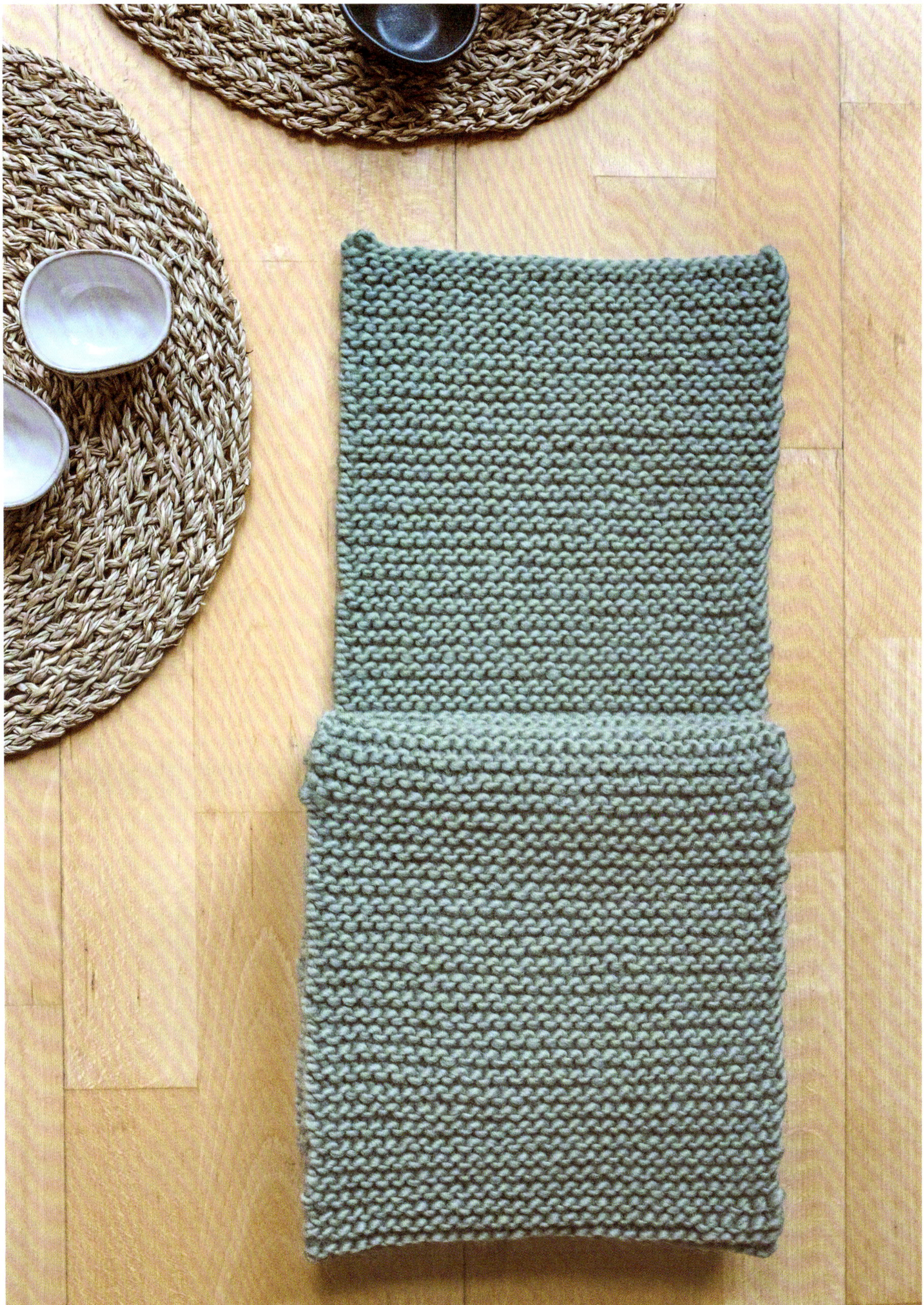

Kuscheldecke Lazy

Die Kuscheldecke ist wirklich super easy zu stricken.
Wenn du mit dem Easy-Peasy-Schal schon geübt hast, wirst du hier deine rechten Maschen perfektionieren. Durch die dicken Nadeln kommst du ganz schnell voran, und während des Strickens wärmt dich die Decke sogar schon.

Welche Maschen-Typen musst du beherrschen, um dieses Modell zu stricken?

Maschen anschlagen
Rechte Maschen stricken
Maschen abketten

Welches Material benötigst du?

900 g dickes Docht-Mischgarn aus 53 % Schurwolle und 47 % Polyacryl: JOKER von ggh-Garn in Grau meliert (Fb 01), mit einer Lauflänge von 60 m / 50 g
500 g mittelstarkes Mischgarn aus 42 % Schurwolle, 28 % Alpaka und 47 % Polyacryl: CUMBA von ggh-Garn in Wollweiß (Fb 01), mit einer Lauflänge von 150 m / 50 g
1 Rundnadel der Stärke 8 mm in 120 cm Länge

Wie groß ist das fertige Modell?

Die Decke ist ca. 120 cm breit und 150 cm lang. Aufgrund der losen Strickstruktur wird sie sich noch etwas in der Länge ausdehnen.

Beachte die Maschenprobe!

Mit Nadelstärke 8 mm und zwei Fäden gestrickt, ergeben 11 M in der Breite und 18 R (= 9 gezählte Querrippen) in der Höhe 10 x 10 cm.

Welches Muster wird gestrickt?

Die Decke wird „kraus rechts“ gestrickt.

Was du sonst noch wissen musst!

Beachte, dass die Decke durchgehend mit zwei Fäden gleichzeitig gestrickt wird. Dadurch, dass jeweils ein melierter Faden JOKER und ein wollweißer Faden CUMBA miteinander verstrickt werden, ergibt sich eine sehr zarte Melange und ein super-duper-dickes Maschenbild.
In der folgenden Anleitung werden Masche und Maschen mit M abgekürzt, die Reihe und die Reihen mit R.

TIPP: Die Fadenenden brauchst du nicht zu vernähen, sondern stricke sie über 7–10 M mit ein, sodass du stellenweise mit 3 Fäden gleichzeitig strickst. Die an der Stelle dann mehrfach liegenden Fäden fallen weniger auf als vernähte Fäden in dem losen Gestrick. Nach dem Einstricken musst du die Fäden nur knappkantig abschneiden.

Jetzt geht's los!

1. Schlage mit zwei Fäden, also je einem Faden CUMBA und JOKER, 132 M an und verknote den Anschlagsfaden.
2. Stricke solange in allen R rechte M, bis deine Decke 150 cm lang ist. Das sind ca. 270 R.
3. Kette alle M ab und bemühe dich, dabei locker zu stricken.
4. Kuschel dich gemütlich unter die Decke und genieß die Wärme.

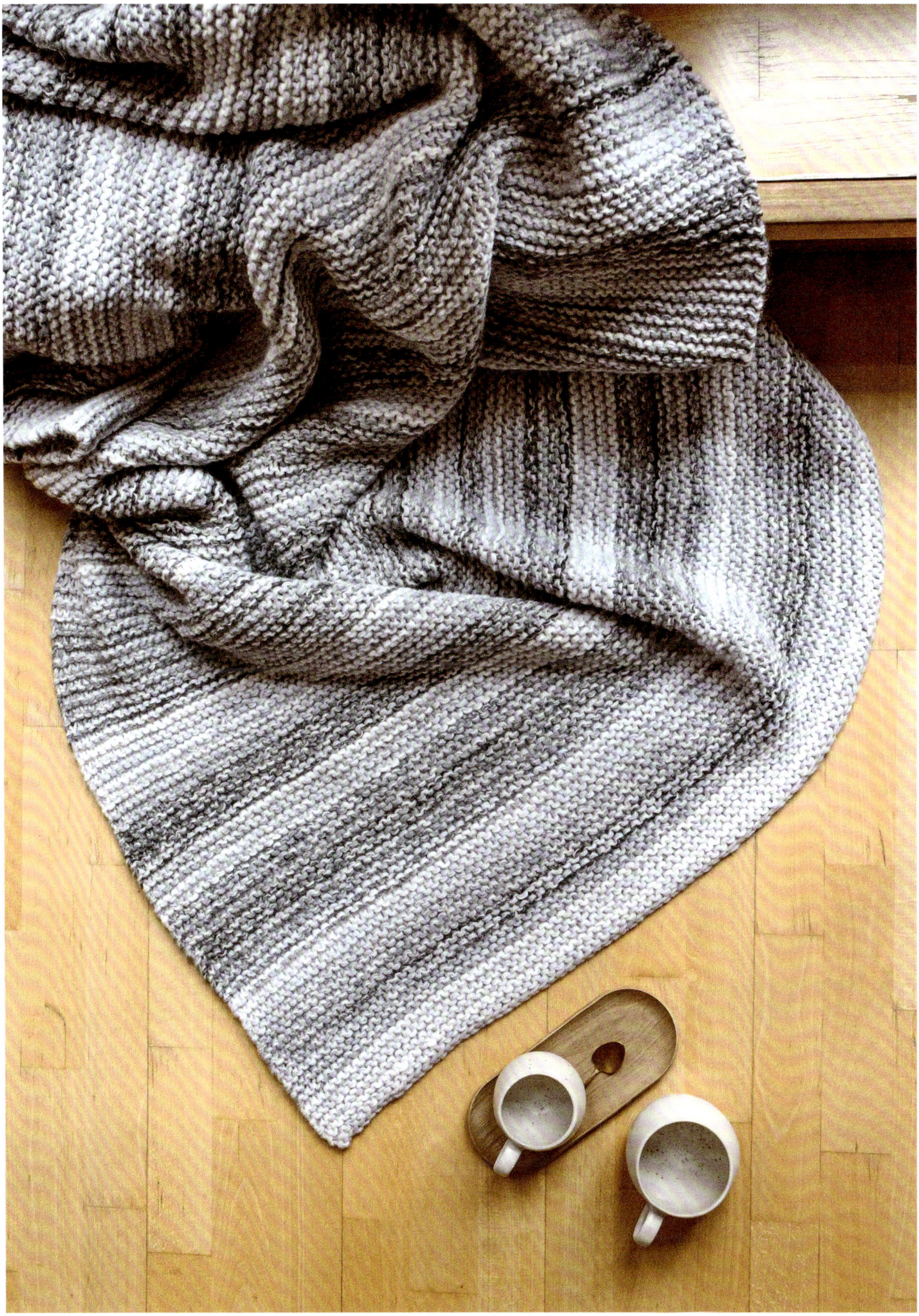

Loop Eiszeit

Der Loop wird in Runden gestrickt.

Wenn du den Loop für einen Herrn oder ein Kind stricken möchtest, kannst du die Maschenzahl einfach verändern. Dazu misst du den Kopfumfang desjenigen, nimmst den Umfang x 2,5 und voilá: Er passt garantiert, wenn du die Maschenzahl entsprechend anpasst. Je höher du ihn strickst, desto mehr Umfang benötigst du.

Welche Maschen-Typen musst du beherrschen, um dieses Modell zu stricken?

Maschen anschlagen
Rechte Maschen in der Runde stricken
Maschen abketten
Im Matratzenstich zusammennähen

Welches Material benötigst du?

250 g dickes Kettengarn aus 75 % Schurwolle und 25 % Baumwolle: LALA BERLIN LOVELY COTTON von Lana Grossa in Natur (Fb 07), mit einer Lauflänge von 90 m / 50 g
1 Rundnadel der Stärke 6 mm in 100 cm Länge

Wie groß ist das fertige Modell?

Der Loop hat einen Umfang von 135 cm und eine Höhe von 38 cm.

Beachte die Maschenprobe!

Mit Nadelstärke 6 mm gestrickt, ergeben 12,5 Maschen in der Breite und 19 R in der Höhe 10 x 10 cm.

Welches Muster wird gestrickt?

Es wird „glatt rechts in Runden" gestrickt.

Was du sonst noch wissen musst!

In der folgenden Anleitung werden Masche und Maschen mit M abgekürzt, die Reihe und die Reihen mit R und Runden mit Rd.

Jetzt geht's los!

1. Schlage 168 M an.
2. Verknote den Anschlagsfaden und stricke in der Rück-R 168 rechte M.
3. Stricke in der folgenden Hin-R wieder 168 M.
4. Schieb nun die M so an das Ende der Nadel, dass die erste gestrickte M dieser R ganz vorn an der linken Nadelspitze liegt und stricke als Nächstes diese M und alle folgenden M rechts ab.
5. Nun ist die Rd geschlossen.
6. Stricke weiter in Rd rechte M, bis der Loop 38 cm hoch ist.
7. Wende nun die Strickrichtung. Dreh das Strickzeug so, dass du nun die linke Seite des Loops anschaust. Stricke eine Rück-R rechte M über 168 M.
8. Wende das Strickzeug wieder und kette in einer Hin-R alle M locker ab.
9. Nähe an der Anschlagskante und an der abgeketteten Kante die beiden offenen R zusammen.
10. Vernähe sorgfältig alle Fäden.
11. Leg den Loop auf eine weiche Unterlage und streich ihn glatt. Leg ein feuchtes Handtuch darüber. Drück das Wasser leicht in den Loop und lass ihn unter dem feuchten Handtuch trocken.
12. Hab Spaß beim Tragen.

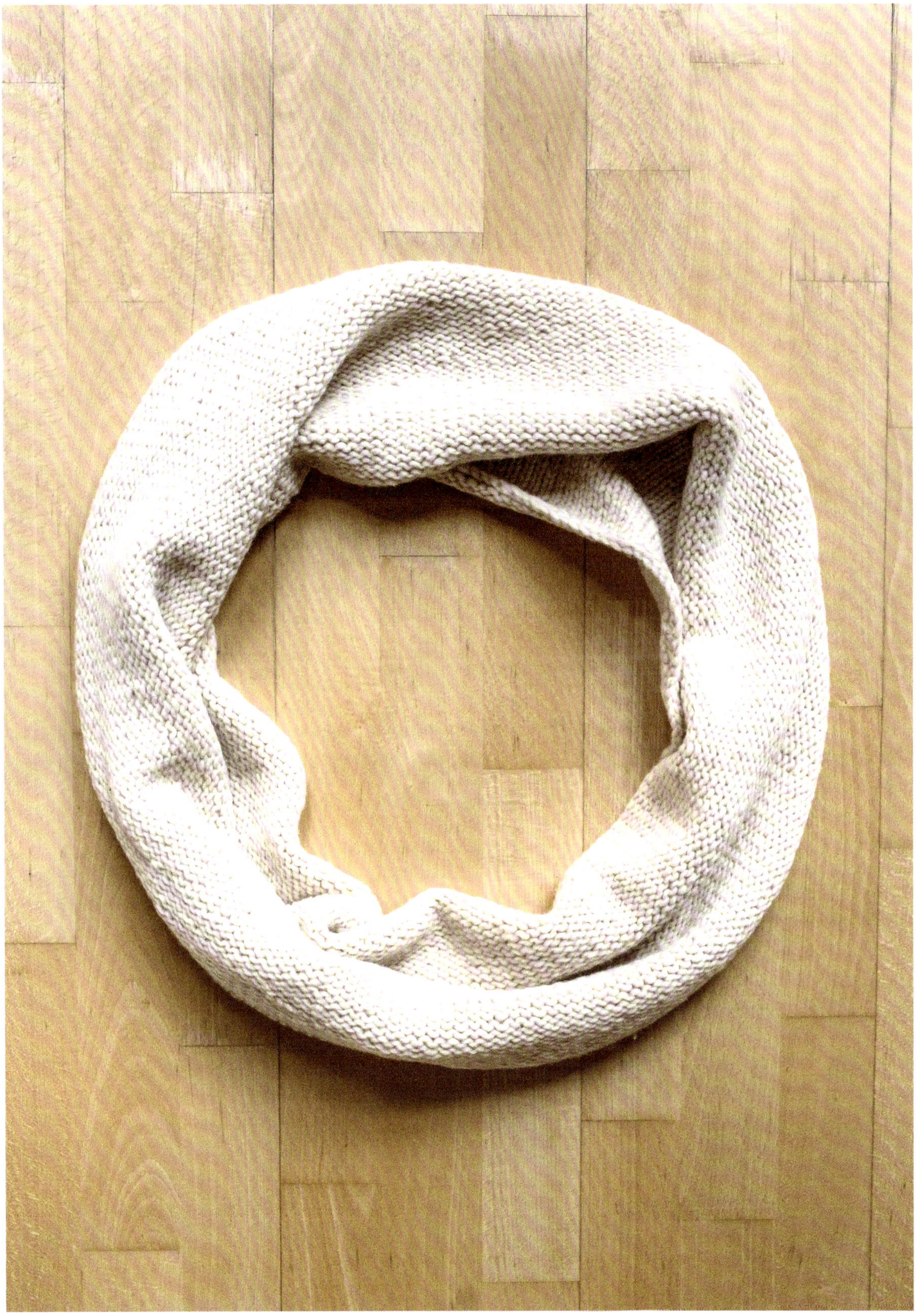

Modell Seite 14–15

Schal Frida & Fred

Dieser hübsche Unisex-Schal wird garantiert ein langjähriger Begleiter *für dich, deine Freundin, deinen Freund, ach, einfach für alle und jeden in deiner Umgebung. Er ist bezaubernd in sämtlichen nur vorstellbaren Farbkombinationen, wie hier mit maritimem Flair, oder in Rosa-Lila für Einhorn-Girlies, in Schwarz-Weiß für puristische Innenarchitekt*innen oder in Mauve-Sand für die Perlen liebende Schwiegermama.*

Welche Maschen-Typen musst du beherrschen, um dieses Modell zu stricken?
Maschen anschlagen
Rechte Maschen stricken
Linke Maschen stricken
Maschen abketten

Welches Material benötigst du?
400 g dickes Mischgarn aus 50 % Schurwolle und 50 % Polyacryl: ASPEN von ggh-Garn, 200 g in Wollweiß (Fb 11), 200 g in Ozeanblau (Fb 99), mit einer Lauflänge von 57 m/50 g
Stricknadel der Stärke 7 mm

Wie groß ist das fertige Modell?
Der Schal ist ca. 32 cm breit und 195 cm lang.

Beachte die Maschenprobe!
Mit Nadelstärke 7 mm gestrickt, ergeben 11 M in der Breite und 19 R in der Höhe 10 x 10 cm.

Welches Muster wird gestrickt?
Der Schal wird im „Perlmuster" gestrickt: Im Wechsel wird immer 1 Masche rechts und 1 Masche links gestrickt. In der Rück-Reihe wird ebenso gestrickt, aber die Maschen, die rechts erscheinen, strickst du als linke Maschen und die Maschen, die als linke Maschen erscheinen, strickst du als rechte Maschen ab. So entsteht das kleine Knötchenmuster. Wenn du bei einer ungeraden Maschenzahl mit einer rechten Masche beginnst, beendest du die Reihe auch mit einer rechten Masche. In der Rück-Reihe ist es ebenso.

Was du sonst noch wissen musst!
In der folgenden Anleitung werden Masche und Maschen mit M abgekürzt, die Reihe und die Reihen mit R.

Jetzt geht's los!
1. Schlage mit Wollweiß 33 M an und verknote den Anschlagsfaden.
2. Beginne mit einer Rück-R, stricke 1 M rechts und 1 M links im Wechsel und beende die R mit 1 M rechts.
3. Wechsle zu Ozeanblau und beginne und beende die Hin- und die Rück-R jeweils mit 1 M rechts.
4. Wechsle zu Wollweiß und stricke wie unter Punkt 3 beschrieben.
5. Wiederhole die Punkte 3 und 4 solange, bis das 4. Knäuel in Wollweiß fast verbraucht ist. Der Schal ist nun ca. 190 cm lang. Die letzte gestrickte R ist eine Hin-R in Wollweiß.
6. In der folgenden Rück-R kettest du nun alle M in Wollweiß ab, strickst dabei aber weiter 1 M rechts und 1 M links im Wechsel.
7. Hab Spaß beim Tragen.

Linke Maschen stricken

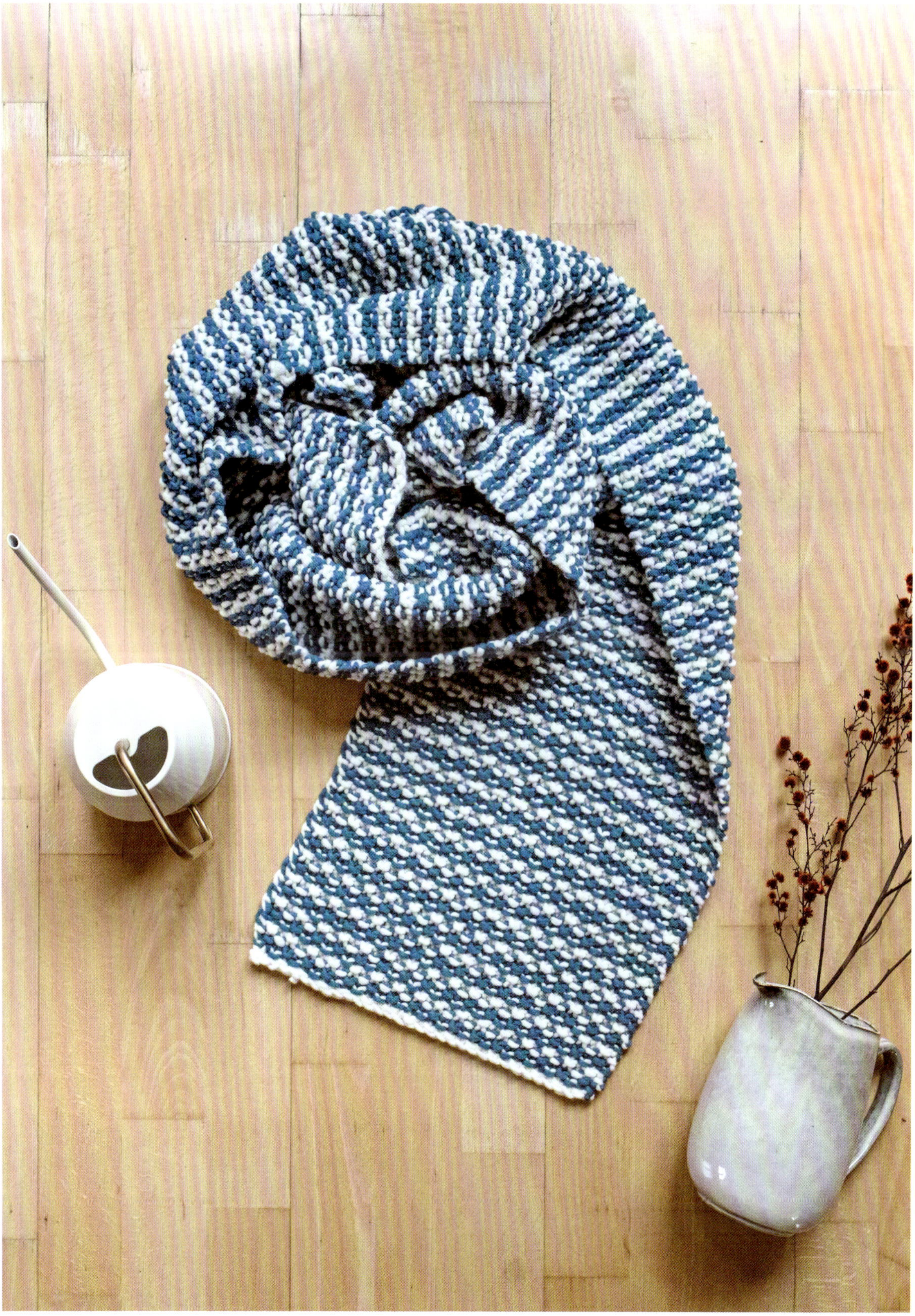

Stola Skandi

„Nur noch den Streifen zu Ende stricken"

ist das Rezept für schnellen Erfolg bei dieser Stola. So bleibst du am Ball und bist schneller fertig als gedacht. Wenn dir das Design gut gefällt und dir der Wechsel der Farben und Muster Spaß gemacht hat, stricke das Modell ein weiteres Mal mit 250 Maschen in der Breite und 2 Streifen länger, und schon hast du eine kuschelige Lounge-Decke, die ihresgleichen sucht. Du benötigst dann etwa doppelt so viel Wolle.

Welche Maschen-Typen musst du beherrschen, um dieses Modell zu stricken?

Maschen anschlagen
Rechte Maschen stricken
Linke Maschen stricken
Maschen abketten

Welches Material benötigst du?

950 g klassisch gedrehtes, mittelstarkes Garn aus 100 % Schurwolle: MAXIMA von ggh-Garn, 200 g in Wollweiß (Fb 01), 200 g in Angorakanin (Fb 67), 300 g in Berylgrün (Fb 65) und 250 g in Hellem Mintgrün (Fb 75), mit einer Lauflänge von 110 m / 50 g
1 Rundnadel der Stärke 4,5 mm in 80 cm Länge

Wie groß ist das fertige Modell?

Die Stola ist ca. 75 cm breit und 180 cm lang.

Beachte die Maschenprobe!

Mit Nadelstärke 4,5 mm „kraus rechts" gestrickt, ergeben 18 M in der Breite und 36 R (= 9 gezählte Querrippen) in der Höhe 10 x 10 cm und in „glatt rechts" gestrickt 18 M und 27 R 10 x 10 cm.

Welches Muster wird gestrickt?

Die Decke wird im Wechsel „kraus rechts" und „glatt rechts" gestrickt. Die Rand-M werden in den Streifen, in denen glatt rechts gestrickt wird, als „glatte Rand-M" gearbeitet, damit die Ränder schön aussehen. In den Streifen, die kraus rechts gestrickt werden, werden die Rand-M in Hin- und Rück-R als normale rechte M gestrickt.

Farb- und Musterabfolge

Streifen 1: 10 cm = 36 R kraus rechts und 10 cm = 27 R glatt rechts in Berylgrün
Streifen 2: 10 cm = 36 R kraus rechts und 10 cm = 27 R glatt rechts in Hellem Mint
Streifen 3: 10 cm = 36 R kraus rechts und 10 cm = 27 R glatt rechts in Wollweiß
Streifen 4: 10 cm = 36 R kraus rechts und 10 cm = 27 R glatt rechts in Angorakanin
Streifen 5 bis 8: Streifen 1 bis 4 wiederholen.
Streifen 9: 10 cm = 36 R kraus rechts und 10 cm = 27 R glatt rechts in Berylgrün

Was du sonst noch wissen musst!

In der folgenden Anleitung werden Masche und Maschen mit M abgekürzt, die Reihe und die Reihen mit R.

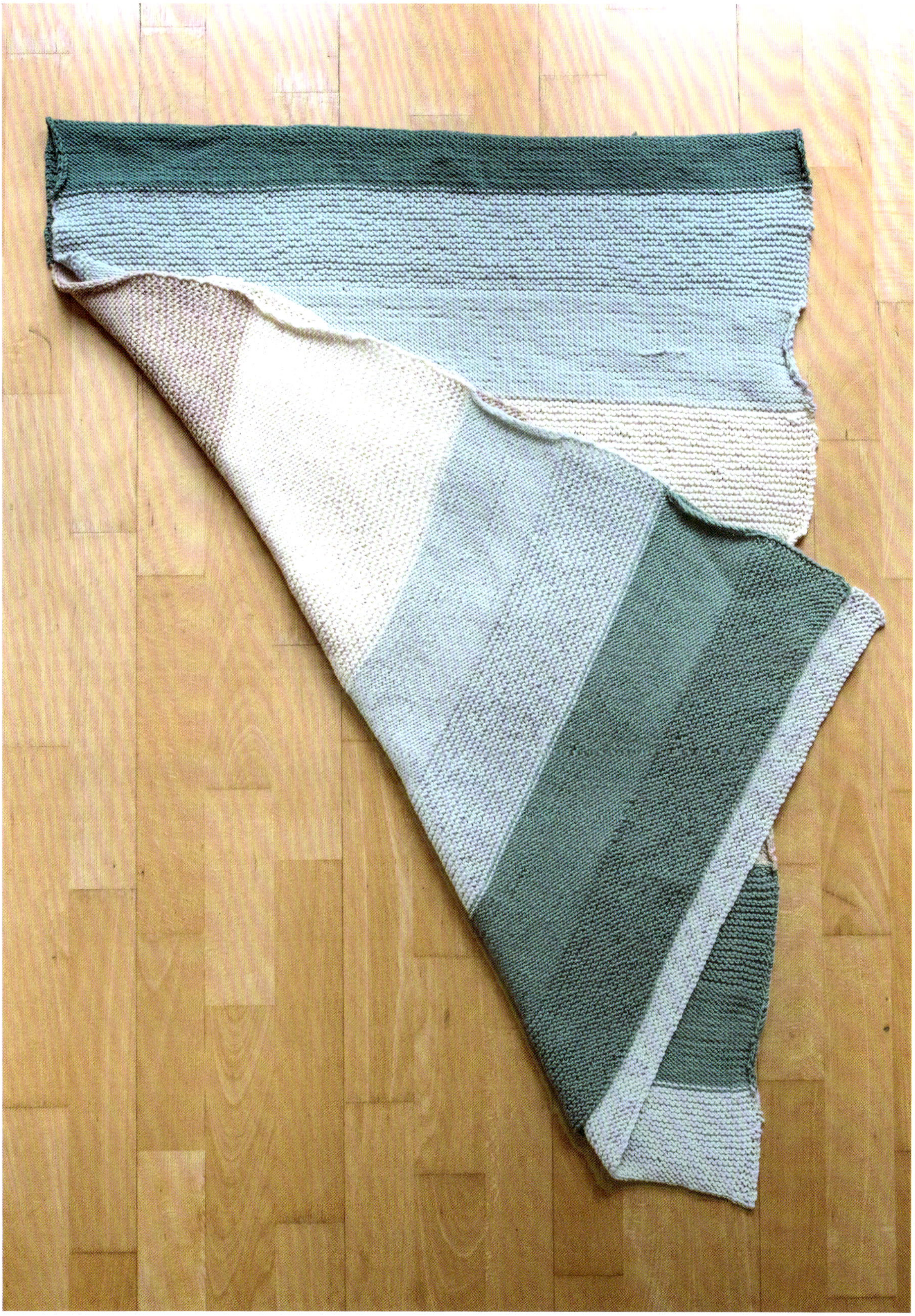

Jetzt geht's los!

1. Schlage in Berylgrün 133 M an und verknote den Anschlagsfaden.

2. Stricke nach der Farb- und Musterfolge, bis du insgesamt 9 Streifen gestrickt hast und die Stola 180 cm lang ist.

3. In der letzten Rück-R kettest du nun alle M ab. Dabei strickst du rechte M.

4. Hab Spaß beim Tragen.

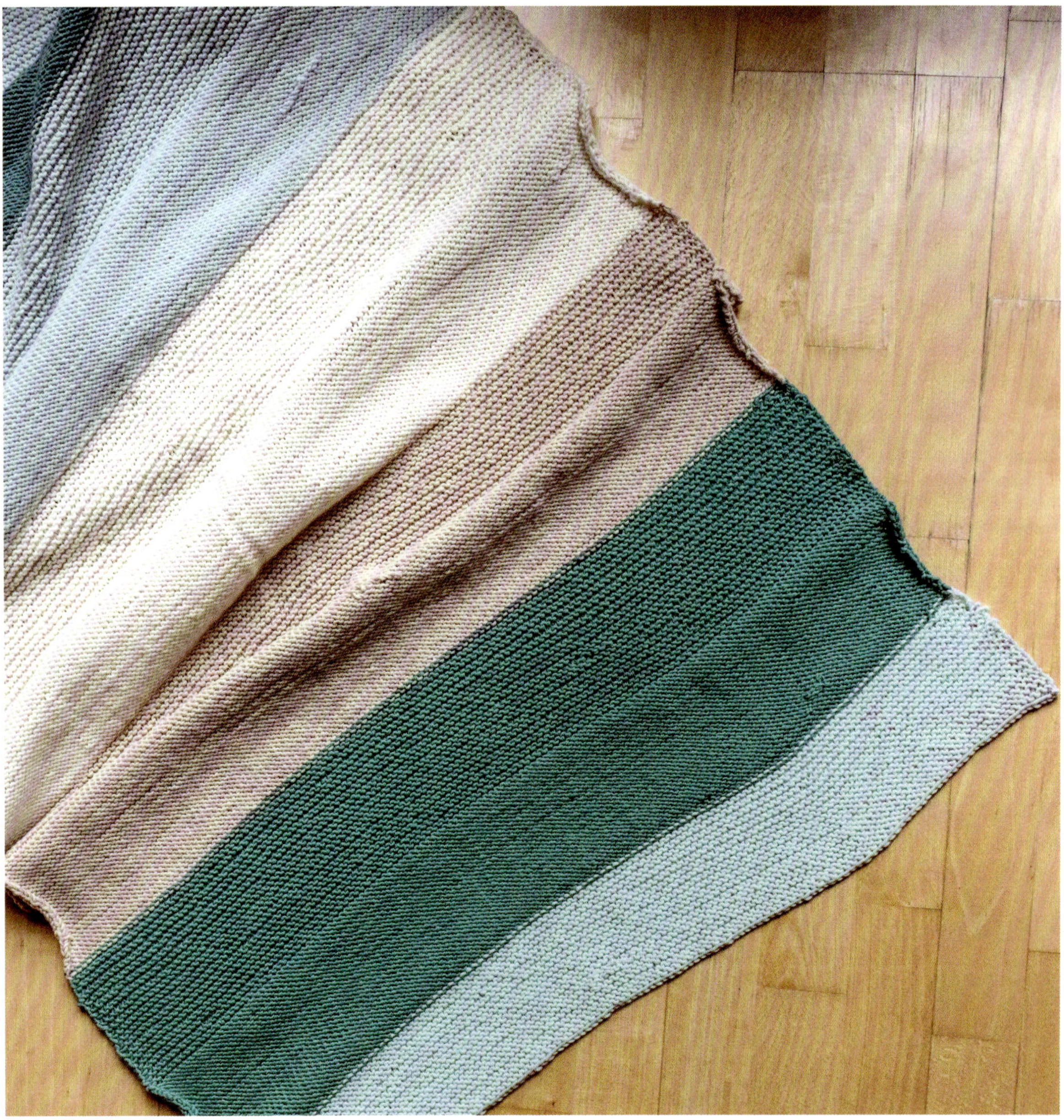

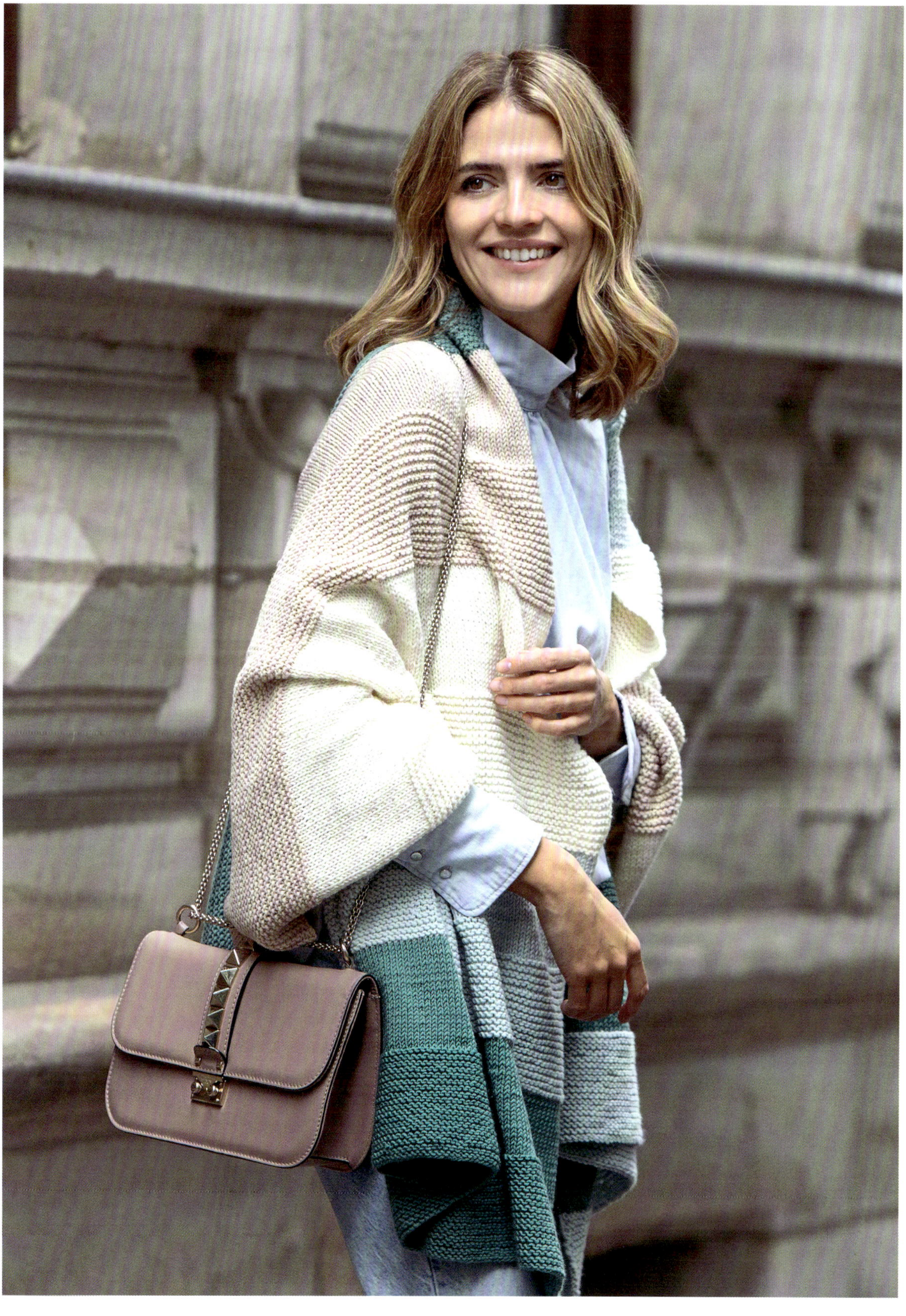

Modell Seite 18–19

Kuschelpulli Comfy

Der süße Kuschelpulli ist die perfekte Wahl für Couch-Potatoes:
mindestens so gemütlich wie dein Lieblingsschlafanzug und doch so edel, dass du darin auch spontan zum Supermarkt um die Ecke radeln kannst oder dein Online-Meeting im Homeoffice souverän gestylt moderierst.

Welche Maschen-Typen musst du beherrschen, um dieses Modell zu stricken?

Maschen anschlagen
Rechte Maschen stricken
Maschen aus dem Querfaden zunehmen
Maschen abketten
Im Maschenstich zusammennähen
Im Matratzenstich zusammennähen

Welches Material benötigst du?

600 g mitteldickes Kettengarn aus 78 % Merino-Schurwolle, 12 % Kaschmir und 10 % Polyamid: ALTA MODA CASHMERE 16 von Lana Grossa in Minttürkis (Fb 34), mit einer Lauflänge von 110 m / 50 g
1 Stricknadel der Stärke 7 mm

Wähle die richtige Größe aus!

Du kannst den Pullover in vier verschiedenen Größen stricken: Größe 36–38, 40–42, 44–46 oder 48–50. Die Angaben für die kleinste Größe stehen vor der Klammer, für die Größe 40–42 in der Klammer an erster Stelle, für 44–46 in der Klammer an zweiter Stelle und für die größte Größe am Ende der Klammer. Steht nur eine Angabe in der Anleitung, so gilt sie für alle Größen.

Beachte die Maschenprobe!

Mit Nadelstärke 7 mm kraus rechts gestrickt, ergeben 14 M in der Breite und 32 R = 15 Querrippen in der Höhe 10 x 10 cm.

Welches Muster wird gestrickt?

Der ganze Pullover wird „kraus rechts“ gestrickt.

Was du sonst noch wissen musst!

Der Pullover ist so einfach zu stricken, dass es gar nicht viel Erklärung braucht. Fang einfach an und du wirst sehen, wie schnell du zu deinem neuen Lieblingsstück kommst.
In der folgenden Anleitung werden nun Masche und Maschen mit M abgekürzt, die Reihe und die Reihen mit R.

TIPP: Beginne ein neues Knäuel immer am Rand. Das Garn ist so dick, dass der Knoten und die vernähten Fäden in der Mitte der Reihe sichtbar wären. Am Rand lässt sich das leichter verstecken. Besonders effektiv ist es, die Fäden zu benutzen, um die Seiten oder Ärmelnähte zu schließen. Wer vernäht schon gern unnötig viele Fäden?

Maschen aus Querfaden zunehmen

Maschen verschränkt aus Querfaden zunehmen

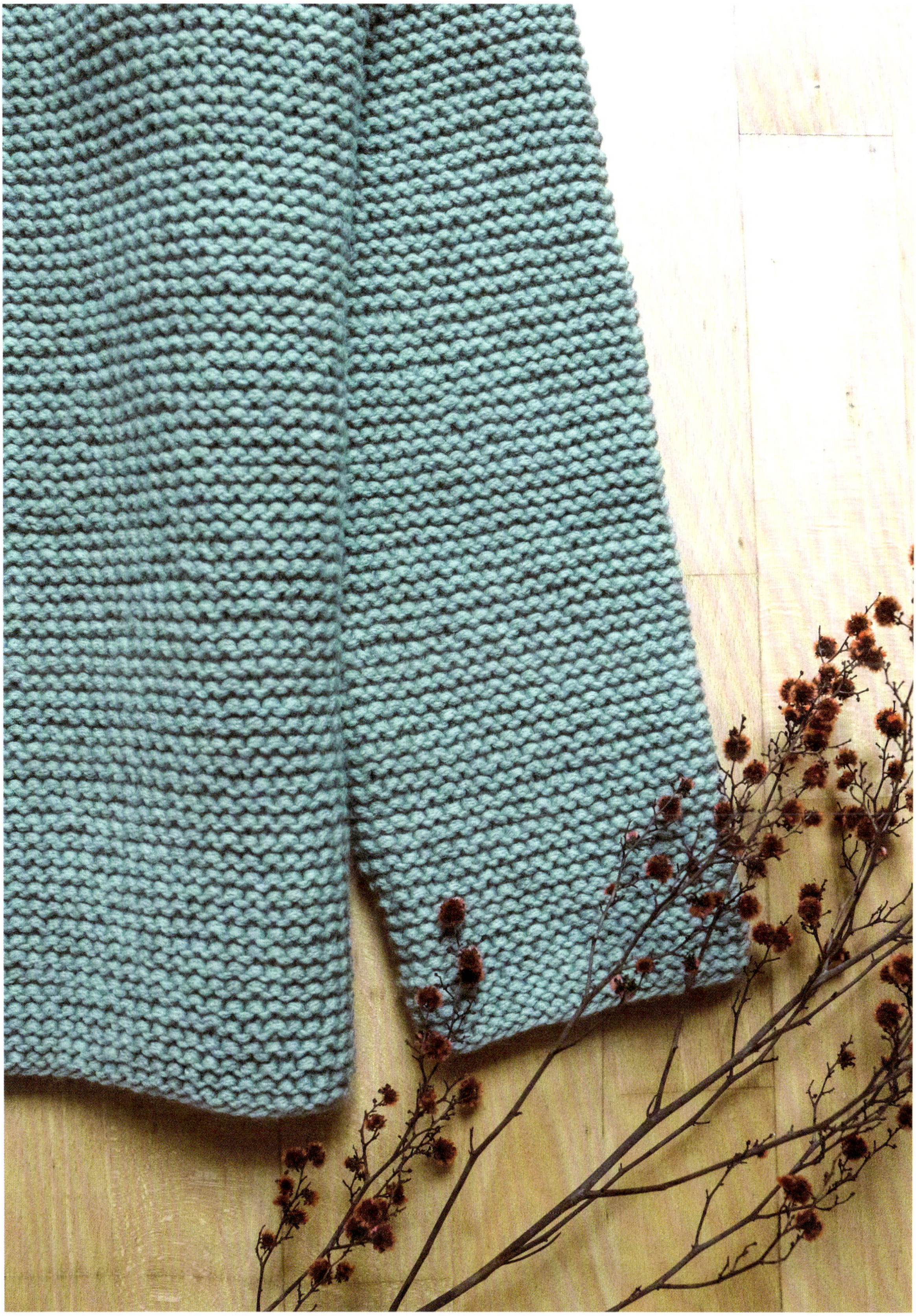

Jetzt geht's los!

RÜCKENTEIL UND VORDERTEIL

1. Beginn mit dem Rückenteil und schlage 84 (90/96/102) M an.
2. Verknote den Anschlagsfaden und stricke in der ersten R – das ist eine Rück-R – alle M rechts.
3. Stricke solange in allen R rechte M, bis dein Rückenteil 36 cm hoch ist. Diese Stelle markierst du mit einem Maschenmarkierer oder einem Faden.
4. Stricke weiter bis zu einer Höhe von 58 (60/62/64) cm Höhe und kette dann alle M ab. Bemühe dich, dabei locker zu stricken.
5. Das Vorderteil wird genau wie das Rückenteil gestrickt.
6. Schließe die Schulternähte über jeweils 18 (20/21/23) cm. Das entspricht pro Schulter 25 (28/30/33) Schulter-M. Die mittleren 34 (34/36/36) M bleiben für den Halsausschnitt offen.

ÄRMEL

7. Schlag 44 (44/48/48) M an. Mach so weiter wie beim Rückenteil unter Punkt 1 bis 2 beschrieben, und stricke 6 cm hoch, also 19 R rechte M.
8. Dann beginnst du mit den Zunahmen für die Ärmelschrägungen. ***In der Hin-R 2 M rechts stricken, 1 M aus dem Querfaden zunehmen, weiter rechte M bis 2 M vor dem R-Ende stricken, 1 M aus dem Querfaden zunehmen, 2 M rechts stricken. In der Rück-R strickst du wieder alle M rechts. Danach strickst du 12 R kraus rechts***.
9. Nun wiederholst du den Vorgang in der folgenden Hin-R von *** bis *** noch 8x (12x/13x/16x). Der Ärmel ist nun 62 (68/74/80) M breit.
10. Bei 44 cm Ärmellänge kettest du alle M ab.

ENDSPURT

11. Leg den Pulli so vor dich hin, dass du auf die rechte Seite schaust und die Schulternähte nach unten zeigen. Nähe nun die obere Ärmelkante zwischen den Markierungen an Vorder- und Rückenteil.
12. Schließe jetzt in einem Arbeitsgang die Seiten- und Ärmelnaht.
13. Vernähe sorgfältig alle Fäden.
14. Hab Spaß beim Tragen. Für einen lässigen Look krempel die Ärmel um.

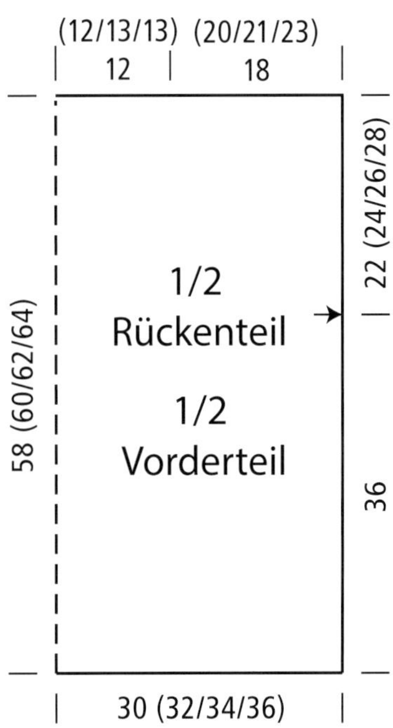

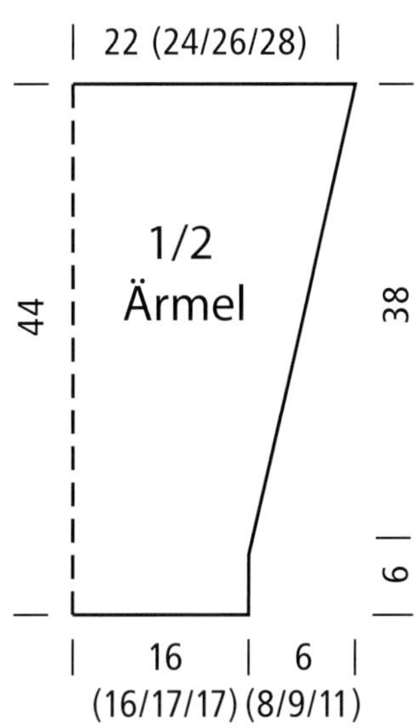

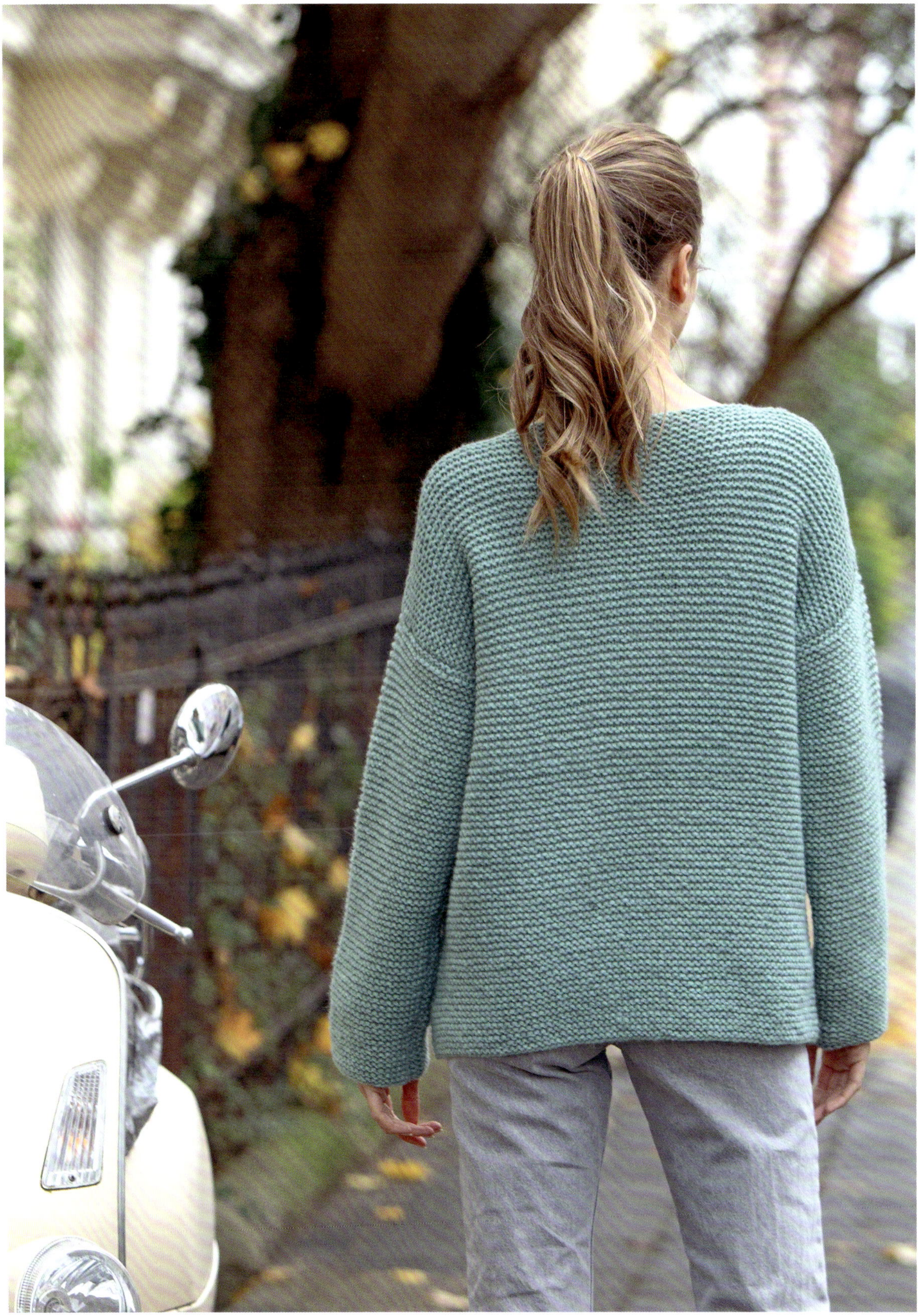

Schal Perfetto!

Dem Namen ist nichts hinzuzufügen:

Dieser Schal ist einfach, edel, harmonisch, nicht zu groß und nicht zu klein, passt im Sommer und im Winter, zum Verschenken oder zum Behalten, zum Einkuscheln oder zum gekonnten Kombinieren: einfach nur PERFETTO!

Welche Maschen-Typen musst du beherrschen, um dieses Modell zu stricken?

Maschen anschlagen
Rechte Maschen stricken
Linke Maschen stricken
Maschen abheben
Maschen abketten

Welches Material benötigst du?

300 g kühles Baumwollmischgarn aus 55 % Merino-Schurwolle und 45 % Baumwolle: VOLANTE von ggh-Garn, 50 g in Beige (Fb 25), 50 g in Blasses Aubergine (Fb 2), 100 g in Altrosa (Fb 1) und 100 g in Creme (Fb 07), mit einer Lauflänge von 130 m / 50 g
Stricknadel der Stärke 4 mm

Wie groß ist das fertige Modell?

Der Schal ist ca. 36 cm breit und 180 cm lang.

Beachte die Maschenprobe!

Mit Nadelstärke 4 mm gestrickt, ergeben 20 Maschen in der Breite und 27 Reihen in der Höhe 10 x 10 cm.

Welches Muster wird gestrickt?

Der Schal wird „glatt rechts" gestrickt. Die Ränder werden mit sogenannten 4-fachen Rand-Maschen gearbeitet.

4-fache Rand-Maschen stricken:
In den Hin-Reihen am Anfang der Reihe 2x nacheinander ***1 Masche rechts stricken und 1 Masche wie zum Linksstricken abheben, dabei den Faden vor der Arbeit führen***. Bis vor die letzten 4 Maschen am Reihen-Ende glatt rechts stricken, dann 2x nacheinander ***1 Masche wie zum Linksstricken abheben, dabei den Faden vor der Arbeit führen, 1 Masche rechts stricken***.
In Rück-Reihen am Anfang der Reihe 2x nacheinander ***1 Masche wie zum Linksstricken abheben, dabei den Faden vor der Arbeit führen, 1 Masche rechts stricken***. Bis vor die letzten 4 Maschen am Reihen-Ende glatt rechts stricken, dann 2x nacheinander ***1 Masche rechts stricken, 1 Masche wie zum Linksstricken abheben, dabei den Faden vor der Arbeit führen***.

TIPP: Wechsle die Farbe immer in den Rück-Reihen vor den 4 Rand-Maschen. Das hat den Vorteil, dass du die Fäden nicht am Rand vernähen musst, sondern sie unauffälliger in den linken Maschen vernähen kannst.

Was du sonst noch wissen musst!

In der folgenden Anleitung werden Masche und Maschen mit M abgekürzt, die Reihe und die Reihen mit R.

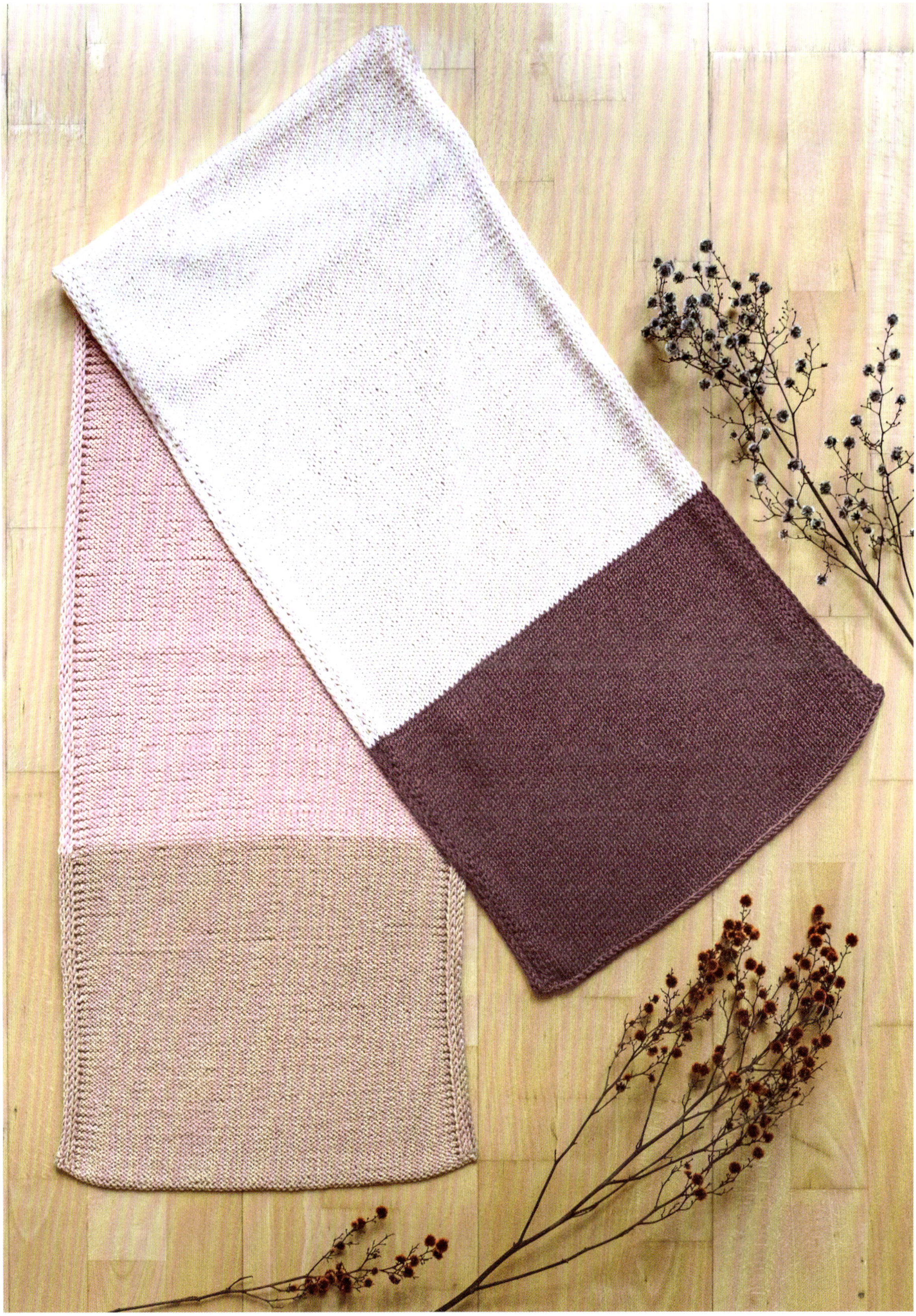

Jetzt geht's los!

1. Schlage in Beige 76 M an und verknote den Anschlagsfaden.

2. Beginne mit einer Rück-R und stricke alle M rechts.

3. Ab der ersten Hin-R strickst du die ersten 4 und die letzten 4 M jeder R als 4-fache Rand-M wie oben beschrieben. Alle anderen M zwischen den Rand-M strickst du glatt rechts.

4. Nach 30 cm in Beige wechselst du die Farbe und strickst 60 cm in Altrosa, dann 60 cm in Creme und 30 cm in Blasses Aubergine.

5. Dein Schal ist nun 180 cm lang. Kette alle M in einer Hin-R ab.

6. Vernähe alle Fäden.

7. Für ein gleichmäßigeres Maschenbild leg deinen Schal auf eine weiche Unterlage, zum Beispiel eine Matratze oder einen Teppich, glatt hin und ziehe ihn in Form. Bedecke ihn mit feuchten Tüchern, drück die Feuchte etwas in das Gestrick und lass den Schal unter den Tüchern trocknen.

8. Hab Spaß beim Tragen.

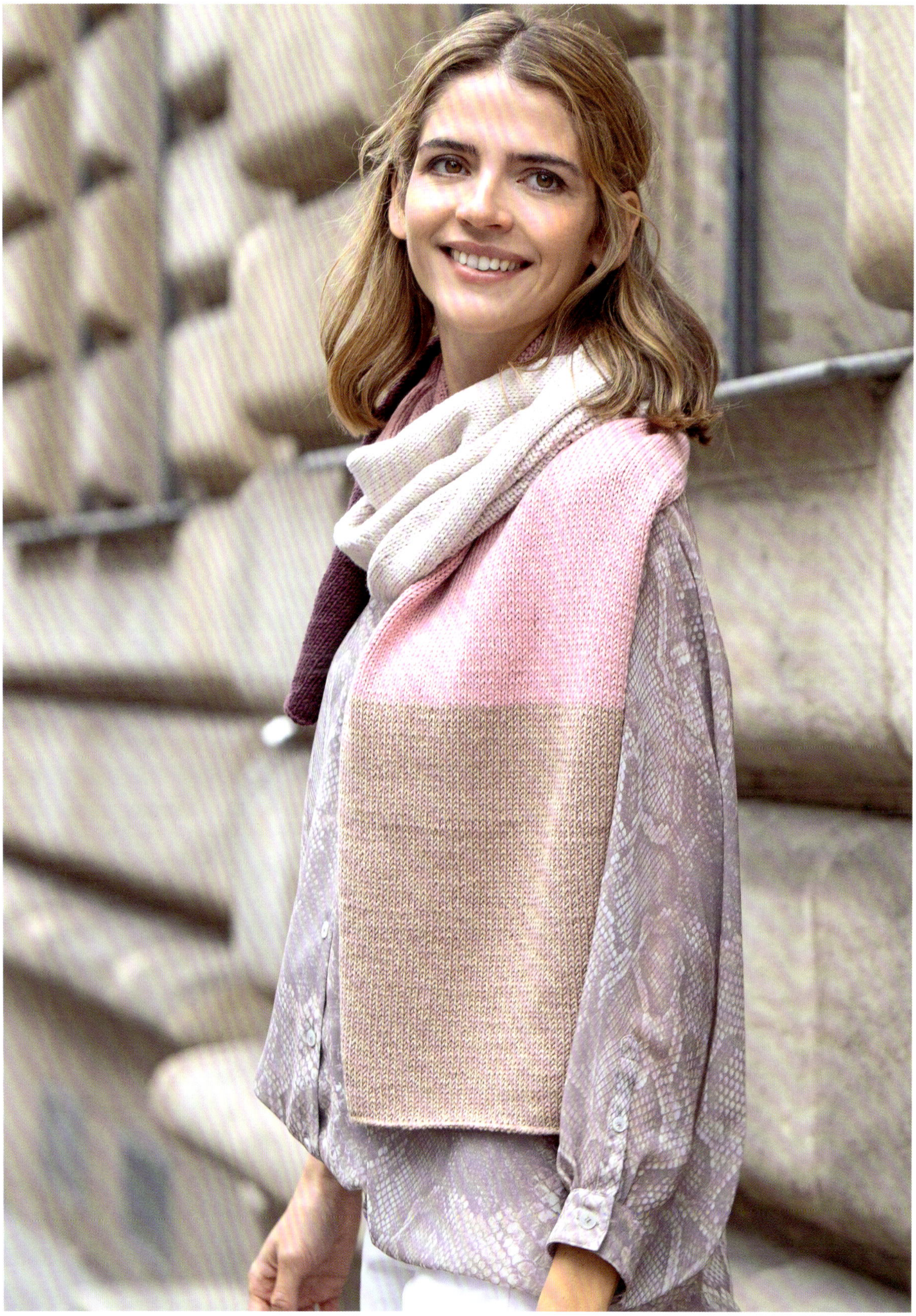

Modell Seite 22–23

Mütze Eiszeit

Die Mütze wird in Runden gestrickt.

Sie passt perfekt zum Loop „Eiszeit“. Du solltest dir zutrauen, mit dem Nadelspiel zu stricken. Dann schaffst du die Mütze ganz leicht im Handumdrehen, und hast innerhalb von wenigen Stunden ein tolles Geschenk gezaubert oder belohnst dich selbst für deinen Erfolg.

Welche Maschen-Typen musst du beherrschen, um dieses Modell zu stricken?

Maschen anschlagen
Rechte Maschen in der Runde stricken
2 Maschen rechts zusammenstricken

Welches Material benötigst du?

100 g dickes Kettengarn aus 75 % Schurwolle und 25 % Baumwolle: LALA BERLIN LOVELY COTTON von Lana Grossa in Natur (Fb 07), mit einer Lauflänge von 90 m / 50 g
1 Nadelspiel der Stärke 5 mm
1 Stricknadel der Stärke 5 mm für den Maschenanschlag
1 dicke Wollnadel mit stumpfer Spitze

Wie groß ist das fertige Modell?

Die Mütze passt für einen Kopfumfang von ca. 51–54 cm. Sie ist 27 cm hoch und hat damit eine leichte Beanie-Form.

Beachte die Maschenprobe!

Mit Nadelstärke 5 mm gestrickt, ergeben 13,5 M in der Breite und 22 R in der Höhe 10 x 10 cm.

Welches Muster wird gestrickt?

Die Mütze wird „glatt rechts“ in Runden gestrickt. Es werden also in allen Runden alle Maschen rechts gestrickt.

Was du sonst noch wissen musst!

In der folgenden Anleitung werden Masche und Maschen mit M abgekürzt, die Reihe und die Reihen mit R.

2 Maschen rechts zusammenstricken

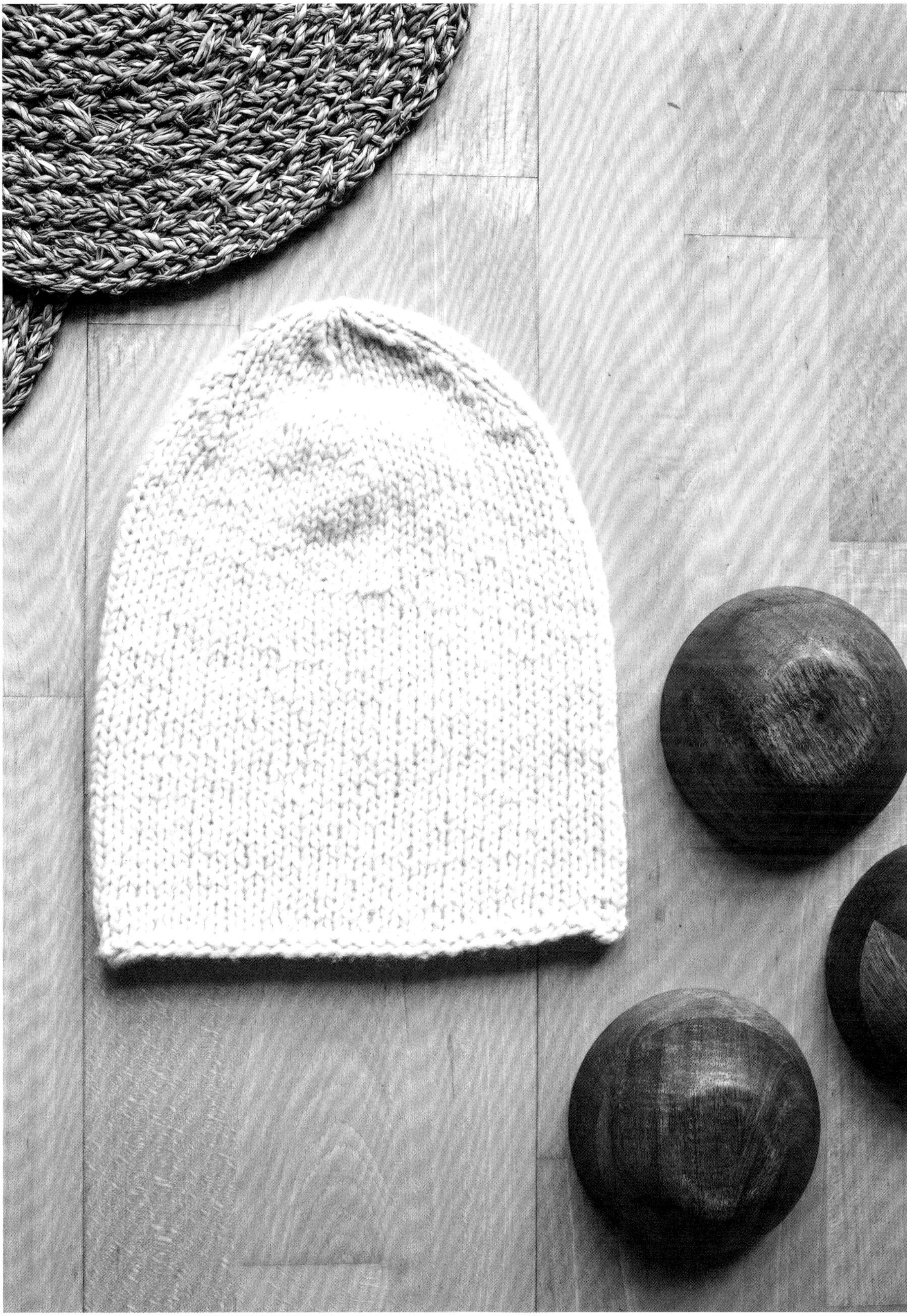

Jetzt geht's los!

1. Schlage 60 M auf der normalen Stricknadel an.

2. Verknote den Anschlagsfaden und stricke in der Rück-R 60 rechte M.

3. Nun verteilst du die M auf das Nadelspiel, entweder auf 3 Nadeln 34 je 20 M oder auf 4 Nadeln 34 je 15 M. Das entscheidest du, wie du besser zurechtkommst.

4. Schließe die M zur Rd und strick auf dem Nadelspiel in Rd 22 cm rechte M. Den Rd-Übergang markieren.

5. In 22 cm Höhe beginnst du nun, für die Oberkopfrundung M abzunehmen: Stricke 5x nacheinander ***10 M rechts, 2 M rechts zusammenstricken***. Es sind nun 55 M übrig. Dann 1 Rd ohne Abnahmen stricken.

6. Stricke nun 5x nacheinander: ***9 M rechts, 2 M rechts zusammenstricken*** Es sind nun 50 M übrig. Dann 1 Rd ohne Abnahme stricken.

7. So nimmst du noch 4x ab, bis 30 M übrig sind. Die Maschenzahl zwischen den Abnahmen wird immer kleiner. Nach jeder Abnahme-Rd immer eine Rd ohne Abnahme stricken.

8. Nun nimmst du wie beschrieben noch 2x ab, ohne die Zwischen-Rd ohne Abnahme zu stricken, bis 10 M übrig sind.

9. Schneide den Faden ab und zieh ihn mit der Wollnadel durch die verbleibenden M. Zieh den Faden fest an, dann führe ihn nach innen und vernäh den Faden auf der linken Seite der Mütze.

10. Vernäh nun auch noch den Anschlagsfaden und schließe dabei die kleine Naht der Rückreihe.

11. Hab Spaß beim Tragen.

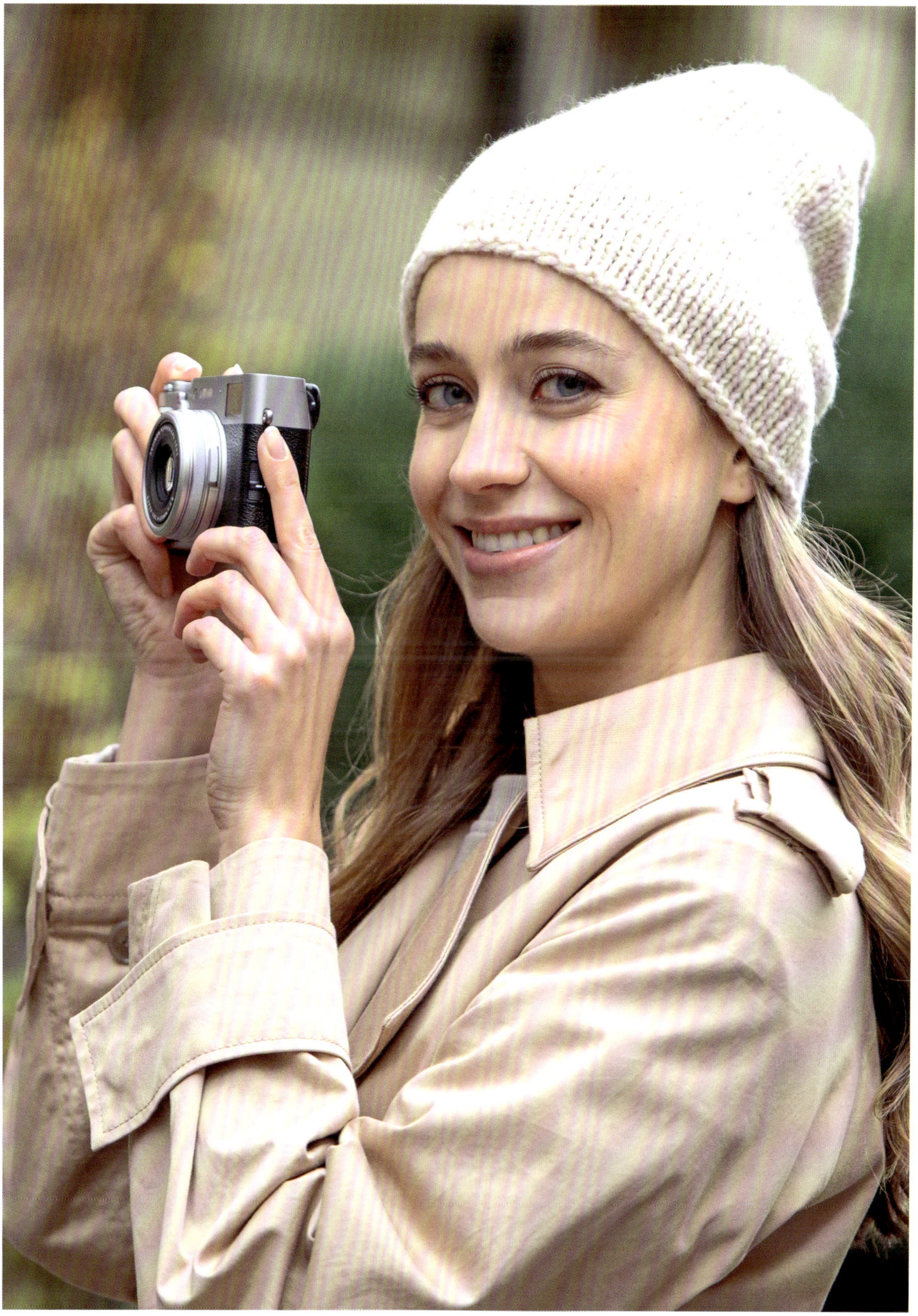

Dreieckstuch Nur ein Hauch!

Das Tuch ist nicht an drei Abenden gestrickt, etwas Geduld ist nötig.

Aber wie sagt man so schön: „Der Weg ist das Ziel". Es ist so herrlich entspannend, entrückt vor sich hin zu stricken und nur das flaumweiche Garn zu spüren, weil rechte Maschen mit etwas Übung kein Hinschauen mehr erfordern. Belohnt wirst du mit einem hauchzarten Tuch, das trotz seiner üppigen Maße nur etwas mehr wiegt als zwei Tafeln Schokolade. Es wird dich überallhin begleiten!

Welche Maschen-Typen musst du beherrschen, um dieses Modell zu stricken?

Maschen anschlagen
Rechte Maschen stricken
Maschen verdoppeln
Maschen abketten

Welches Material benötigst du?

225 g zartes Lacegarn aus 65 % Mohair, 30 % Polyamid, 5 % Wolle bzw. 70 % Wolle und 30 % Seide: 200 g KID von ggh-Garn in Graubraun (Fb 151) und 25 g KID SEDA von ggh-Garn in Rosa meliert (Fb 209), mit einer Lauflänge von 250 m bzw. 210 m / 25 g

Stricknadel der Stärke 4 mm in 120 cm Länge

Wie groß ist das fertige Modell?

Das Tuch misst 210 cm an der rechten Seite, an der nicht zugenommen wird, und 220 cm an der abgeketteten Seite.

Beachte die Maschenprobe!

Mit Nadelstärke 4 mm gestrickt, ergeben 17 M in der Breite und 30 R (= 15 Querrippen) in der Höhe 10 x 10 cm.

Welches Muster wird gestrickt?

Das Tuch wird „kraus rechts" gestrickt.

Was du sonst noch wissen musst!

In der folgenden Anleitung werden Masche und Maschen mit M abgekürzt, die Reihe und die Reihen mit R.

Das Tuch wird an einer Ecke begonnen und in Richtung der breiten Seite gestrickt. Es soll betont locker gestrickt werden. Immer am Ende der Hin-R wird eine M zugenommen, indem die letzte M verdoppelt wird. Du stichst dafür 1x wie gewohnt in die M und strickst sie rechts, lässt sie aber auf der Nadel liegen. Stich nun noch 1x von hinten in die M und stricke eine weitere M rechts. Dann lässt du beide auf die rechte Nadel gleiten und hast 1 M zugenommen.

TIPP: Beginne ein neues Knäuel immer am Rand. Das Garn ist so dünn, dass der Knoten und die vernähten Fäden in der Mitte der Reihe sichtbar wären. Am Rand lässt sich das leichter verstecken.

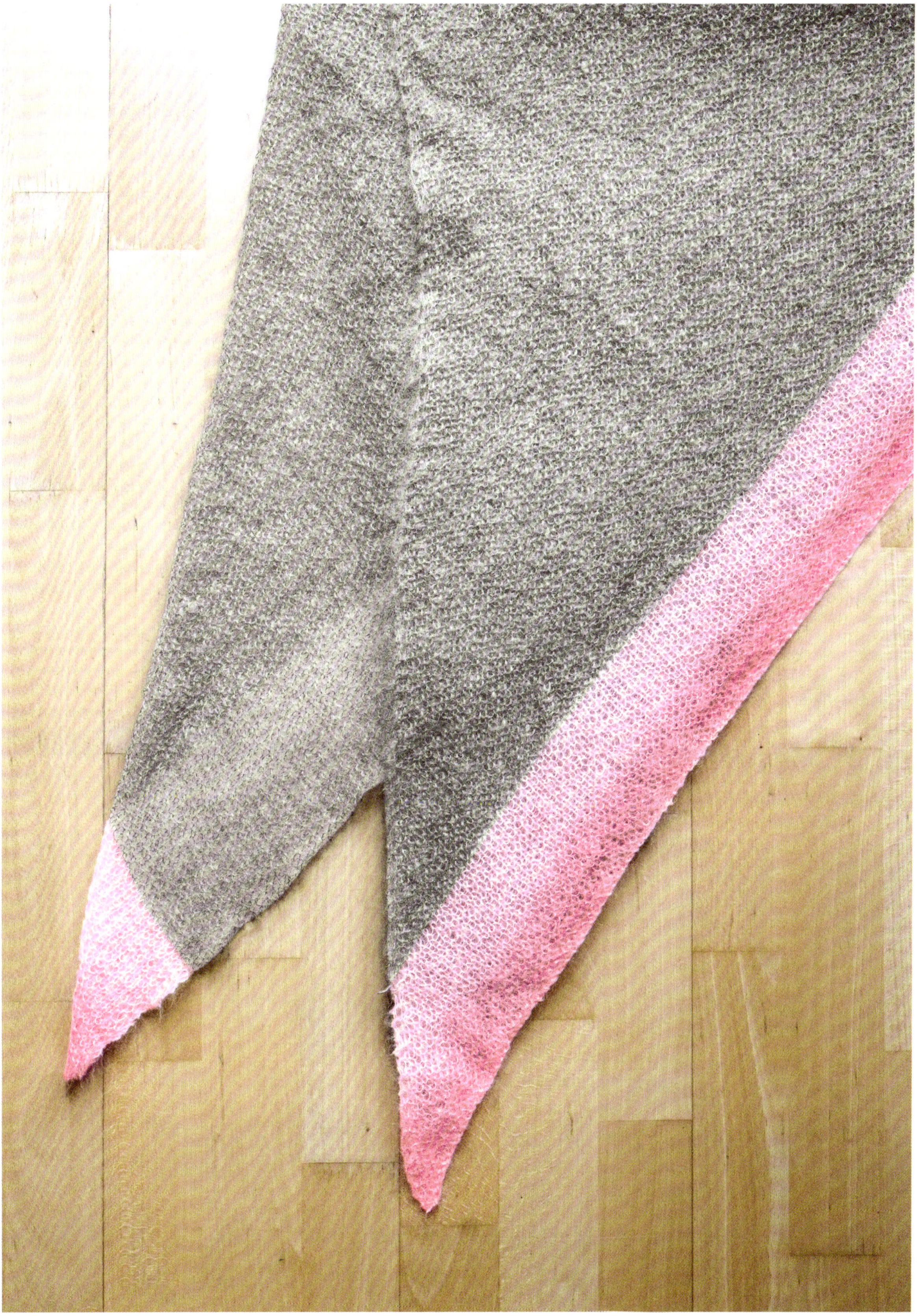

Jetzt geht's los!

1. Schlage in Graubraun 4 M an und verknote den Anschlagsfaden.

2. Beginne mit einer Rück-R und stricke alle 4 M rechts.

3. In der ersten Hin-R strickst du die ersten 3 M rechts und verdoppelst die letzte M. Es sind nun 5 M auf der Nadel.

4. Stricke in dieser und in allen weiteren Rück-R alle M rechts.

5. In der folgenden Hin-R verdoppelst du wieder die letzte M. Es sind nun 6 M auf der Nadel. In der Rück-R wieder alle M rechts stricken.

6. Stricke so lange, wie unter Punkt 5 beschrieben, bis – gemessen an der rechten Seite – 200 cm erreicht sind. Es sind dann alle 8 Knäuel KID verbraucht.

7. Wechsel zu KIDSEDA und verstricke auch dieses Knäuel bis auf einen kleinen Rest, der noch mindestens 10 m lang sein sollte.

8. Kette alle M locker ab.

9. Hab Spaß beim Tragen.

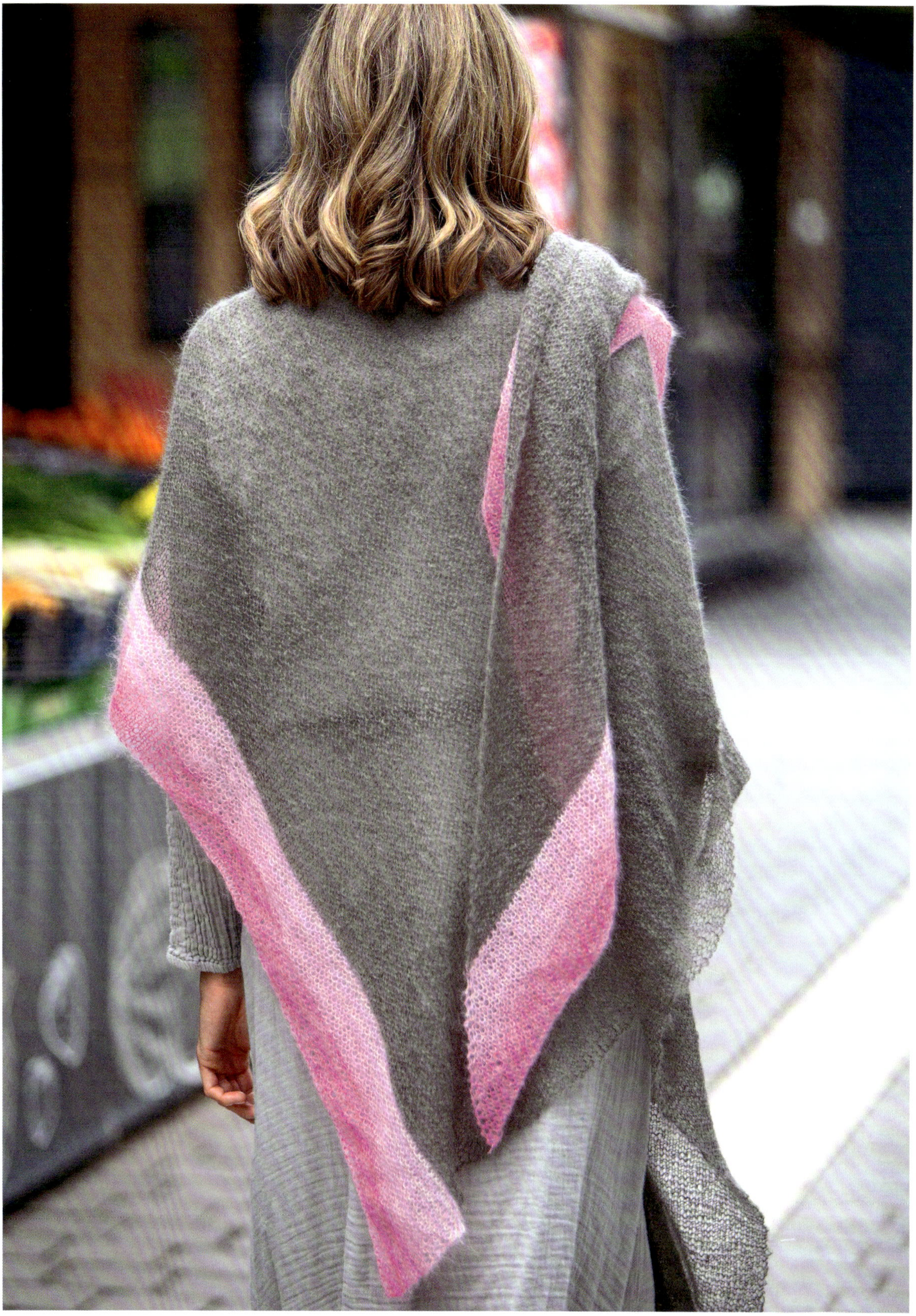

Tuch Girl's best friend

Dieses Tuch wird garantiert dein Begleiter in allen Lebenslagen.

Die Klimaanlage im Zug nervt? Der laue Sommerabend entpuppt sich doch als früher Herbstbote? Du hast eine Audienz beim Papst und musst die Schulter bedecken? Zugegeben: Das Szenario ist unwahrscheinlich, aber es gibt 1000 Gründe, „Girl's best friend" im Gepäck zu haben. Die Reihen werden immer länger und die süße Rüsche nimmt etwas Zeit in Anspruch, aber die Investition lohnt sich allemal.

Welche Maschen-Typen musst du beherrschen, um dieses Modell zu stricken?

Maschen anschlagen
Rechte Maschen stricken
Linke Maschen stricken
Maschen mit einem Umschlag zunehmen
Maschen aus dem Querfaden zunehmen
Maschen abketten

Welches Material benötigst du?

200 g dünnes, flauschiges Mohairgarn aus 20 % Mohair, 57 % Schurwolle (Merino extrafine) und 23 % Polyamid: BRIGITTE NO. 3 von Lana Grossa in Anthrazit (Fb 11), mit einer Lauflänge von 100 m / 25 g
1 Rundnadel der Stärke 4 mm in 60 cm, 80 cm und 100 cm Länge

Wie groß ist das fertige Modell?

Das Tuch ist an der langen Seite 230 cm breit und in der vorderen Mitte 95 cm hoch.

Beachte die Maschenprobe!

Mit Nadelstärke 4 mm glatt rechts gestrickt, ergeben 24 M in der Breite und 28 R in der Höhe 10 x 10 cm.

Welches Muster wird gestrickt?

Das ganze Tuch wird „glatt rechts" gestrickt. Nur die Rand-M werden „kraus rechts" gearbeitet, damit sich die Ränder nicht einrollen und schön glatt liegen.

Was du sonst noch wissen musst!

In der folgenden Anleitung werden nun Masche und Maschen mit M abgekürzt, die Reihen mit R und die Umschläge mit U.
Das Tuch wird aus der Mitte heraus gestrickt und ergibt ein gleichschenkliges Dreieck. Die Grundseite ist länger als die beiden gleichlangen Seiten. Damit diese Form entsteht, wird jeweils in den Hinreihen rechts und links neben der Randmasche eine Masche zugenommen und zusätzlich rechts und links der mittleren Masche. Die mittlere M der Reihe läuft also gerade hoch und davor und danach entsteht ein kleines Zierloch durch die Zunahme, die durch den Umschlag erfolgt. Die Maschen am Rand werden zugenommen, indem eine Masche aus dem Querfaden zugenommen wird, die Maschen in der Mitte, indem ein Umschlag auf die Nadel genommen wird.

TIPP: Beginne ein neues Knäuel immer am Rand. Das Garn ist so dünn, dass der Knoten und die vernähten Fäden in der Mitte der Reihe sichtbar wären. Am Rand lässt sich das leichter verstecken.

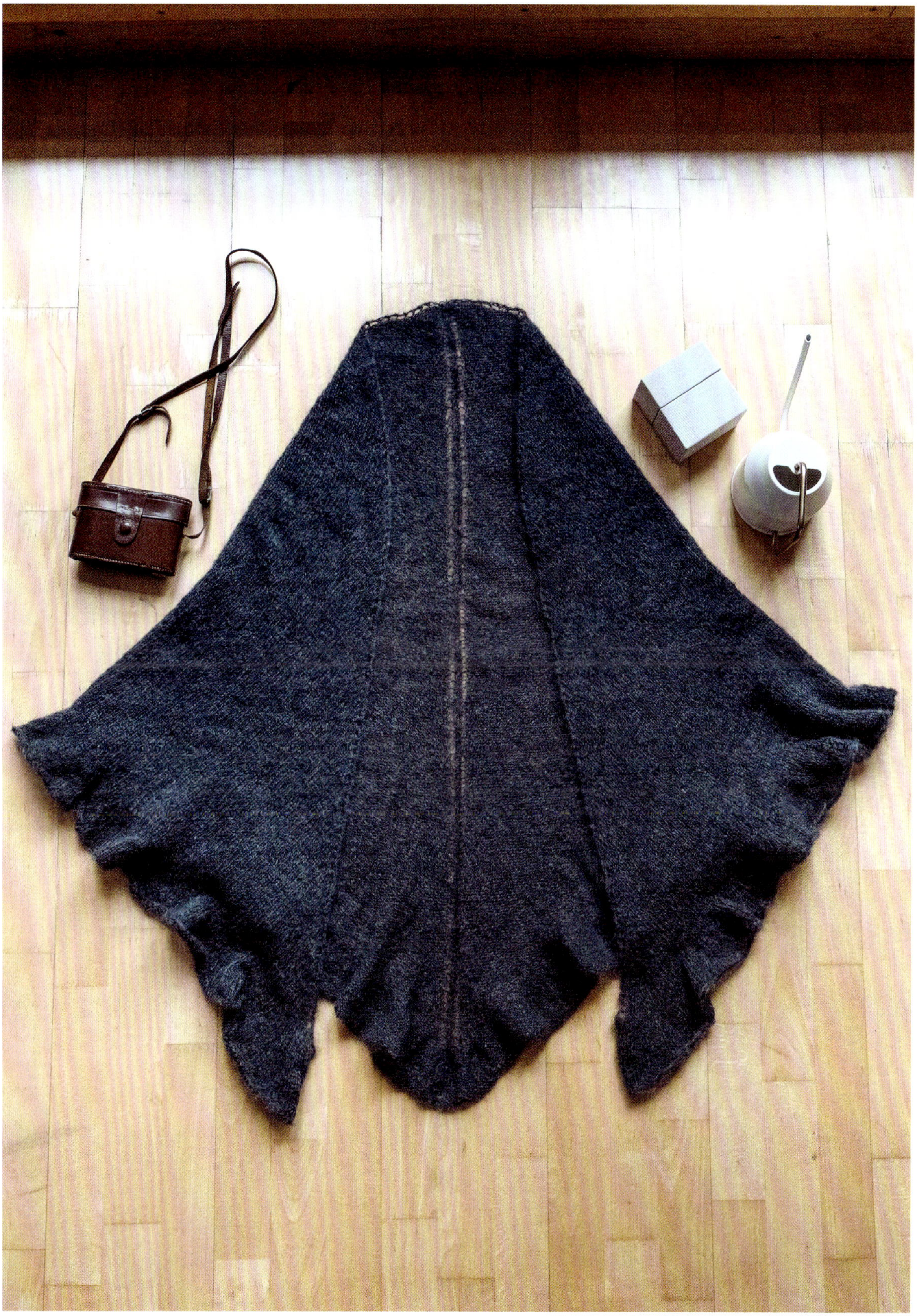

Modell Seite 26–27

Jetzt geht's los!

TUCH

1. Schlage 5 M an.

2. Verknote den Anschlagsfaden und stricke in der Rück-R 1 rechte M, 3 linke M und 1 rechte M. In allen weiteren Rück-R strickst du die erste und letzte M rechts ab. Diese beiden M sind die sogenannten Rand-M. Alle anderen M – auch die zugenommenen M und die U – strickst du in allen weiteren Rück-R links ab. Ab jetzt nummerieren wir die R.

3. So strickst du die 1. R (= Hin-R): 1 rechte M (= Rand-M), nimm einen U auf die Nadel, 1 rechte M, ***nimm 1 M aus dem Querfaden zu, stricke die Mittel-M rechts ab, nimm wieder 1 M aus dem Querfaden zu***, stricke 1 M rechts, nimm einen U auf die Nadel und stricke die Rand-M rechts ab. Markiere die Mittel-M mit einem Maschenmarkierer.

4. Die 2. R (= Rück-R) strickst du wie folgt: 1 Rand-M rechts stricken, den U links abstricken, 2 linke M, die Mittel-M links stricken, 2 linke M, den U links abstricken, 1 Rand-M rechts stricken. Es sind nun 9 M auf der Nadel.

5. Die 3. R (= Hin-R) strickst du wie die 1. R, aber der Abstand zwischen der Rand-M und der Mittel-M hat sich nun um 2 M vergrößert: 1 Rand-M, 1 U auf die Nadel nehmen, 3 M rechts, ***nimm 1 M aus dem Querfaden zu, stricke die Mittel-M rechts ab, nimm wieder 1 M aus dem Querfaden zu***, stricke 3 M rechts, nimm einen U auf die Nadel und stricke die Rand-M rechts ab. Der Vorgang zwischen den *** wiederholt sich in jeder Hin-R, ebenso wiederholt sich der U nach bzw. vor der Rand-M.

6. Die 4. R (= Rück-R) strickst du wie die 2. R, aber die Maschenzahl zwischen den Rand-M vergrößert sich: 1 Rand-M rechts stricken, den U links abstricken, 4 linke M, die Mittel-M links stricken, 4 linke M, den U links abstricken, 1 Rand-M rechts stricken. Nun sind schon 13 M auf der Nadel.

7. In jeder Hin-R werden somit 4 M zugenommen: 2 M durch einen U und 2 M durch die Zunahme aus dem Querfaden. Wiederhole nun die 5. und 6. R solange, bis das Tuch in der Mitte 95 cm hoch ist.

RÜSCHE

8. Für die Rüsche nimm wie folgt M zu: Rand-M, Umschlag, ***1 M rechts, 1 M aus dem Querfaden zunehmen***. Den Vorgang zwischen den *** wiederholst du bis 3 M vor Reihen-Ende und beendest die R mit 1 M rechts, 1 U und 1 Rand-M. In der Rück-R strickst du alle M und U außer der Rand-M links ab.

9. Strick nochmal wie unter Punkt 8 beschrieben, aber vergrößere den Abstand zwischen den Zunahmen:*** 2 M rechts, 1 M aus dem Querfaden zunehmen ***.

10. Kette alle M locker in einer Hin-R ab.

11. Vernähe sorgfältig alle Fäden.

12. Hab Spaß beim Tragen.

Maschen mit
Umschlag zunehmen

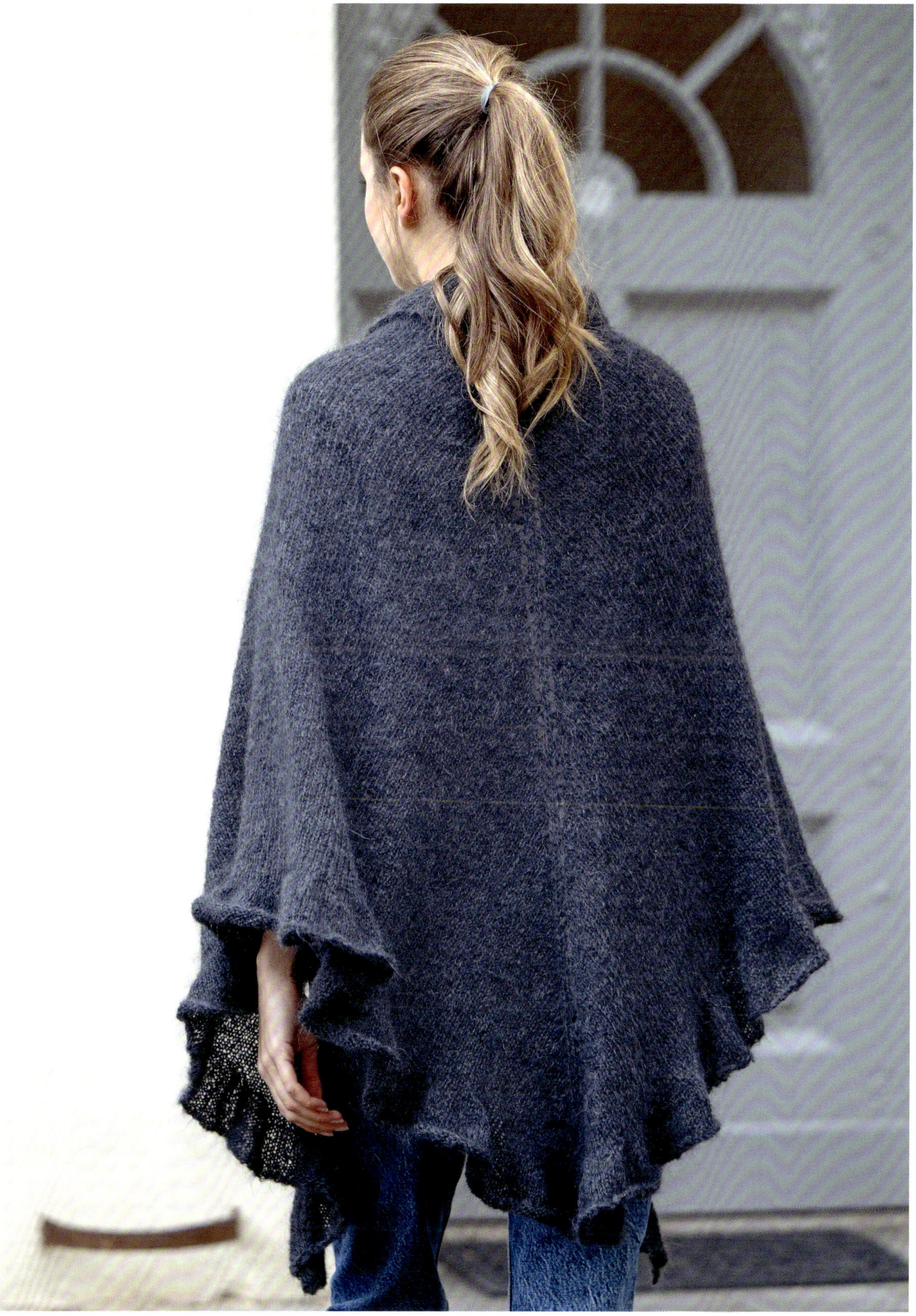

Modell Seite 28–29

Mütze Twilight

Diese Mütze ist toll, um Farbwechsel zu üben.

Es gibt tausendundeine Möglichkeiten, Farben zu kombinieren. Je nachdem, wie kontrastreich die Farben sind, gibt es ein ausdrucksstarkes Muster oder wenn die Farben, wie hier, nahe beieinander liegen, einen hübschen Melange-Effekt. Das Muster eignet sich bei dünnerem Garn auch für Baby- oder Kindermützen, für kleine Jungs oder große Mädchen, für eigentlich jede und jeden, die oder der lange Winterspaziergänge liebt.

Welche Maschen-Typen musst du beherrschen, um dieses Modell zu stricken?

Maschen anschlagen
Rechte Maschen stricken
Linke Maschen stricken
2 Maschen rechts zusammenstricken
3 M rechts zusammenstricken
Mit dem Nadelspiel stricken

Welches Material benötigst du?

100 g Schurwoll-Mischgarn aus 50 % Schurwolle und 50 % Polyacryl: ASPEN von ggh, 50 g in Silberblau (Fb 40) und 50 g in Frostiges Jade (Fb 85), mit einer Lauflänge von 57 m / 50 g
1 Nadelspiel der Stärke 7 mm und ein Pompon-Maker mit 5 cm Durchmesser.

Wähle die richtige Größe aus!

Die Mütze ist eine Damenmütze für einen Kopfumfang von ca. 52–56 cm.

Beachte die Maschenprobe!

Mit Nadelstärke 7 mm im Perlmuster gestrickt und leicht gedehnt gemessen, ergeben 11 M in der Breite und 19 R in der Höhe 10 x 10 cm.

Welches Muster wird gestrickt?

Es wird ein „Perlmuster" gestrickt und in jeder Runde die Farbe gewechselt.

Was du sonst noch wissen musst!

In der folgenden Anleitung werden Masche und Maschen mit M abgekürzt und Runden mit Rd.

3 Maschen rechts zusammen stricken

Mit dem Nadelspiel stricken

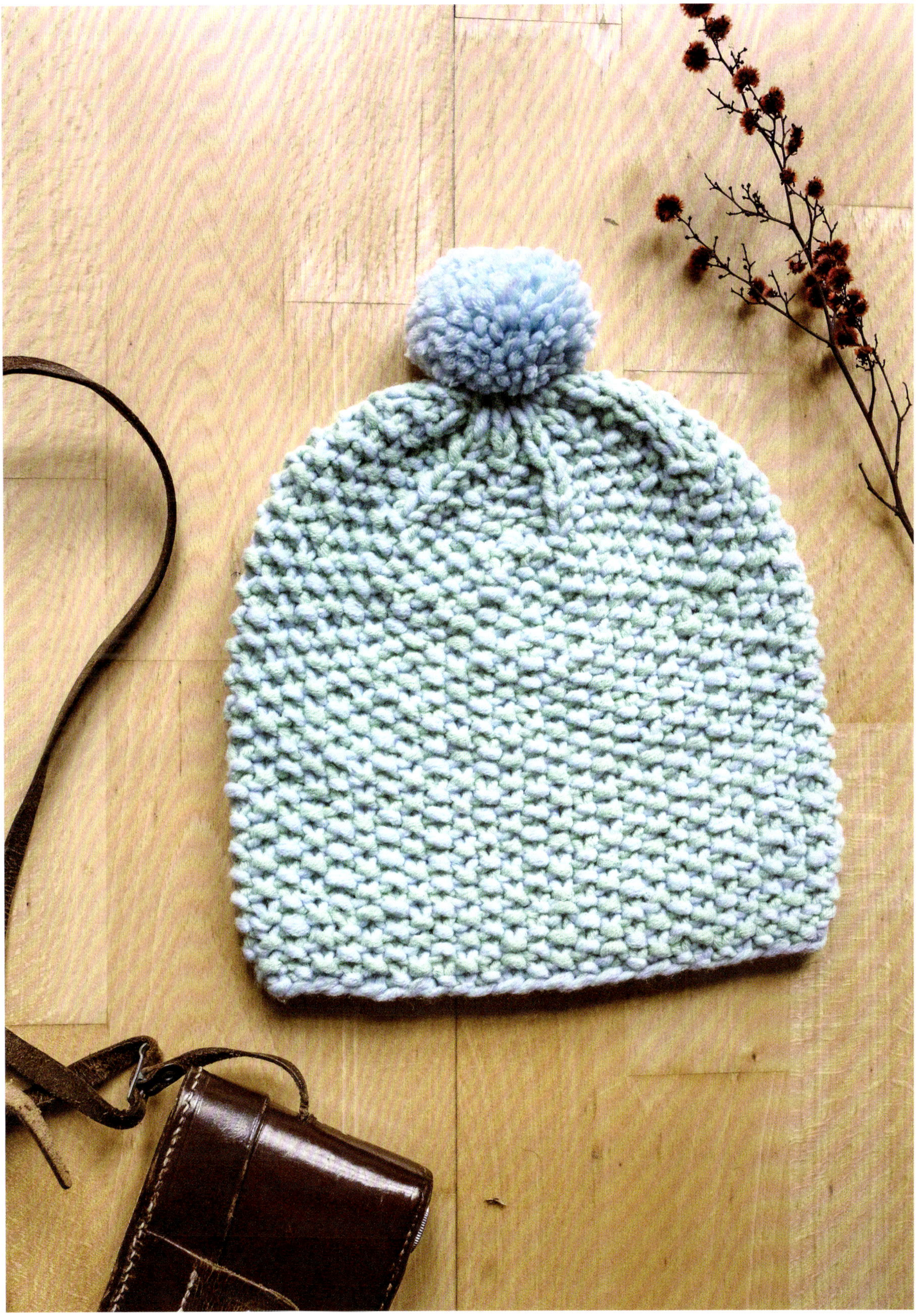

Jetzt geht's los!

1. Schlag 52 M mit einem silberblauen Faden an und verteil die M zu je 13 M auf 4 Nadeln eines Nadelspiels.

2. Schließe die Nadeln zu einer Rd und verknote den Anschlagsfaden. Markiere den Rd-Übergang mit einem Faden oder einem Maschenmarkierer.

3. Beginn in der 1. Rd im Wechsel mit 1 M rechts und 1 M links.

4. Die 2. Rd strickst du in Frostiges Jade. Beginn mit 1 linken M und stricke 1 M links und 1 M rechts im Wechsel.

5. Für die 3. Rd wechselst du wieder zu Silberblau und beginnst die Rd wieder mit 1 M rechts und strickst 1 M rechts und 1 M links im Wechsel.

6. Wiederhole die 2. und 3. Rd über die ganze Mütze. Den gerade nicht benötigten Faden führst du im Inneren der Mütze locker mit nach oben.

7. In 19 cm Gesamthöhe beginne mit den Abnahmen für die Oberkopfrundung in einer Rd in Frostiges Jade. Stricke die 24., 25. und 26. M sowie die 50., 51. und 52. M rechts zusammen. Es sind nun noch 48 M, also 12 M je Nadel, vorhanden.

8. Teil nun die Mütze in 8 Segmente à 8 M ein und markiere dir die Übergänge zwischen den Segmenten mit einem Faden oder einem Maschenmarkierer.

9. In der folgenden Rd strickst du nun jeweils die vorletzte und letzte M jedes Segments rechts zusammen. So nimmst du in dieser Rd 8 M ab und deine Mütze besteht nun noch aus 40 M.

10. Stricke 1 Rd ohne Abnahme. In dieser und in allen weiteren Rd wird nun die letzte M jedes Segments rechts gestrickt.

11. In der folgenden Rd nochmals abnehmen wie unter Punkt 9 beschrieben. So verbleiben 32 M. Nun wieder eine Rd ohne Abnahme stricken.

12. Die Abnahmen setzt du so lange fort, bis noch 8 M, also je Nadel 2 M, übrig sind.

13. Nun darfst du den Faden abschneiden und mit einer Stopfnadel 2x durch die verbleibenden M ziehen.

14. Faden fest anziehen, nach innen führen und dort fest vernähen.

ENDSPURT

15. Wickel mit dem Pompom-Maker aus den restlichen Fäden einen 5-cm-Bommel und näh ihn an der Mützenspitze fest. Wahlweise kannst du auch einen fertigen Kunstfellbommel kaufen und annähen.

16. Hab Spaß beim Tragen.

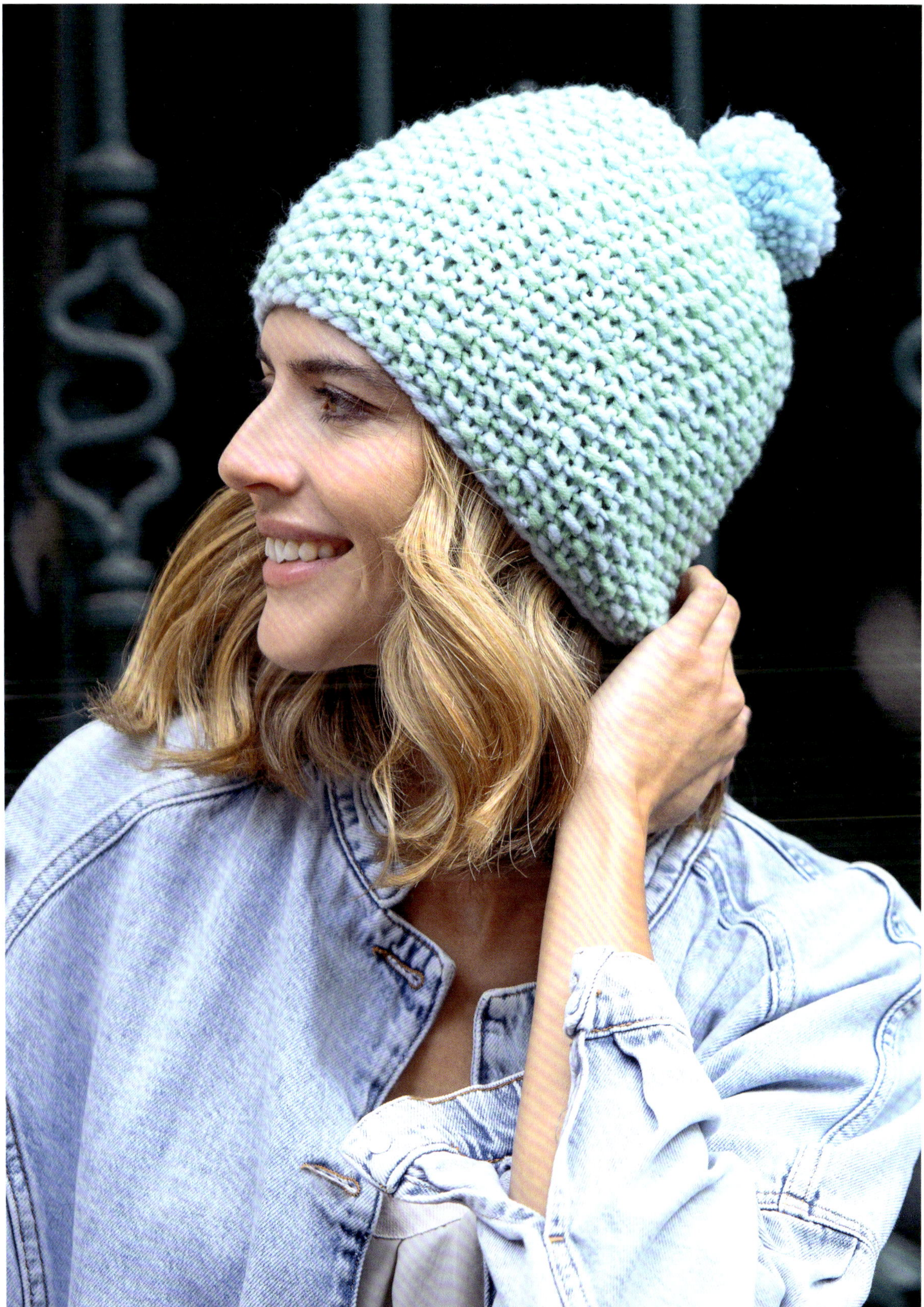

Modell Seite 30–31

Pullover Sorbet

Hier kommt Flauschalarm auf.

Die beiden Fäden des hauchdünnen Mohairgarns ergeben zusammen verstrickt nicht nur eine spannende Melange, sondern auch einen federleichten Pulli, den du das ganze Jahr über immer wieder neu kombinieren kannst. Beachte, dass der Pullover sehr weit geschnitten ist. Miss dir am besten einen Pulli aus, der dir gut gefällt, und vergleiche die Maße mit der Weite und der Länge.

Welche Maschen-Typen musst du beherrschen, um dieses Modell zu stricken?
Maschen anschlagen
Rechte Maschen stricken
Linke Maschen stricken
Maschen aus dem Querfaden zunehmen
Maschen abketten
Maschen auffassen
Im Maschenstich zusammennähen
Im Matratzenstich zusammennähen

Welches Material benötigst du?
300 g (350 g / 350 g / 400 g) zartes Mohairgarn aus 54 % Mohair und 46 % Polyamid: SOPHIE von Woll Butt Primo, 150 g (175 g / 175 g / 200 g) in Lachs und 150 g (175 g / 175 g / 200 g) in Creme, mit einer Lauflänge von 155 m / 25 g
1 Stricknadel der Stärke 5 mm
1 Stricknadel der Stärke 4,5 mm

Wähle die richtige Größe aus!
Du kannst den Pulli in vier verschiedenen Größen stricken: Größe S, M, L und XL. Die Angaben für die kleine Größe stehen vor der Klammer, für Größe M in der Klammer an erster Stelle, für Größe L in der Klammer an der zweiten Stelle und für XL am Ende der Klammer. Steht nur eine Angabe in der Anleitung, so gilt sie für beide Größen.

Beachte die Maschenprobe!
Mit Nadelstärke 5 mm und 2 Fäden zusammen glatt rechts gestrickt, ergeben 14 M in der Breite und 22 R in der Höhe 10 x 10 cm.

Welches Muster wird gestrickt?
Mit Ausnahme der Bündchen und der Arm- und Ausschnittblende wird der ganze Pullover „glatt rechts" gestrickt. Blenden und Bündchen werden „kraus rechts" gestrickt.

Was du sonst noch wissen musst!
In der folgenden Anleitung werden Masche und Maschen mit M abgekürzt, die Reihe und die Reihen mit R und Runden mit Rd. Beachte die Pfeile in der Zeichnung. Jeweils bis dorthin werden die Nähte geschlossen. Der gesamte Pullover wird durchgehend doppelfädig mit je einem Faden in Lachs und einem Faden in Creme gestrickt.

Maschen auffassen

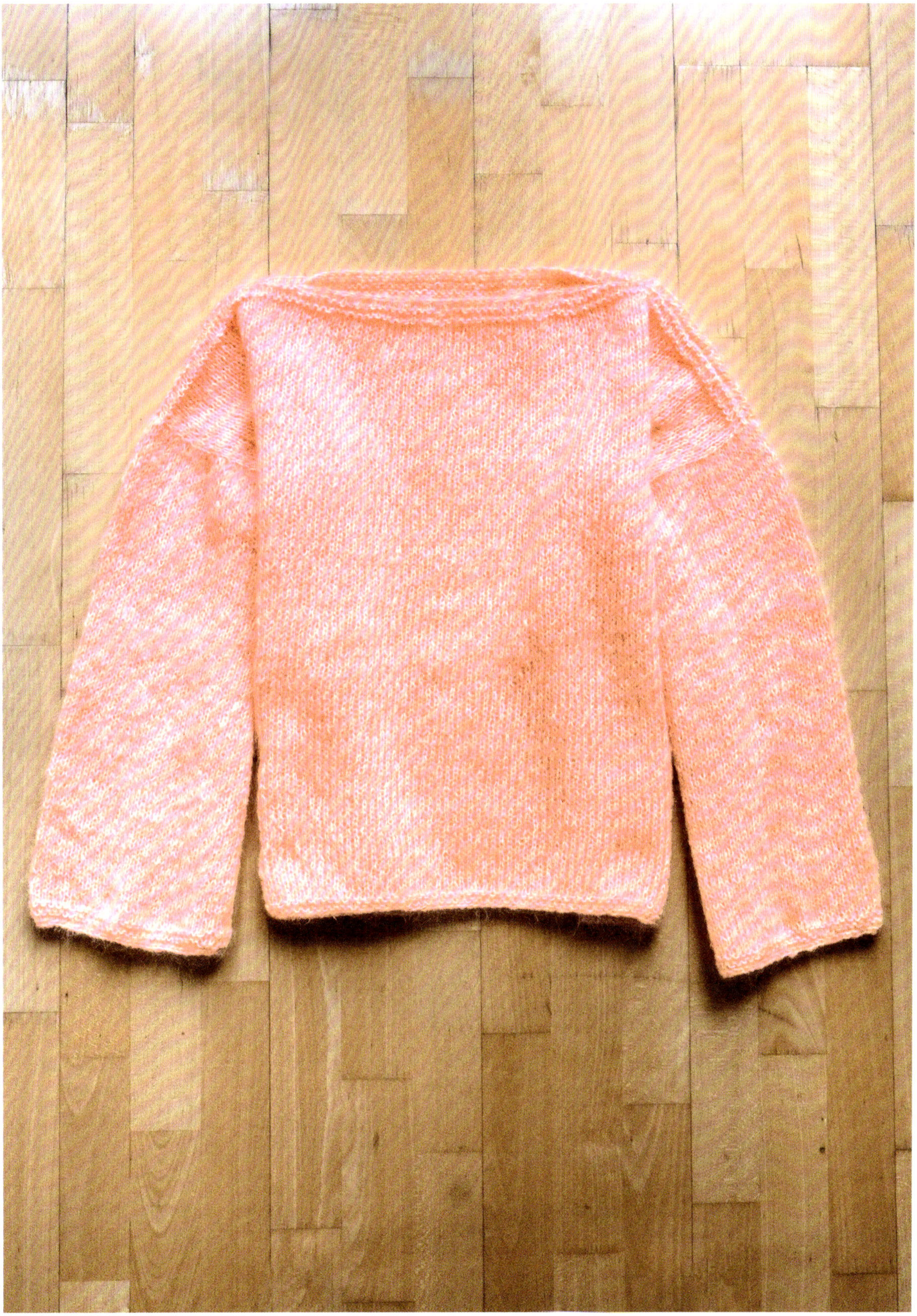

Jetzt geht's los!

RÜCKENTEIL

1. Schlag 78 (84/90/96) M mit Nadel 4,5 mm mit beiden Fäden an.

2. Verknote den Anschlagsfaden. Beginn mit einer Rück-R und stricke 5 R rechte M (kraus rechts) für das Bündchen.

3. Wechsel ab der 6. R (= Hin-R) zur Nadel 5 mm und stricke 10 cm glatt rechts bis zu einer Gesamthöhe von 12 cm.

4. Nimm nun rechts und links je 1 M aus dem Querfaden zu: 2 M rechts, 1 M zunehmen, bis vor die letzten 2 M rechts stricken, 1 M zunehmen, 2 M rechts. In der Rück-R alle M links stricken.

5. 6 R glatt rechts stricken, danach beidseitig 1 M zunehmen, wie unter Punkt 4 beschrieben. Danach eine Rück-R linke M stricken.

6. Wiederhole Punkt 5 noch 5x. Es ergeben sich 92 (98/104/110) M nach der letzten Zunahme.

7. Strick weiter glatt rechts bis zu einer Gesamthöhe von 56 (59/62/65) cm.

8. Als Abschluss strick nun noch 4 R kraus rechts, und kette in der 5. R (= Hin-R) alle M ab.

VORDERTEIL

9. Das Vorderteil strickst du ebenso wie das Rückenteil.

ÄRMEL

10. Näh die Schultern im Maschenstich (siehe M zusammennähen) über 10 (12/14/16) cm zusammen. Der Halsausschnitt bleibt 36 cm offen.

11. Fasse (siehe M auffassen) nun aus der Seitennaht für die Ärmel 66 (66/70/70) M mit der Nadel 5 mm auf. Du kannst dich an den Pfeilen in der Zeichnung orientieren. Miss jeweils von der Schulternaht ausgehend nach rechts und links entlang der Seitennaht 24 (24/25/25) cm ab. Beginne mit dem Auffassen der M auf Höhe des Pfeils, sodass du auf die rechte Seite von Vorder- oder Rückenteil schaust. Stricke die erste R nach dem Auffassen der M (Rück-R) linke M.

12. Stricke dann 40 cm glatt rechts.

13. Beende den Ärmel mit Nadel 4,5 mm, stricke hierzu 5 R rechte M, beginn dabei mit einer Rück-R.

14. Kette in der 6. R (= Hin-R) alle M ab.

ENDSPURT

15. Schließ die Unterarm- und Seitennaht in einem Arbeitsgang.

16. Vernäh sorgfältig alle Fäden.

17. Leg den Pulli flach auf den Boden, feuchte ein Tuch an und leg es darauf. Drück die Feuchtigkeit etwas in das Gestrick und lass den Pullover unter dem Tuch trocken.

18. Hab Spaß beim Tragen.

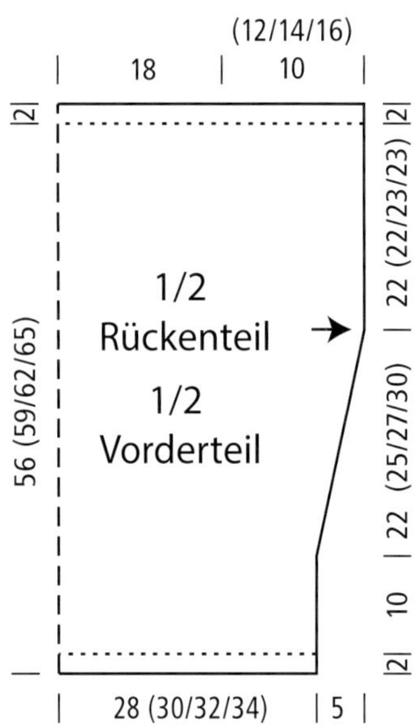

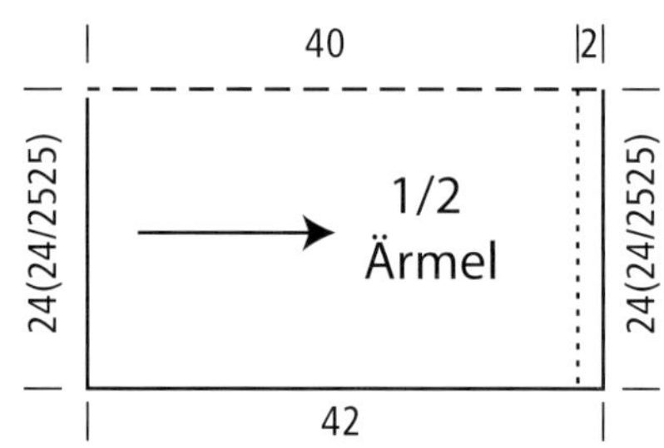

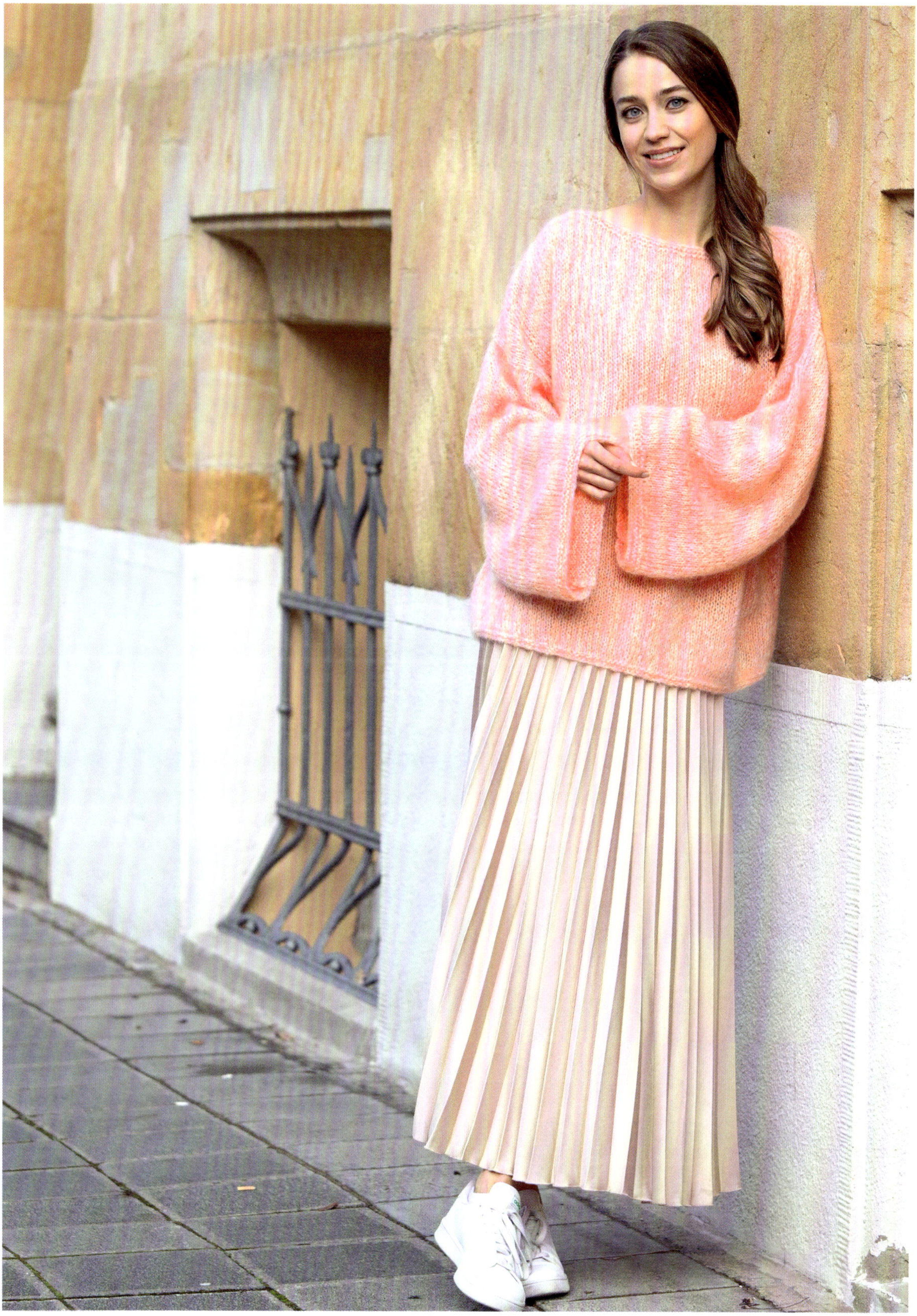

Pullunder Weekend

Der kleine Pullunder ist der perfekte Begleiter,
wenn es für eine Jacke noch zu spätsommerlich warm, die Bluse aber doch zu luftig ist. Die Frostbeulen unter euch werden jubeln und retten so das geliebte Boyfriend-Hemd oder die zarte Boho-Bluse noch ein paar Wochen in den Herbst. Ein süßes Detail ist der hinten etwas längere Saum und die kleinen Schlitze an der Seite. Sehr lässig, oder!?

Welche Maschen-Typen musst du beherrschen, um dieses Modell zu stricken?
Maschen anschlagen
Rechte Maschen stricken
Linke Maschen stricken
Maschen aus dem Querfaden zunehmen
Maschen abketten
Im Maschenstich zusammennähen
Im Matratzenstich zusammennähen
Maschen auffassen

Welches Material benötigst du?
400 g dickeres Dochtgarn aus 60 % Schurwolle und 40 % Tencell Lyocell: LUCIA von Woll Butt Primo in Wollweiß, mit einer Lauflänge von 60 m / 50 g
1 Stricknadel der Stärke 5 mm
1 Rundnadel 5 mm in 40 cm Länge

Wähle die richtige Größe aus!
Du kannst den Pullunder in vier verschiedenen Größen stricken: Größe S, M, L und XL. Die Angaben für die kleine Größe stehen vor der Klammer, für Größe M in der Klammer an erster Stelle, für Größe L in der Klammer an der zweiten Stelle und für XL am Ende der Klammer. Steht nur eine Angabe in der Anleitung, so gilt sie für beide Größen.

Beachte die Maschenprobe!
Mit Nadelstärke 5 mm glatt rechts gestrickt, ergeben 15 M in der Breite und 19 R in der Höhe 10 x 10 cm.

Welches Muster wird gestrickt?
Mit Ausnahme der Bündchen und der Arm- und Ausschnittblende wird der ganze Pullunder „glatt rechts“ gestrickt. Blenden und Bündchen werden im Rippenmuster 1:1-Rippe gestrickt (1 M rechts, 1 M links im Wechsel) gestrickt.

Was du sonst noch wissen musst!
In der folgenden Anleitung werden Masche und Maschen mit M abgekürzt, die Reihe und die Reihen mit R und Runden mit Rd.
Wenn du schon sehr gleichmäßig und in Reihen und Runden exakt mit gleichem Maschenbild stricken kannst, darfst du den Pullunder nach den Bündchen bis zu den Armausschnitten auch in Runden stricken. Dann legst du die Maschen des Vorderteils still und beendest erst das Rückenteil, dann das Vorderteil separat. Außerdem ist das Armloch am Vorderteil 2 cm höher als am Rückenteil. Das hat den Vorteil, dass du nach dem Zusammennähen einen kleinen Rückenausschnitt hast, ohne am Rückenteil einen Ausschnitt einzuarbeiten.

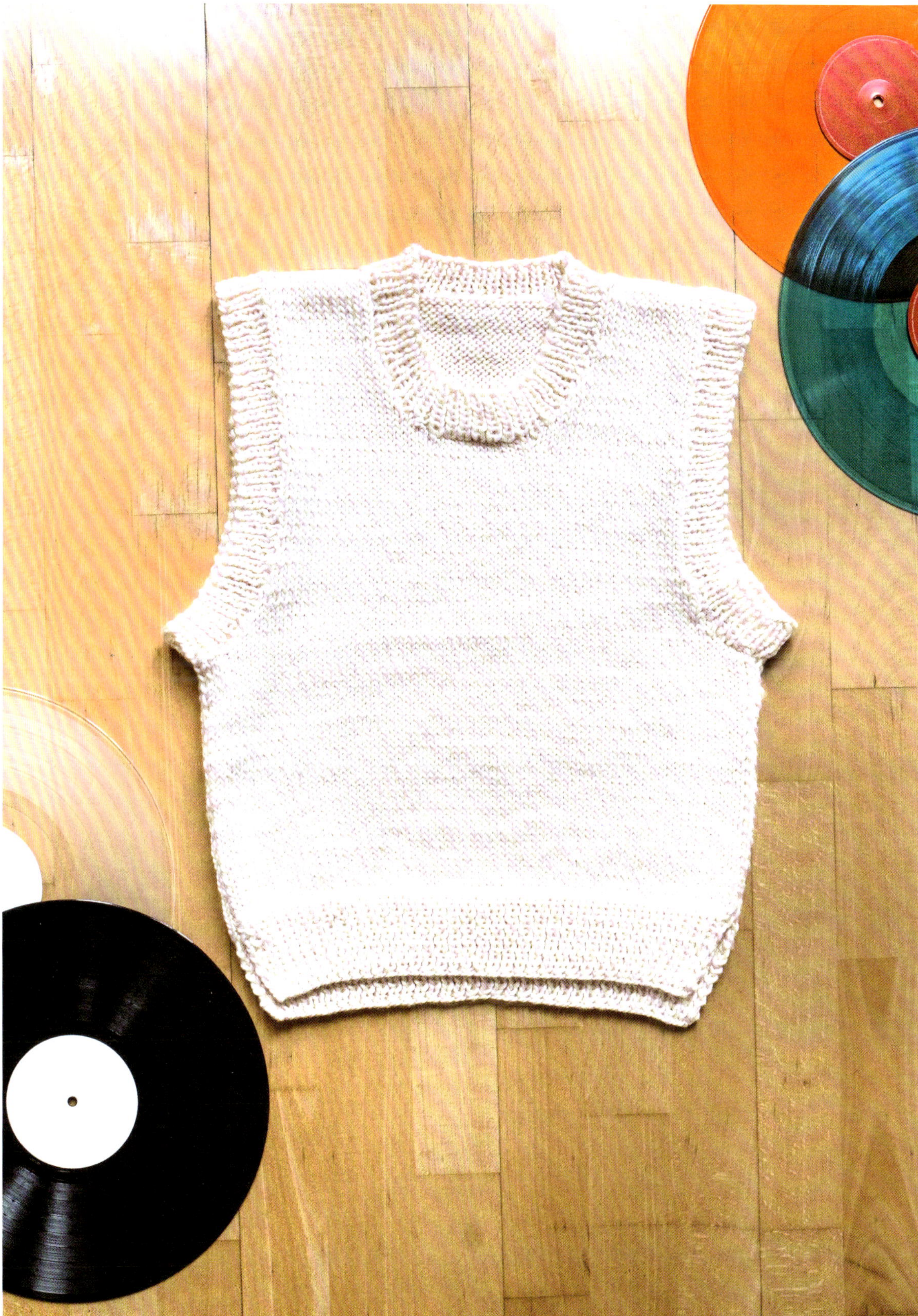

Jetzt geht's los!

RÜCKENTEIL

1. Schlag 71 (77/83/89) M an.

2. Verknote den Anschlagsfaden und beginn mit einer Rück-R wie folgt im Rippenmuster: 1 M links, 1 M rechts, 1 M links, 1 M rechts und so fort im Wechsel. Beende die R mit 1 M links.

3. In der Hin-R beginnst du mit 1 M rechts, 1 M links im Wechsel und endest mit 1 M rechts. Die 2. und 3. R wiederholst du, bis du 15 R gestrickt hast. Das Bündchen ist nun ca. 8 cm hoch.

4. Ab folgender Hin-R wird nun 22 (23/24/25) cm glatt rechts gestrickt. In der 1. Hin-R nimmst du an beliebiger Stelle 1 M aus dem Querfaden zu = 72 (78/84/90) M.

5. Kette in 30 (31/32/33) cm Gesamthöhe in der Hin-R am Anfang der R 4 M ab und in der folgenden Rück-R ebenfalls am Anfang der R 4 M = 64 (70/76/82) M.

6. In den folgenden 3 Hin- und Rück-R kettest du immer am Anfang der R 1 M ab. ***Stricke danach 2 R, ohne M abzuketten. Danach kettest du nochmals wie beschrieben je 1 M ab***. Wiederhol den Vorgang noch 1x von *** bis ***.
Nun sind 54 (60/66/72) M auf der Nadel.

7. Stricke weiter glatt rechts, bis das Armloch 25 (26/27/28) cm hoch ist und die Gesamtlänge des Rückenteils 55 (57/59/61) cm und kette dann alle M locker ab.

VORDERTEIL

8. Beginn das Vorderteil wie das Rückenteil (Schritte 1–3), aber stricke nur 11 R Bündchen (= 6 cm).

9. Danach stricke weiter glatt rechts und nimm wie beim Rückenteil in der 1. Hin-R an beliebiger Stelle 1 M zu = 72 (78/84/90) M.

10. Stricke bis zu einer Gesamthöhe von 28 (29/30/31) cm wie beim Rückenteil und stricke die Armausschnitte wie unter Punkt 5 und 6 beschrieben. Es sind 54 (60/66/72) M auf der Nadel.

11. In 41 (42/43/44) cm Gesamthöhe beginne den vorderen Halsausschnitt wie folgt: 21 (24/26/29) M rechts, 12 (12/14/14) M abketten, 21 (24/26/29) M rechts stricken.

12. Beende nun zuerst die rechte Vorderteilhälfte, also die Seite, die beim Tragen auf deiner rechten Körperseite ist. Schaust du auf das gestrickte Vorderteil, ist es die linke Seite. Stricke eine Rück-R linke M über 21 (24/26/29) M. Die M der anderen Seite werden stillgelegt.

13. In den nächsten 7 Hin-R nimmst du jeweils am Anfang der Hin-R, also an der Seite, die zum Ausschnitt zeigt, 2 M, 1 M, 1 M, keine M, 1 M, keine M, 1 M ab. Deine Vorderteilhälfte ist nun 15 (18/20/23) M breit. Das sind die Schulter-M.

14. In 27 (28/29/30) cm Armlochhöhe und 55 (57/59/61) cm Gesamthöhe kettest du alle M ab.

15. Beende nun die linke Vorderteilhälfte. Knote den Faden am R-Anfang wieder an und beginn mit einer Hin-R rechter M. In der Rück-R kettest du nun die M in den folgenden 7 Rück-R ab wie unter Punkt 13 beschrieben. Aber Achtung: Du strickst die M dabei links.

16. Beende die linke Vorderteilhälfte ebenfalls bei 55 (57/59/61) cm Gesamthöhe.

HALSBÜNDCHEN

17. Näh die Schultern im Maschenstich zusammen.

18. Fass (= siehe M auffassen) nun aus dem Halsausschnitt 90 (94/100/104) M mit der Rundnadel auf. Beginne und ende dabei an der rechten Schulternaht. Stricke 6 Rd Rippenmuster: 1 M rechts und 1 M links im Wechsel.

19. In der 7. Rd kettest du alle M ab. Stricke dabei aber weiter 1 M rechts und 1 M links. Versuch, möglichst locker zu stricken.

ARMBÜNDCHEN

20. Näh die Seitennähte im Matratzenstich zusammen und lass dabei das Bündchen offen, sodass kleine Schlitze entstehen. Das Bündchen am Rückenteil ist 2 cm länger.

21. Fass (= siehe M auffassen) nun aus dem Armloch 170 (174/190/194) M mit der Rundnadel auf. Beginne und ende dabei an der Seitennaht. Stricke 6 Rd 1 M rechts und 1 M links im Wechsel.

22. In der 7. Rd kettest du alle M ab. Stricke dabei aber weiter 1 M rechts und 1 M links. Versuch, möglichst locker zu stricken.

ENDSPURT

23. Vernäh sorgfältig alle Fäden.

24. Leg den Pullunder flach auf den Boden, feuchte ein Tuch an und leg es auf den Pullunder. Drück die Feuchtigkeit etwas in den Pullunder und lass ihn unter dem Tuch trocknen.

25. Hab Spaß beim Tragen.

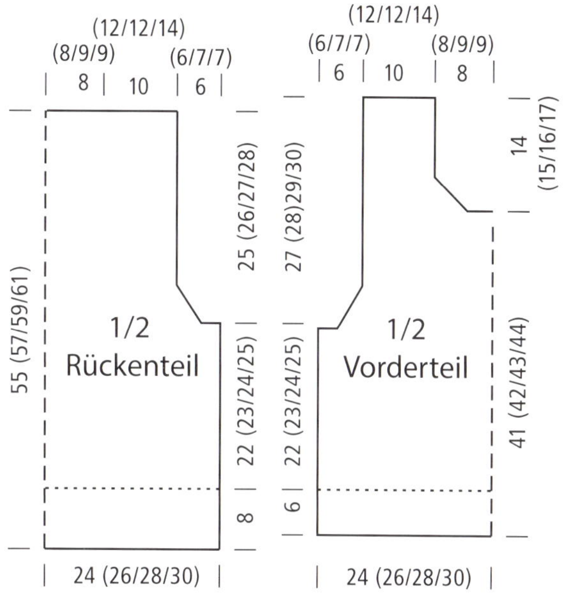

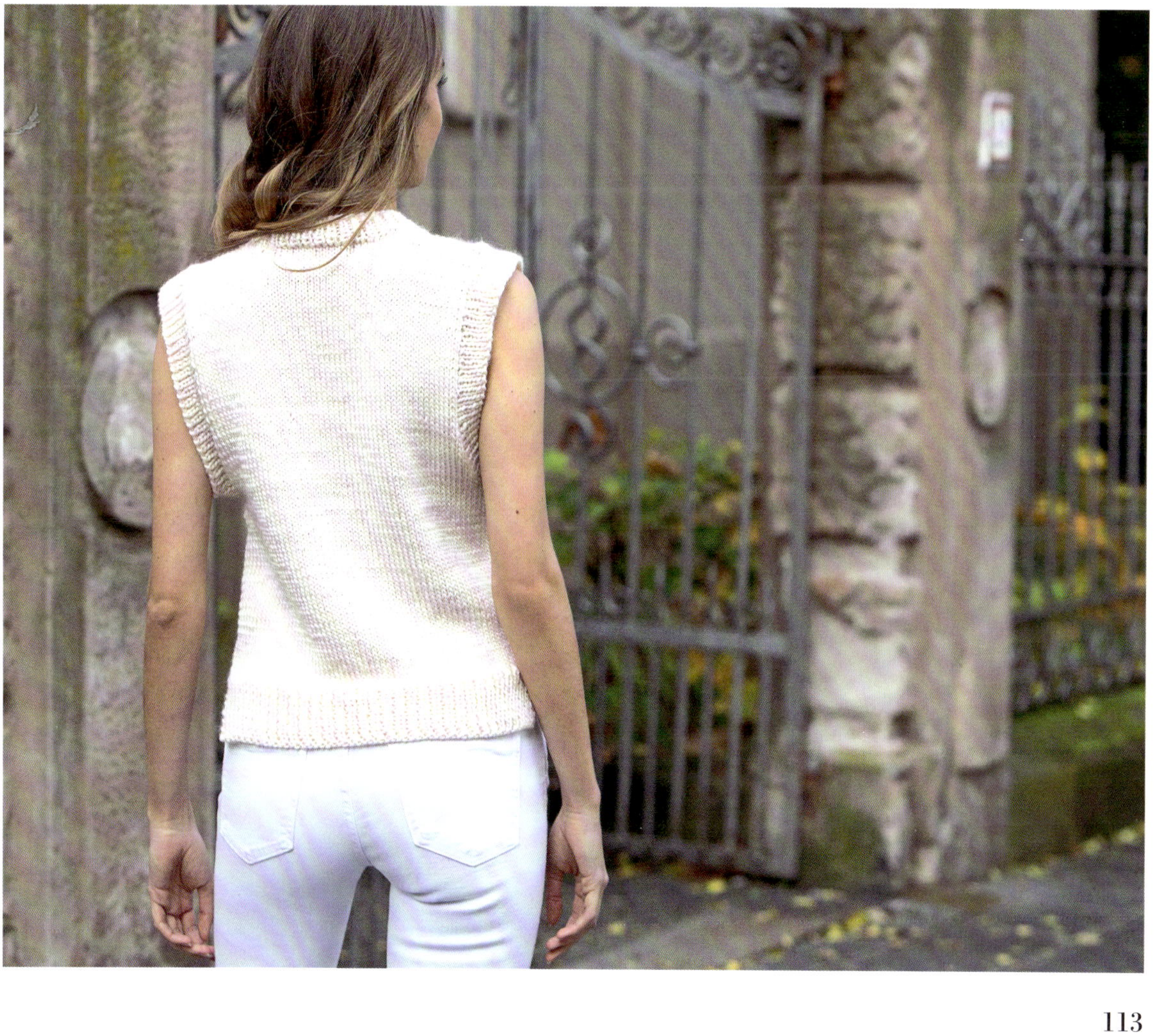

Mütze Warme Ohren

Warm, wärmer, am wärmsten.

Für dieses Prachtexemplar gilt Letzteres. Der Umschlag liegt dreifach, was der Mütze den besonderen Look gibt. Klasse Nebeneffekt: richtig warme Ohren. In anderen Farben wärmt sie auch Herren-Ohren und auch mit einem Umschlag weniger ist sie das Must-have gegen frostige Temperaturen.

Welche Maschen-Typen musst du beherrschen, um dieses Modell zu stricken?

Maschen anschlagen
Rechte Maschen stricken
Linke Maschen stricken
2 Maschen rechts zusammenstricken
2 M als Überzug zusammenstricken
Mit dem Nadelspiel stricken

Welches Material benötigst du?

100 g Merinogarn aus 100 % Schurwolle Merino extrafine: MERINO SUPERIORE von Lana Grossa in Rosa (Fb 25), mit einer Lauflänge von 180 m / 50 g
1 Nadelspiel der Stärke 3 mm

Wähle die richtige Größe aus!

Die Mütze ist eine Damenmütze für einen Kopfumfang von ca. 52–56 cm und hat für richtig warme Ohren einen doppelten, ca. 10 cm breiten Umschlag.

Beachte die Maschenprobe!

Mit Nadelstärke 3 mm im Rippenmuster gestrickt und leicht gedehnt gemessen, ergeben 28 M in der Breite und 36 R in der Höhe 10 x 10 cm.

Welches Muster wird gestrickt?

Es wird im Rippenmuster 2:2-Rippe (2 M rechts, 2 M links im Wechsel) gestrickt.

Was du sonst noch wissen musst!

In der folgenden Anleitung werden Masche und Maschen mit M abgekürzt und Runden mit Rd.

2 Maschen überzogen zusammenstricken

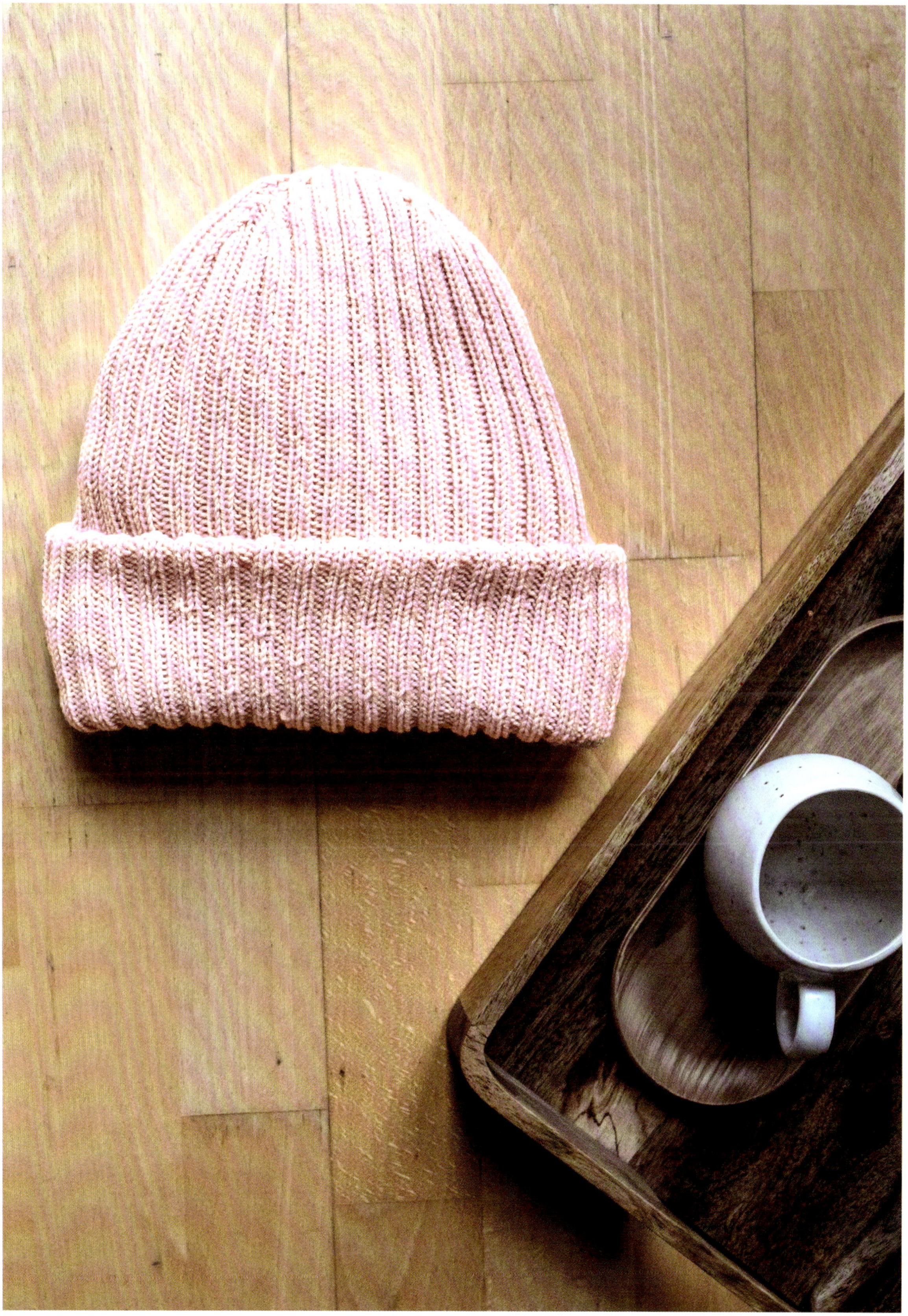

Jetzt geht's los!

1. Schlag 144 M an und verteil die M zu je 36 M auf ein Nadelspiel. Markiere den Rd-Übergang mit einem Faden oder einem Maschenmarkierer.

2. Verknote den Anschlagsfaden und beginn im Wechsel 2 M rechts und 2 M links (Rippenmuster) zu stricken.

3. In 42 cm Gesamthöhe beginne mit den Abnahmen für die Oberkopfrundung. Stricke 12 M im Rippenmuster. Hier beginnt ab jetzt die Rd. Dazu verteilst du die M auf den 4 Nadeln neu.

4. Stricke 14 M im Rippenmuster (3 x *2 M rechts und 2 M links* sowie 2 M rechts). ***Setze eine Markierung vor und nach den folgenden 10 M (2x **2 M rechts und 2 M links**, ende mit 2 M rechts). Danach strickst du 26 M im Rippenmuster (beginne mit 2 M links und ende mit 2 M links)***. Wiederhole von *** bis *** noch 2x. Die folgenden 10 M werden ebenfalls markiert. Beende die Rd mit 12 M im Rippenmuster. Verteil die M so auf den 4 Nadeln, dass die markierten M jeweils in der Mitte der Nadel liegen.

5. Stricke noch 1 Rd und präg dir die Stelle der 4x 10 markierten Maschen ein.

6. In der folgenden Rd strickst du an allen 4 Stellen die erste der markierten M mit der davor liegenden M als Überzug zusammen (= 1 M abheben, 1 M rechts stricken, dann die abgehobene M über die gestrickte M ziehen) und die letzte der markierten M mit der danach folgenden M rechts zusammen. So werden pro Rd 8 M abgenommen.

7. Nach jeder Rd mit Abnahmen stricke eine Rd ohne Abnahmen.

8. Wiederhole die Punkte 6 und 7 noch 9x. Danach sind noch 64 M auf der Nadel.

9. Zwischen den Markierungen liegen nun je 6 M (= 2 M links, 2 M rechts, 2 M links). In der folgenden Rd strickst du die Abnahmen wie unter Punkt 6 beschrieben, und zusätzlich die beiden linken Rippen der markierten M links zusammen. So nimmst du 6 M ab, es verbleiben 48 M. Danach 1 Rd ohne Abnahme.

10. In dieser Rd werden immer 2 M rechts zusammengestrickt. Es verbleiben 24 M.

11. Zuletzt 1 Rd rechte M stricken.

12. Faden abschneiden und mit einer Stopfnadel 2x durch die verbleibenden M ziehen.

13. Faden fest anziehen, nach innen führen und dort fest vernähen.

ENDSPURT

14. Vernäh sorgfältig alle Fäden.

15. Krempel die Mütze 2x um für richtig, richtig warme Ohren.

16. Hab Spaß beim Tragen.

Tipp: Für die Mütze mit nur 1 Umschlag strickst du sie einfach 10 cm weniger hoch.

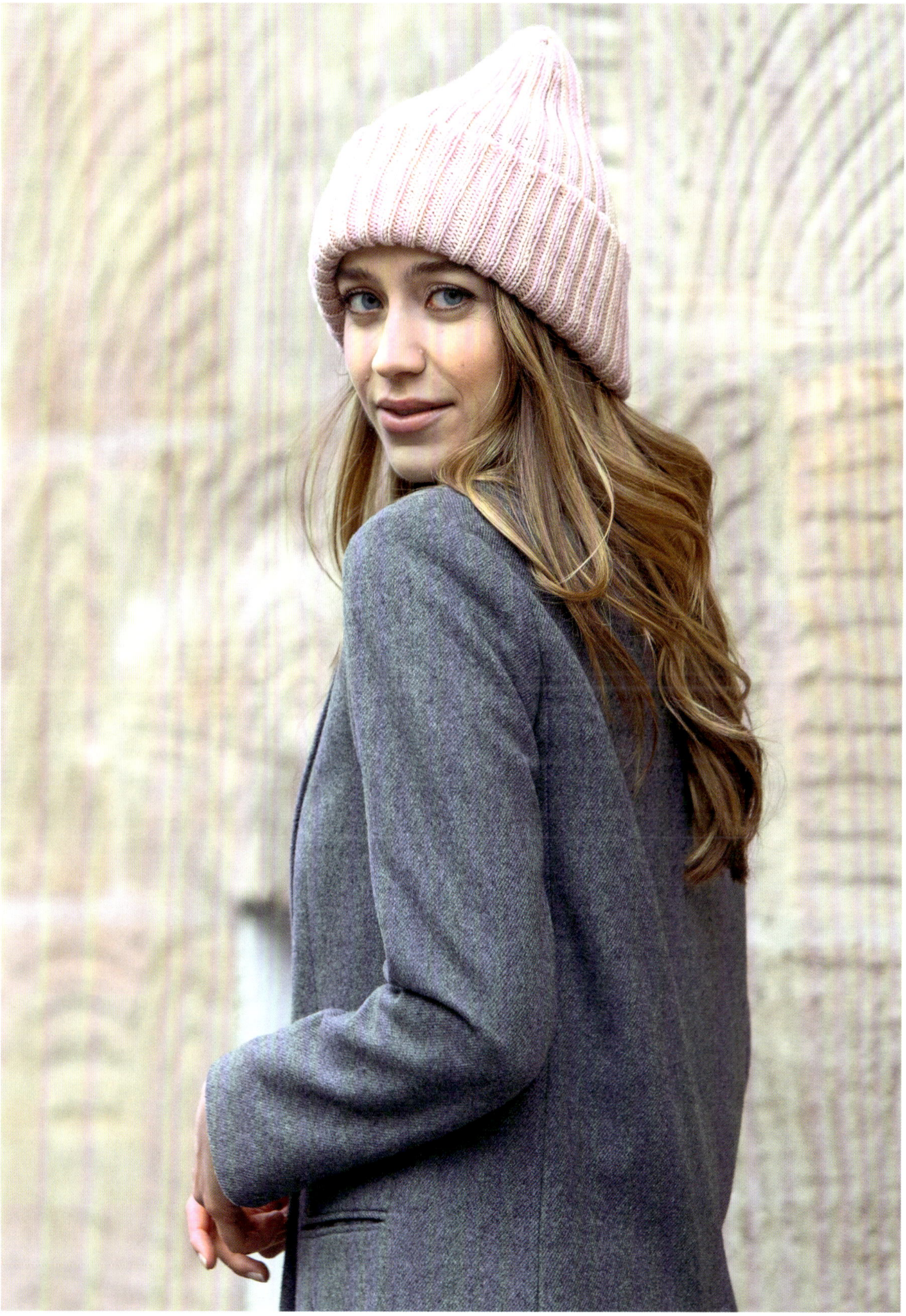

Cardigan **Bella Figura**

Der süße Cardigan ist ein wahrer Allrounder.

Lässig zur Jeans oder chic gestylt zum Business-Look macht er in allen Lebenslagen, wie der Name schon sagt, eine Bella Figura. Aber Achtung, er macht auch etwas süchtig, da er viel einfacher zu stricken ist, als man auf den ersten Blick meint. Erstmal im Strick-Flow, braucht man ihn unbedingt noch in Understatement-Anthrazit, in Sommer-Sonne-Gute-Laune-Gelb und in Klassiker-Moosgrün. Wenn das mal reicht …

Welche Maschen-Typen musst du beherrschen, um dieses Modell zu stricken?

Maschen anschlagen
Rechte Maschen stricken
Linke Maschen stricken
Maschen aus dem Querfaden zunehmen
2 Maschen rechts zusammenstricken
2 M als Überzug zusammenstricken
Maschen abketten
Im Maschenstich zusammennähen
Im Matratzenstich zusammennähen

Welches Material benötigst du?

450 g dickes Flauschgarn aus 90 % Alpaka und 10 % Polyamid: LALA BERLIN FURRY von Lana Grossa in Rosa (Fb 12), mit einer Lauflänge von 75 m / 50 g.
1 Stricknadel der Stärke 7 mm

Wähle die richtige Größe aus!

Du kannst den Cardigan in zwei verschiedenen Größen stricken: Größe S–M und L–XL. Die Angaben für die kleine Größe stehen vor der Klammer, für die große Größe in der Klammer. Steht nur eine Angabe in der Anleitung, so gilt sie für beide Größen.

Beachte die Maschenprobe!

Mit Nadelstärke 7 mm glatt rechts gestrickt, ergeben 9 M in der Breite und 14 R in der Höhe 10 x 10 cm.

Welches Muster wird gestrickt?

Mit Ausnahme der Blenden an den Vorderteilkanten und den Bündchen wird der ganze Cardigan „glatt rechts“ gestrickt. Blenden und Bündchen werden im Rippenmuster (1 M rechts, 1 M links im Wechsel) gestrickt.

Was du sonst noch wissen musst!

Der Cardigan wird bis zu den Armausschnitten in einem Stück gestrickt. Das erspart dir das Zusammennähen der Seitennähte. Geübte, die nicht vor der Rundnadel oder dem Nadelspiel zurückschrecken, können auch die Ärmel in Runden stricken, um sich das Schließen dieser Nähte zu sparen.
In der folgenden Anleitung werden Masche und Maschen mit M abgekürzt, die Reihe und die Reihen mit R.

TIPP: Beginne ein neues Knäuel immer an der Seitennaht. Das Garn ist so dick, dass der Knoten und die vernähten Fäden in der Mitte der Reihe sichtbar wären. An der Seitennaht oder unter dem Arm lässt sich das leichter verstecken.

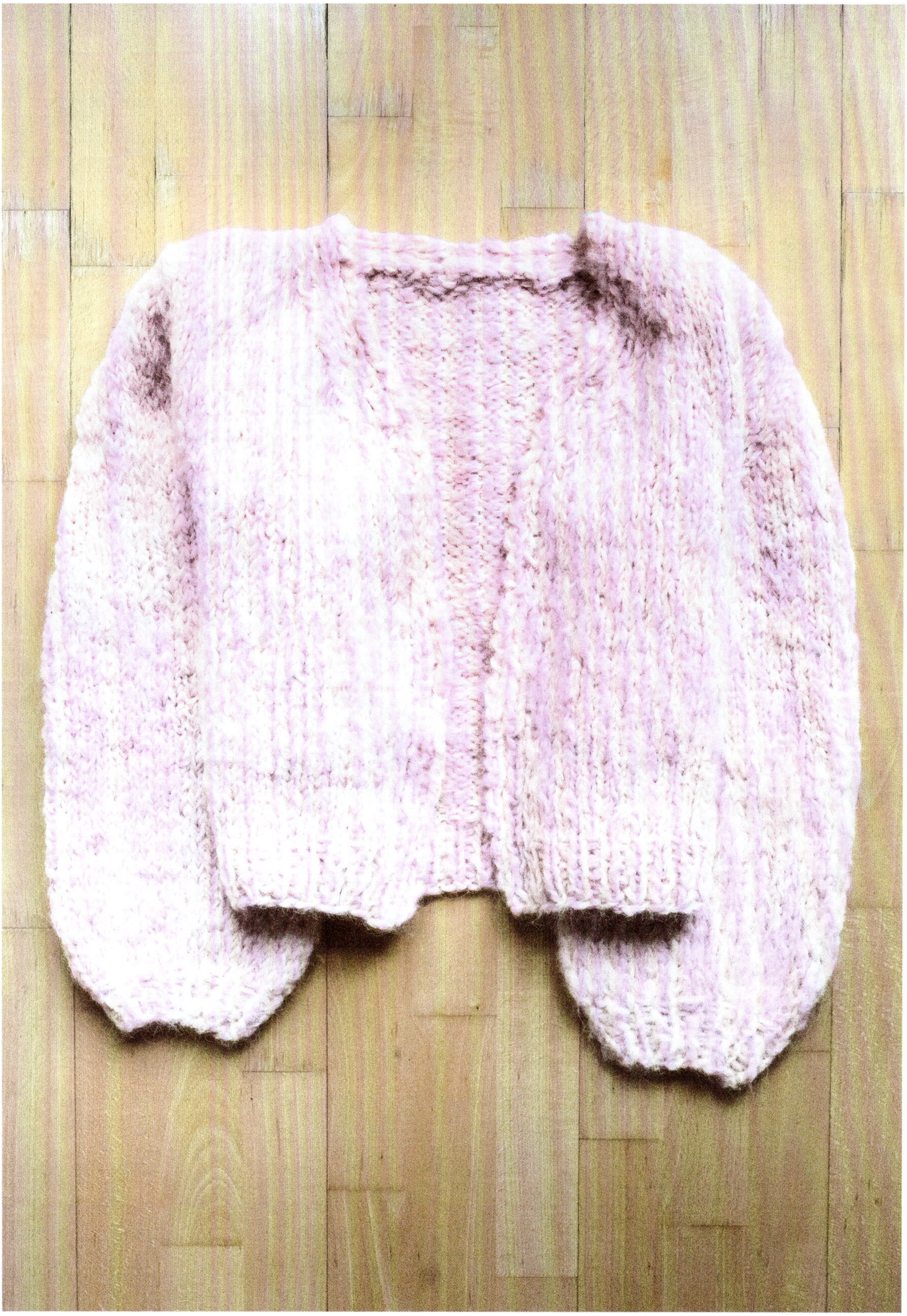

Jetzt geht's los!

RÜCKENTEIL UND VORDERTEIL
BIS ZU DEN ARMAUSSCHNITTEN

1. Schlag 95 (109) M an.

2. Verknote den Anschlagsfaden und beginn mit einer Rück-R im Rippenmuster wie folgt: 1 M links, 1 M rechts, 1 M links, 1 M rechts im Wechsel. Beende die R mit 1 M links.

3. In der Hin-R beginnst du mit 1 M rechts, 1 M links im Wechsel und endest mit 1 M rechts. Die 2. und 3. R wiederholst du, bis du 7 R gestrickt hast. Das Bündchen ist nun ca. 5 cm hoch.

4. Nun wird – bis auf die Blenden an den Vorderteilen – glatt rechts gestrickt. Zur besseren Übersicht teilst du die M ein und markierst die Blendenabschnitte mit Maschenmarkierern oder einem Faden in Kontrastfarbe. Beginn mit 4 M für die Blende – 1 M rechts, 1 M links, 1 M rechts, 1 M links – und markiere nun den Übergang zum Vorderteil. Stricke 21 (24) M glatt rechts für das Vorderteil. Dafür musst du 2x (3x) nach jeder 6. M 1 M aus dem Querfaden zunehmen. Setz eine Markierung für die Seitennaht. Dein Vorderteil ist 27 (31) M breit. Stricke 45 (53) M glatt rechts für das Rückenteil. Nimm 5x nach jeder 10. M 1 M aus dem Querfaden zu. Dein Rückenteil ist nun 50 (58) M breit. Setz die Markierung für die linke Seitennaht.
Weiter geht es für das linke Vorderteil mit 21 (24) M glatt rechts. Auch hier nimmst du 2x (3x) nach jeder 6. M eine M aus dem Querfaden zu. Stricke bis vor die letzten 4 M und setz die Markierung für die 4 M der linken Blende: 1 M links, 1 M rechts, 1 M links, 1 M rechts. Nun ist auch das linke Vorderteil 27 (31) M breit.

5. Stricke weiter bis zu einer Höhe von 32 cm Höhe ab Maschenanschlag.

6. Kette die M in der folgenden Hin-R für die Armlöcher ab wie folgt: 4 Blenden-M, 19 (23) M glatt rechts, 8 M abketten, 42 (50) M glatt rechts für das Rückenteil, 8 M abketten, 19 (23) M glatt rechts, 4 Blenden-M.

7. Vorderteile und Rückenteil werden nun getrennt beendet. Die M der Vorderteile werden zunächst stillgelegt.

RÜCKENTEIL

8. Stricke über die 42 (50) M des Rückenteils glatt rechts weiter, bis zu einer Höhe von 20 (22) cm, gemessen ab abgeketteter Armloch-M.

9. In 20 (22) cm Armlochhöhe und 52 (54) cm Gesamthöhe kettest du nun alle M locker ab.

RECHTES VORDERTEIL

10. Nun wird das rechte Vorderteil gestrickt. Beginn mit einer Rück-R an der Stelle (siehe * in der Schnittzeichnung) und stricke eine Rück-R über 23 (27) M.

11. Für die Schrägung am Vorderteilausschnitt nimm in der folgenden Hin-R wie folgt ab: 4 Blenden-M, 1 M rechts, 1 Überzug (= 1 M rechts abheben, 1 M rechts stricken, dann die abgehobene M über die gestrickte M ziehen).

12. Rück-R über 22 (26) M stricken.

13. Den Vorgang wie unter Punkt 11 beschrieben, wiederholst du noch 4x in jeder Hin-R und danach 2x in jeder 2. Hin-R. Das Vorderteil ist nun 16 (20) M breit.

14. In 20 (22) cm Armlochhöhe kette nun in einer Rück-R die 12 (16) Schulter-M ab. Die 4 Blenden-M strickst du ab.

15. Stricke die 4 Blenden-M noch 10 cm weiter, dann kette sie ab.

LINKES VORDERTEIL

16. Stricke das linke Vorderteil wie das rechte, aber gegengleich. Beginne mit einer Hin-R an der Stelle (siehe * in der Schnittzeichnung) und stricke bis 7 M vor R-Ende. Stricke für die Ausschnittschrägung 2 M rechts zusammen, 1 M rechts, dann die Blenden-M.

17. Rück-R über 22 (26) M stricken.

18. Den Vorgang wie unter 16 beschrieben, wiederholst du noch 4x in jeder Hin-R und danach 2x in jeder 2. Hin-R. Das Vorderteil ist nun 16 (20) M breit.

19. In 20 (22) cm Armlochhöhe kette nun in einer Hin-R die 12 (16) Schulter-M ab. Die 4 Blenden-M strickst du ab.

20. Stricke die 4 Blenden-M noch 9 cm weiter, dann kette sie ab.

ÄRMEL

21. Schlag 21 (23) M an.

22. Verknote den Anschlagsfaden. Beginne mit einer Rück-R im Rippenmuster (1 M links und 1 M rechts im Wechsel) und ende mit 1 M links.

23. In der Hin-R beginnst du mit 1 M rechts, 1 M links im Wechsel und endest mit 1 M rechts.
Die 2. und 3. R wiederholst du, bis 7 R gestrickt hast. Das Bündchen ist nun ca. 5 cm hoch.

24. Stricke nun glatt rechts weiter und nimm in der 1. Hin-R nach dem Bündchen nach jeder M 1 M aus dem Querfaden zu. Es gibt nun 41 (45) M. In der Rück-R strickst du wieder alle M rechts.

25. In 40 cm Gesamthöhe kette die M für das Armloch wie folgt in einer Hin-R ab: 4 M abketten, 37 (41) M rechts stricken. In der Rück-R 4 M abketten, 33 (37) M rechts stricken.

26. Für die Formgebung der Armkugel werden weitere M abgenommen. ***In der Hin-R 2 M rechts stricken, 1 Überzug stricken, weiter rechte M bis 4 M vor R-Ende stricken, 2 M rechts zusammenstricken, 2 M rechts stricken***.

27. Nun wiederholst du den Vorgang in allen folgenden Hin-R von *** bis *** noch 6x. Der Ärmel ist nun 18 (22) M breit.

28. In der nächsten Hin-R kettest du alle M ab.

ENDSPURT

29. Nähe die Schulternähte im Maschenstich zusammen.

30. Nähe die 4 Blenden-M im Maschenstich zusammen. Leg die Blende um das hintere Halsloch und näh die Blende an. Dabei muss man das hintere Halsloch etwas einhalten.

31. Schließ die Ärmelnähte im Matratzenstich.

32. Näh die Ärmel in die Armlöcher. Das geht am besten, wenn du die Ärmel und den Cardigan rechts auf rechts aufeinanderlegst und dann von der linken Seite ausgehend nähst.

33. Vernäh sorgfältig alle Fäden.

34. Wenn du magst, näh einen Knopf auf das linke Vorderteil. Die richtige Stelle ist mit einem „O“ in der Schnittskizze gekennzeichnet. Zum Knöpfen einfach durch die M der Blende knöpfen.

35. Hab Spaß beim Tragen.

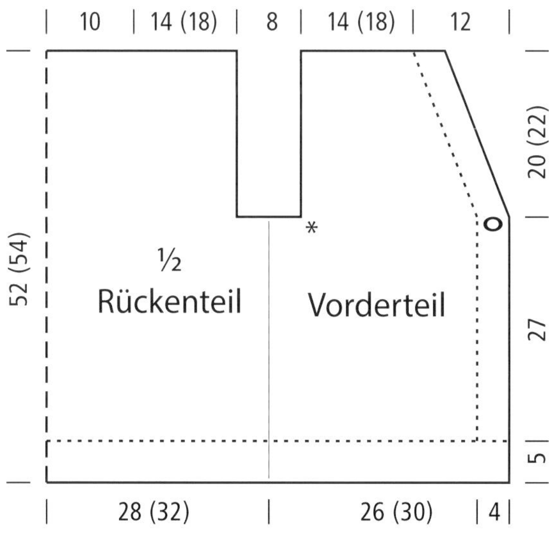

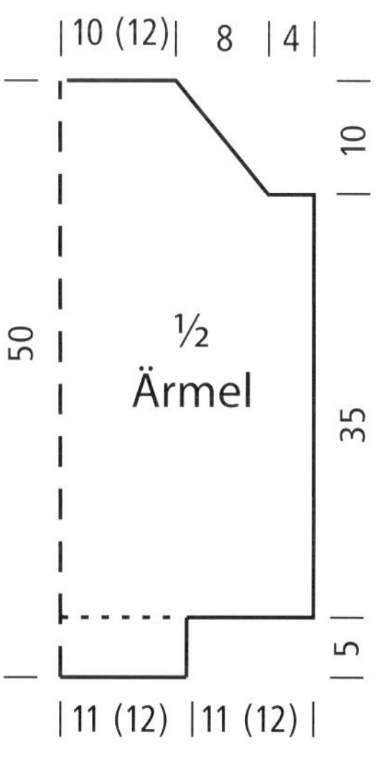

Stulpen Audrey

Die Stulpen werden auf dem Nadelspiel gestrickt.

Das ist kein Hexenwerk, aber erfordert etwas Geduld. Das Garn ist butterweich, dadurch werden die Stulpen so fein, dass du sie getrost zum schicken Kleid ins Theater tragen kannst. Ganz nebenbei verlängerst du so die Saison deiner Kurzarmkleider.

Welche Maschen-Typen musst du beherrschen, um dieses Modell zu stricken?

Maschen anschlagen
Mit dem Nadelspiel stricken
Rechte Maschen stricken
Linke Maschen stricken
Maschen neu anschlagen
Maschen abketten
Maschen auffassen

Welches Material benötigst du?

200 g feines Kaschmir-Mischgarn aus 85 % Baumwolle und 15 % Kaschmir: KASCHMIRINA von Woll Butt, jeweils 50 g in Mauve, Beige, Beere und Altrosa, mit einer Lauflänge von 125 m / 50 g
1 Nadelspiel der Stärke 3 mm

Wie groß ist das fertige Modell?

Die Stulpen sind 35 cm lang und haben Einheitsgröße.

Beachte die Maschenprobe!

Mit Nadelstärke 3 mm gestrickt, ergeben 24 M in der Breite und 30 R in der Höhe 10 x 10 cm.

Welches Muster wird gestrickt?

Es wird im Rippenmuster 2:2-Rippe (2 M rechts, 2 M links im Wechsel) und glatt rechts gestrickt.

Was du sonst noch wissen musst!

In der folgenden Anleitung werden Masche und Maschen mit M abgekürzt und Runden mit Rd.

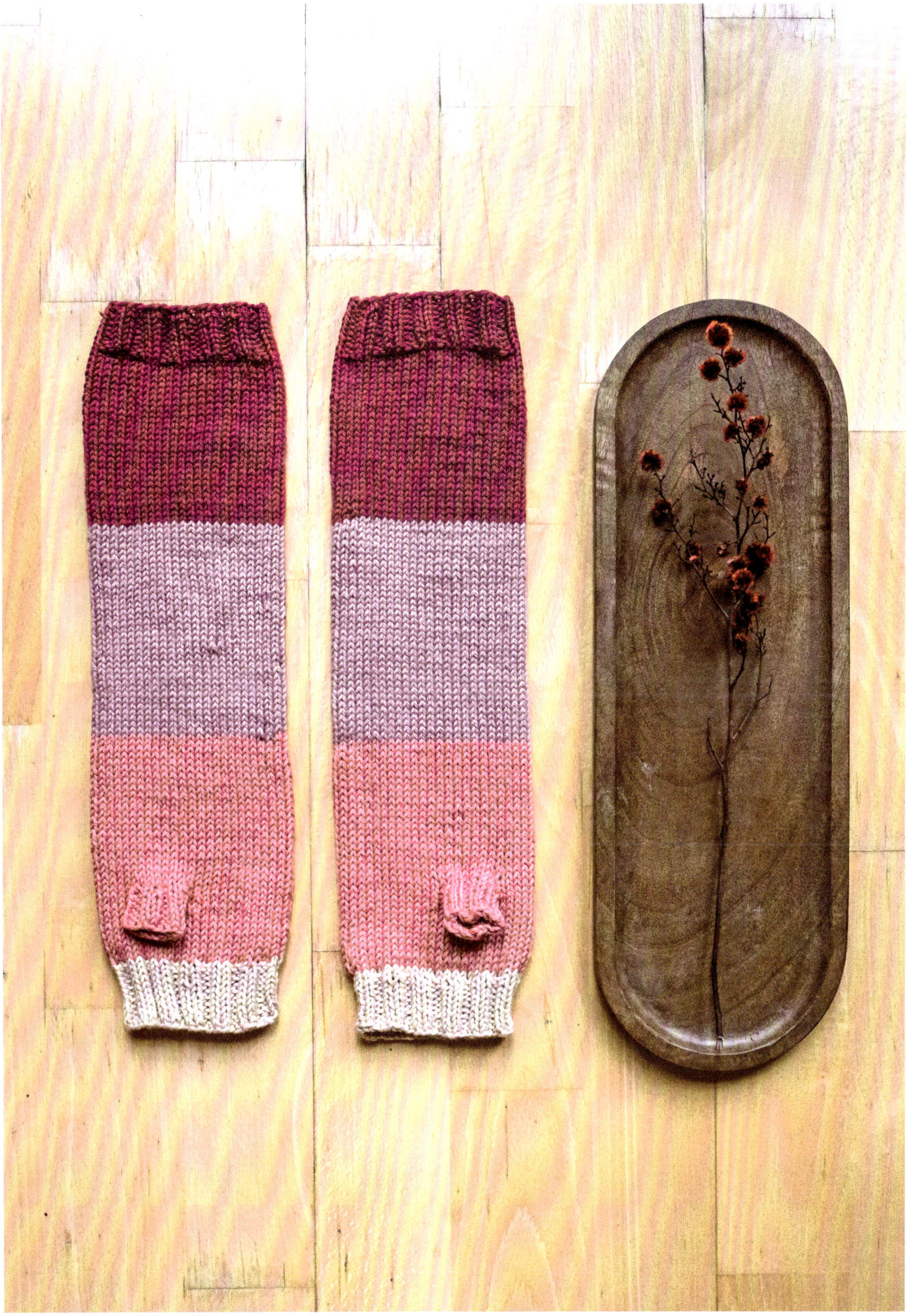

Jetzt geht's los!

LINKE STULPE

1. Schlage 48 M mit einem Faden in Beere an und verteil die M zu je 12 M auf 4 Nadeln des Nadelspiels.

2. Schließ die M zur Rd und verknote den Anschlagsfaden.

3. Markier den Rundenübergang mit einem Faden oder Maschenmarkierer.

4. Stricke im Rippenmuster im Wechsel 2 M rechts und 2 M links, insgesamt 10 Rd.

5. Nach dem Bündchen strickst du nun 28 Rd glatt rechts.

6. Wechsle den Faden und stricke weiter 35 Rd in Mauve. Nun ist über die Hälfte schon geschafft.

7. Wechsle nun den Faden und stricke weiter mit Altrosa. Nach 22 Rd muss das Daumenloch vorbereitet werden wie folgt:

8. 10 M rechts stricken, 5 M abketten und weiter rechte M bis zum Rd-Ende stricken.

9. In der folgenden Rd 10 M rechts stricken, 5 M neu anschlagen und statt der abgeketteten M auf die Nadel nehmen, weiter rechts bis zum Rd-Ende stricken.

10. Noch 9 Rd rechte M in Mauve stricken.

11. Wechsle das letzte Mal den Faden und stricke weiter in Beige 1 Rd rechte M.

12. Als Abschluss strickst du nun noch 9 Rd im Rippenmuster wie zu Beginn im Wechsel 2 rechte M und 2 linke M.

13. Kette dann alle M locker ab.

RECHTE STULPE

14. Beginne genauso wie bei der linken Stulpe und arbeite dich bis nach Punkt 7 vor.

15. Das Daumenloch strickst du seitenverkehrt: rechte M bis 15 M vor Reihenende stricken, 5 M abketten und dann mit den letzten 10 rechten M die Rd beenden.

16. In der folgenden Rd wieder 29 rechte M stricken, 5 M neu anschlagen und die letzten 10 M der Rd rechts stricken.

17. Nun kannst du bei Punkt 10 wieder einsetzen und die Stulpe wie die linke beenden.

DAUMEN

18. Aus dem Daumenloch nimmst du nun mit Altrosa insgesamt 16 M auf: Aus jeder der abgeketteten M nimmst du 1 M auf (= 5 M), seitlich davon 2 M (= 7 M), aus den 5 neu angeschlagenen M ebenfalls 5 M (= 12 M) und seitlich daneben nochmal 2 M (= 16 M).

19. Verteil die M zu 6, 4, 6 M auf 3 Nadeln des Nadelspiels und schließe sie zur Rd.

20. Stricke nun 6 Rd im Rippenmuster 2 M rechts und 2 M links im Wechsel.

21. Alle M locker abketten.

ENDSPURT

22. Vernäh alle Fäden.

23. Hab Spaß beim Tragen.

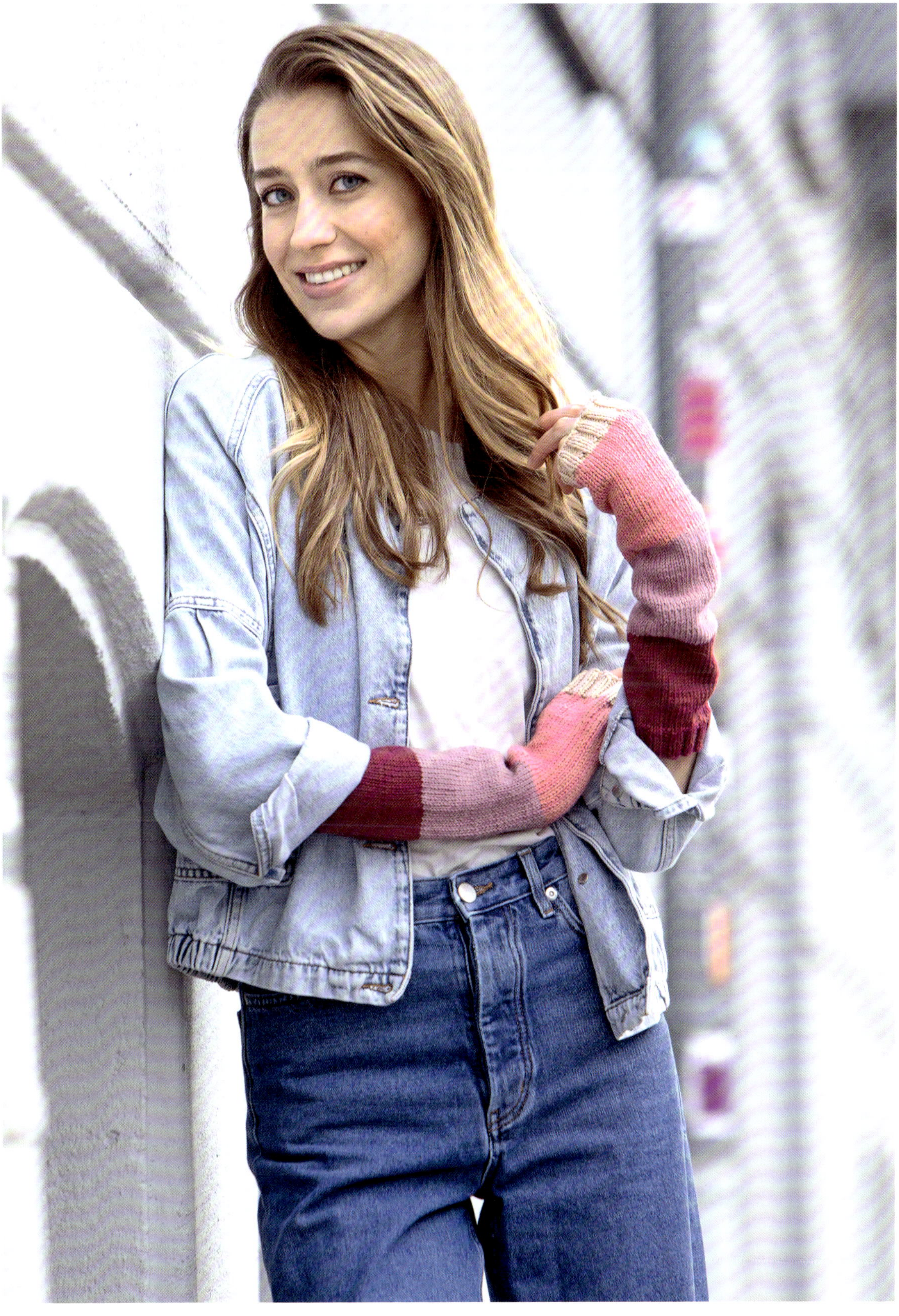

Modell Seite 40–41

Einkaufstasche Wundertüte

3 Flaschen Milch, 10 Brötchen, 1 Stück Butter, ein großes Stück Bergkäse, *Marmelade und noch einiges mehr für ein entspanntes Familienfrühstück schleppt das robuste Raumwunder ganz locker nach Hause. Beim Stricken darf es ruhig noch etwas holprig zugehen, nach dem Filzen sind alle kleinen Unebenheiten wie durch ein Wunder verschwunden.*

Welche Maschen-Typen musst du beherrschen, um dieses Modell zu stricken?
Maschen anschlagen
Rechte Maschen stricken
Maschen abketten
Maschen auffassen
2 Maschen zusammenstricken
Stricken mit dem Nadelspiel

Welches Material benötigst du?
650 g Filzwolle aus 100 % Schurwolle: FELTRO von Lana Grossa, 200 g in Mauve (Fb 107), 200 g in Hellbeige (Fb 102), 100 g in Jeansblau (Fb 101), 150 g in Rohweiß (Fb 101), mit einer Lauflänge von 50 m / 50 g
1 Rundnadel der Stärke 8 mm
1 Nadelspiel der Stärke 7 mm

So groß ist die Tasche!
Vor dem Filzen hat die Taschen einen Umfang von 148 cm. Nach dem Waschen schrumpft ihr Umfang auf 110 cm und die Höhe auf 32 cm.

Beachte die Maschenprobe!
Mit Nadelstärke 8 mm glatt rechts gestrickt und vor dem Filzen gemessen, ergeben 9 M in der Breite und 15 R in der Höhe 10 x 10 cm.

Welches Muster wird gestrickt?
Es wird „glatt rechts" gestrickt.

Was du sonst noch wissen musst!
Die Tasche wird komplett in Runden gestrickt, sodass nur rechte Maschen gestrickt werden müssen. Um lästiges Reihenzählen zu vermeiden, werden überwiegend ganze Knäuel verstrickt. Das Maschenbild ist sehr locker und durchscheinend, aber das soll so sein. Wenn die Tasche später verfilzt wird, sieht alles sehr schön gleichmäßig aus.
In der folgenden Anleitung werden Masche und Maschen mit M abgekürzt und Runden mit Rd.

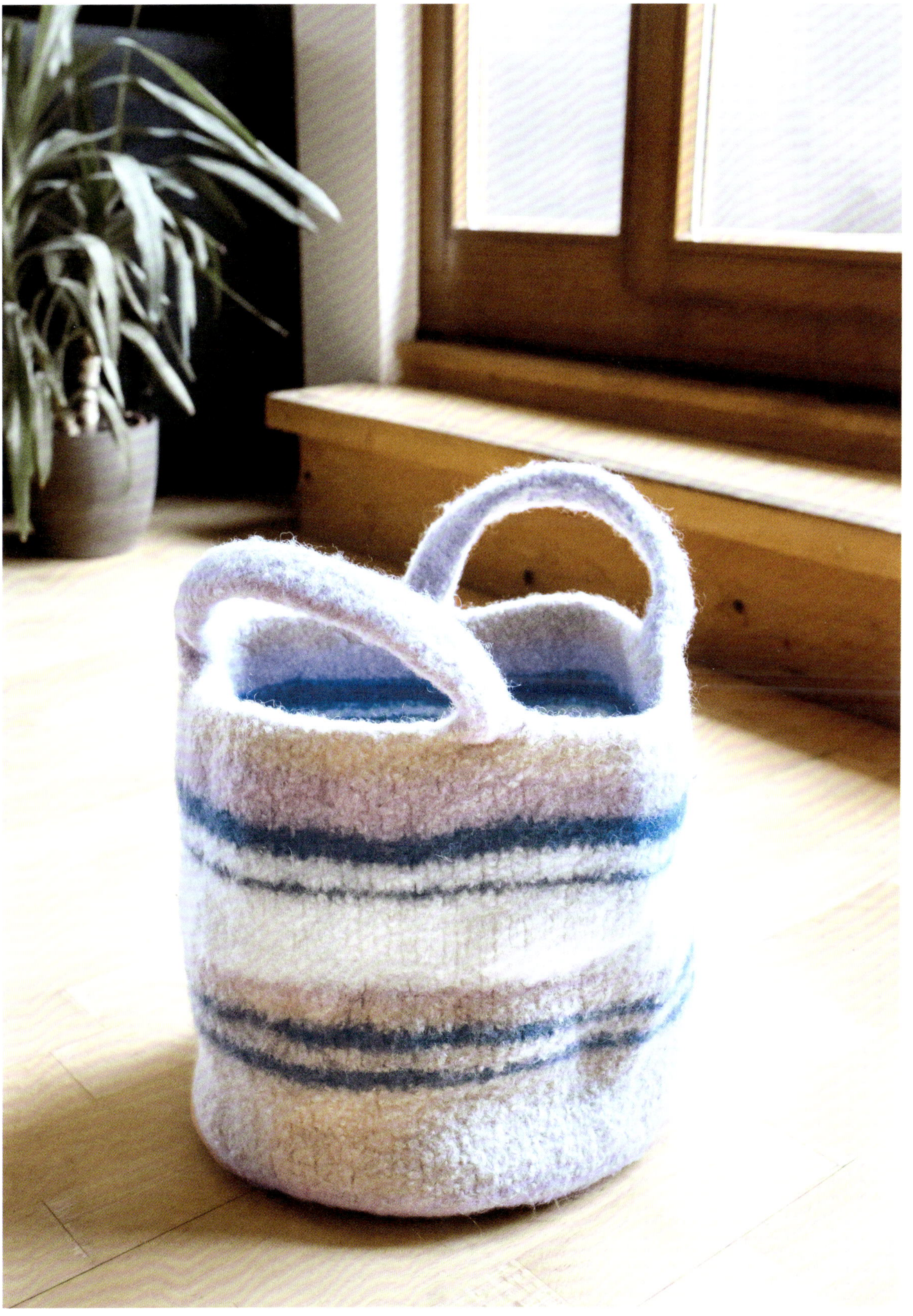

Jetzt geht's los!

TASCHENKÖRPER

1. Schlag 132 M mit Nadel 8 mm in Mauve an.
2. Verknote den Anschlagsfaden und schieb die M wieder an den Anfang der Nadel, sodass sie zur Rd geschlossen werden können. Stricke in Rd rechte M. Markiere den Rundenübergang mit einem Faden oder einem Maschenmarkierer.
3. Stricke das Knäuel in Mauve komplett zu Ende.
4. Danach verstrickst du 2 Knäuel Hellbeige, 2 Rd Jeansblau, 4 Rd Hellbeige, 2 Runden Jeansblau, und weiter solange mit dem Knäuel in Hellbeige, bis es komplett verbraucht ist.
5. Weiter geht es mit 2 Runden Mauve, 2 kompletten Knäuel Rohweiß, 1 Rd Jeansblau, 4 Rd Rohweiß, dann das Knäuel Jeansblau, bis es komplett verbraucht ist.
6. 1 Knäuel Mauve verarbeiten, und weiter 5 Rd in Hellbeige stricken.
7. Die letzte Rd wird mit doppeltem Faden gestrickt und dabei alle M locker abgekettet.

TASCHENBODEN

8. Fasse nun für den Boden mit der Nadel 8 mm in Jeansblau aus jeder M der Anschlagskante wieder 1 M auf. Dabei stichst du mit der Nadel nur in das hintere, oben aufliegende Maschenglied. So kann sich der Boden schön umlegen und bildet als Abstand zum Taschenkörper eine Kante.
9. Stricke in Rd rechte M. Nach einer Rd rechter M werden nun in jeder 2. Rd 11 M abgenommen wie folgt: 11x ***10 M rechts stricken, 2 M rechts zusammmenstricken***, danach eine Rd ohne Abnahme stricken. Es verbleiben 121 M. In der folgenden Abnahmerunde ***9 M rechts stricken, 2 M rechts zusammenstricken*** etc. Führe die Abnahmen solange durch, bis nur noch 12 M auf der Nadel sind.
10. Verstricke den Rest Jeansblau und ein weiteres Knäuel komplett. Dann beende den Boden in Rohweiß.
11. Schneid den Faden ab und zieh ihn durch die verbleibenden M.
12. Vernäh den Faden innen sehr sorgfältig.

HENKEL

13. Schlag 11 M in Mauve an und verteil die M zu 4-3-4 M auf 3 Nadeln des Nadelspiels 7 mm.
14. Schließ die M zur Rd und stricke in Rd rechte M, bis der Henkel 44 cm lang ist.
15. Den zweiten Henkel ebenso stricken.

ENDSPURT

16. Vernäh alle Fäden.
17. Die Tasche hat oben einen Umfang von 148 cm. Leg die Tasche mit der rechten Seite nach außen vor dich hin und markiere die Mitte der Vorderseite. Miss nach rechts und links jeweils 10 cm von der Mitte in Richtung der Seiten ab. Steck den Henkel so an die obere Kante, dass die abgekettete Kante in die Öffnung des Henkels zeigt, und nähe den Henkel wie eine Spange an die obere Kante. Es liegen also drei Lagen Gestrick aufeinander. Mit der zweiten Seite des Henkels ebenso verfahren. Zwischen den beiden Henkelenden liegen somit 20 cm. An der Rückseite der Tasche den zweiten Henkel annähen.

UND AB IN DIE WASCHMASCHINE

18. Wasch die Tasche zusammen mit zwei alten Tennisbällen, Colorwaschmittel, einem Schmutzfangtuch und einem Handtuch bei 40 Grad in der Waschmaschine incl. Schleudergang mit maximal 800 Schleudertouren.
19. Nach dem Waschgang ziehst du die Tasche in Form und stopfst sie zum Trocknen mit Handtüchern oder Zeitungspapier aus. Auf keinen Fall darfst du sie über eine Leine oder auf den Wäscheständer hängen, weil die Knicke sonst erhalten bleiben.
20. Hab Spaß beim Shoppen.

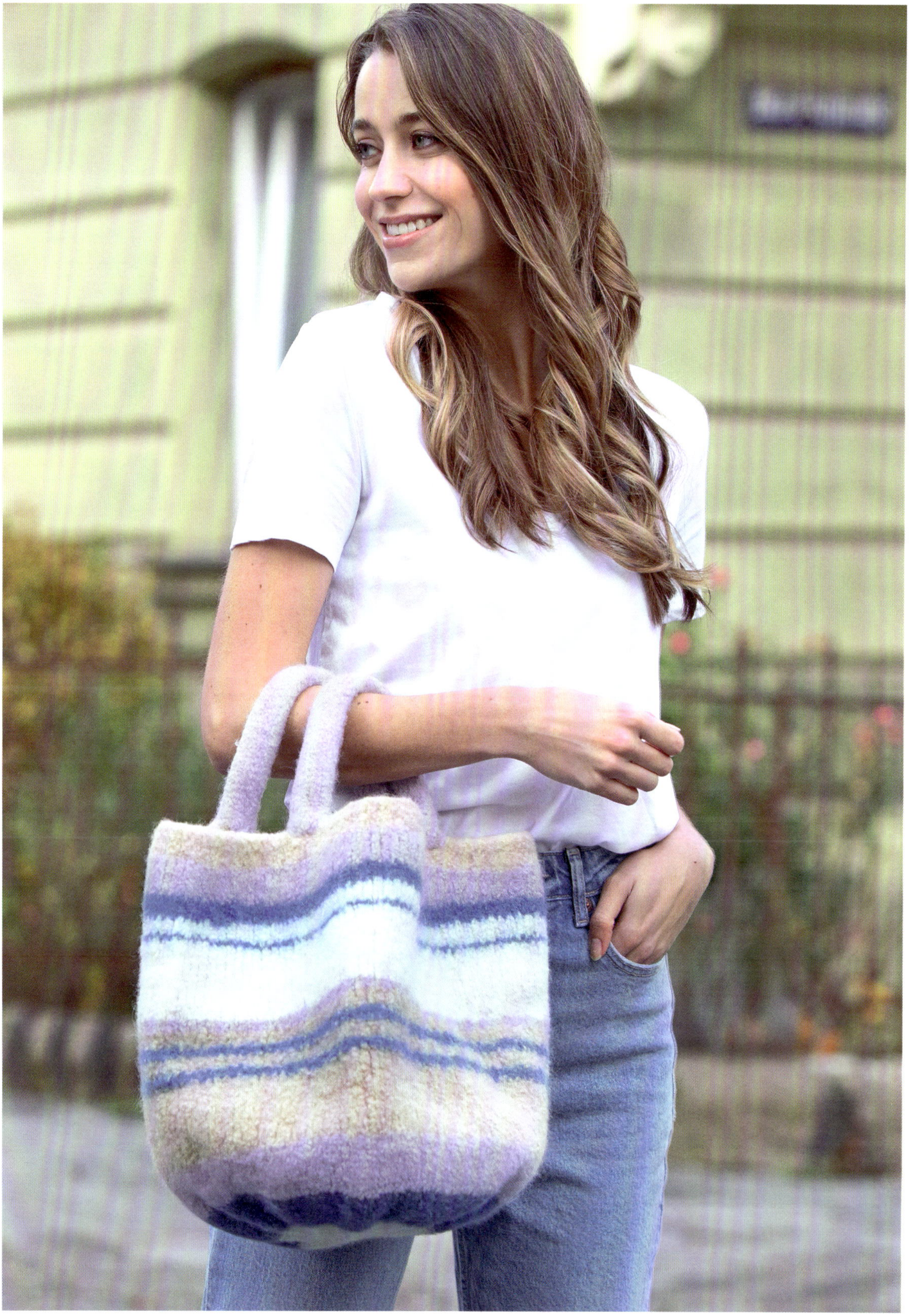

Stirnband Twist

Ein verregneter Herbstnachmittag und zack:

Das Stirnband ist gestrickt. Es ist ein perfektes Projekt, um zu üben und verschiedene Garne auszuprobieren. Ganz nebenher stellst du tolle Mitbringsel oder Weihnachtgeschenke her für die besten Freundinnen, Patenkinder, Kolleginnen, Nachbarinnen, Cousinen, Schwestern, ach einfach für alle, die im Winter warme Ohren lieben. Du kannst das Stirnband als breite oder als schmale Variante stricken.

Welche Maschen-Typen musst du beherrschen, um dieses Modell zu stricken?

Maschen anschlagen
Rechte Maschen stricken
Linke Maschen stricken
Maschen verzopfen
Maschen abketten
Im Maschenstich zusammennähen

Welches Material benötigst du?

50 g mitteldickes, weiches Garn, das etwas Elastizität hat, aus 68 % Baumwolle, 30 % Alpaka und 5 % Schurwolle Merino: SARA von Lana Grossa in Schilf meliert (Fb 12) oder Graublau meliert (Fb 09), mit einer Lauflänge von 125 m / 50 g
Stricknadel der Stärke 4 mm

Zopfmuster stricken

Wie groß ist das fertige Modell?

Das Stirnband in Schilf meliert ist 10 cm, das in Graublau meliert ist 14 cm breit. Beide sind 52 cm lang für einen Kopfumfang von 54–55 cm. Wenn du das Stirnband an andere Größen anpassen möchtest, miss den Kopfumfang und zieh davon ca. 3–4 cm ab, damit das Stirnband schön fest um den Kopf anliegt. Die Angaben für das schmale Stirnband stehen vor der Klammer, die für das breite Band in der Klammer. Steht nur eine Angabe in der Anleitung, so gilt sie für alle Größen.

Beachte die Maschenprobe!

Mit Nadelstärke 4 im Perlmuster gestrickt, ergeben 18 M in der Breite und 32 R in der Höhe 10 x 10 cm.

Welches Muster wird gestrickt?

Das Stirnband wird im „Perlmuster“ gestrickt.

Was du sonst noch wissen musst!

In der folgenden Anleitung werden Masche und Maschen mit M abgekürzt, die Reihe und die Reihen mit R.

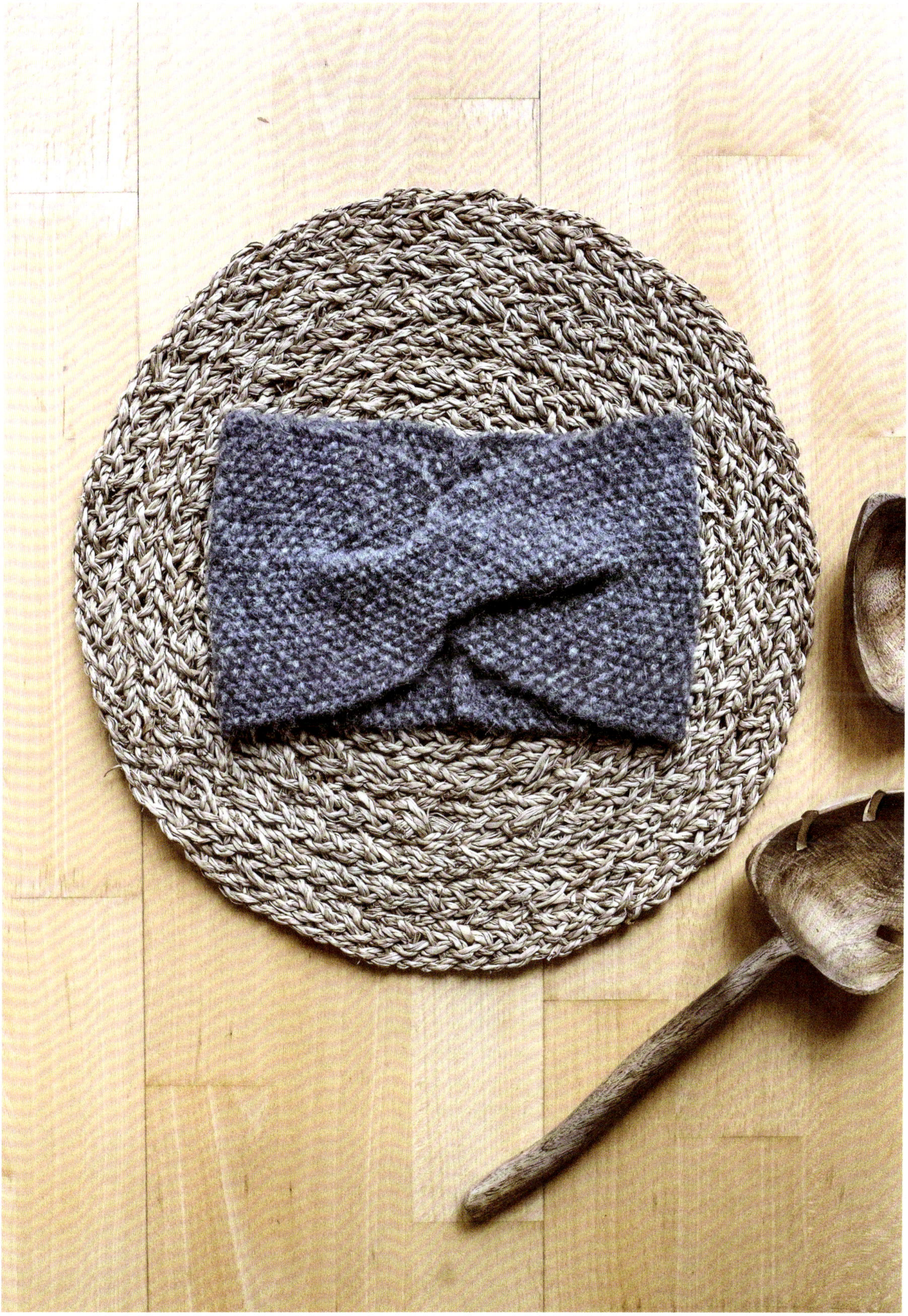

Jetzt geht's los!

1. Schlage 18 (26) M an.

2. Verknote den Anschlagsfaden und beginn mit einer Rück-R. Stricke 1 M rechts und 1 M links im Wechsel und beende die R mit 1 M links.

3. In der Hin-R beginnst du nun mit 1 M links, 1 M rechts im Wechsel und endest mit 1 M rechts.

TIPP: Beginne die R immer mit dem Maschentyp, mit dem du die R vorher beendest hast. Du endest mit links, wende das Strickzeug und beginne mit links.

4. Wiederhole so lange die 1. und 2. R, bis du 25 cm gestrickt hast.

5. Nun wird es spannend: Schieb die ersten 9 (13) M auf eine Hilfsnadel und leg diese vor die Arbeit.

6. Stricke nun zunächst die letzten 9 (13) M der Nadel ab. Danach strickst du die M der Hilfsnadel ab. Dadurch entsteht der Twist, also die sogenannte Verzopfung oder ein Zopf. Versuch die jeweils ersten und letzten M der Nadel und der Hilfsnadel möglichst fest zu stricken.

7. In der folgenden R alle 18 (26) M im Perlmuster abstricken. Das ist etwas mühsam, gelingt aber mit etwas Übung.

8. In 52 cm Länge kette alle M ab.

9. Nähe die Schmalseiten aneinander.

10. Vernähe sorgfältig alle Fäden.

11. Hab Spaß beim Tragen.

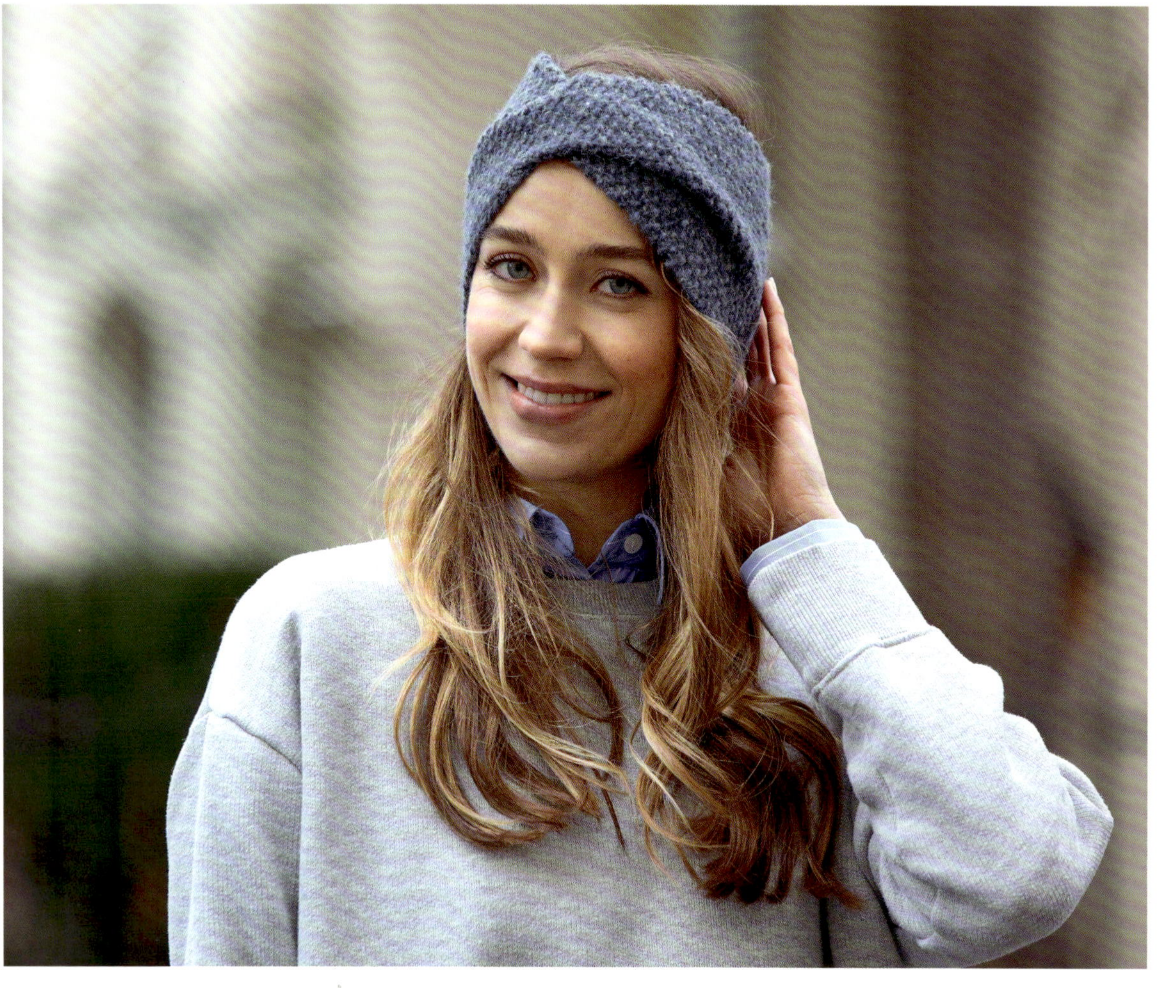

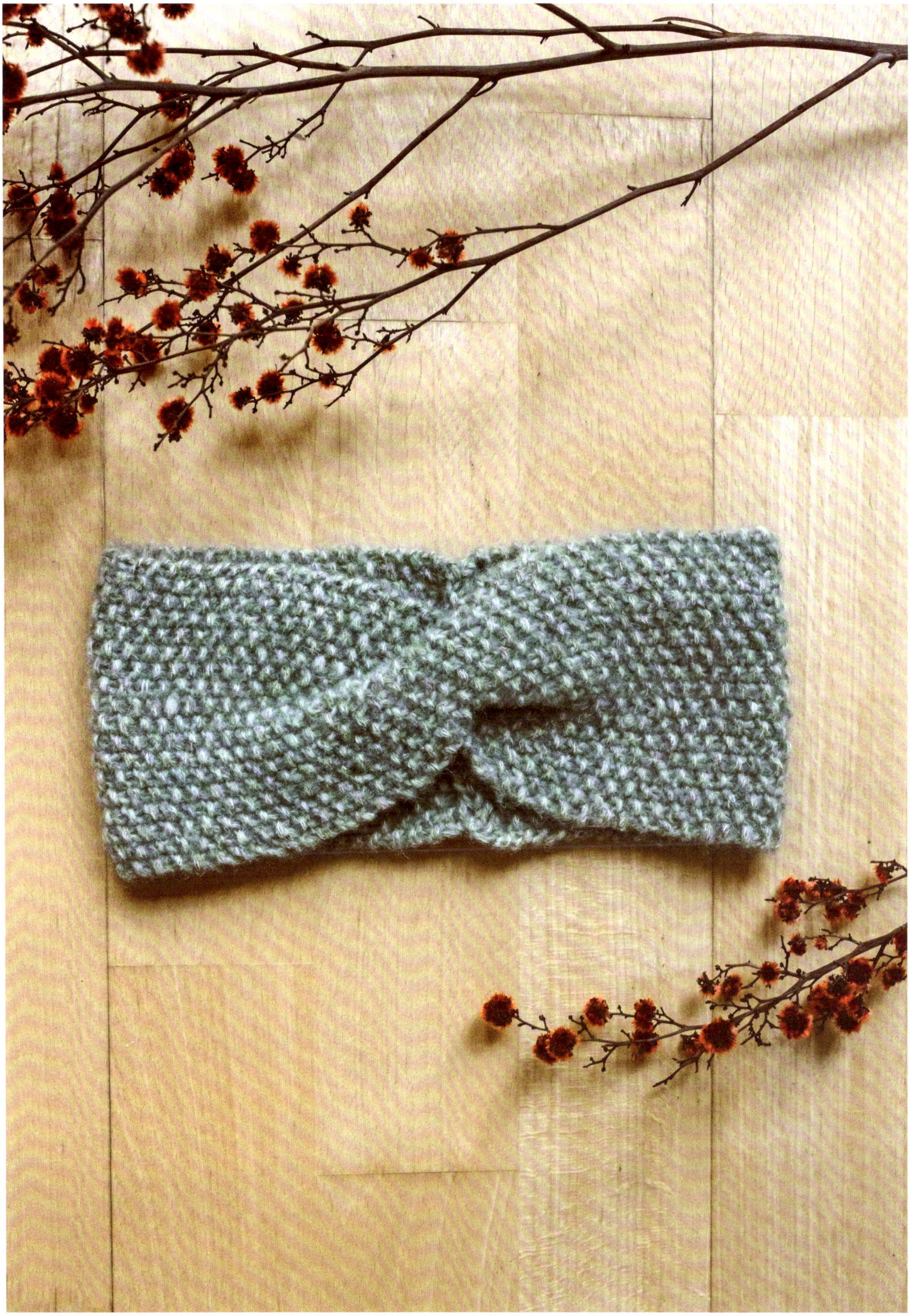

Stirnband Zopf

Das Stirnband wird euer Meisterstück.

Durch die verzopften Maschen wird das Stirnband schön warm und sieht – ganz nebenbei – richtig gekonnt aus. Niemand wird glauben, dass du gerade erst begonnen hast, das Stricken zu üben, und schon solch anspruchsvolle Techniken beherrscht. Ein kleines bisschen stolz darfst du schon sein und kannst dich jetzt an wirklich fast alle Modelle wagen. Immer schön am Ball bleiben!

Welche Maschen-Typen musst du beherrschen, um dieses Modell zu stricken?

Maschen anschlagen
Rechte Maschen stricken
Linke Maschen stricken
Maschen verzopfen
Maschen abketten
Im Maschenstich zusammennähen

Welches Material benötigst du?

50 g dickes, flauschiges Schlauchgarn aus 74 % Alpaka, 13 % Merino Schurwolle und 13 % Polyamid: ALPAKA MODA von Lana Grossa in Altrosé (Fb 09), mit einer Lauflänge von 135 m / 50 g
Stricknadel der Stärke 6 mm und eine Zopfnadel

Wie groß ist das fertige Modell?

Das Stirnband hat einen Umfang von 50 cm und passt somit bei einem Kopfumfang von 52–55 cm, da es sich zum Tragen etwas dehnen muss. Es ist 9 cm breit.

Beachte die Maschenprobe!

Mit Nadelstärke 6 mm glatt rechts gestrickt, ergeben 16 M in der Breite und 22 R in der Höhe 10 x 10 cm.

Welches Muster wird gestrickt?

Das Muster des Stirnbandes wird nach einer Strickschrift gestrickt. Bitte lies dir auf Seite 56–57 genau durch, wie man nach einer Strickschrift strickt.

Was du sonst noch wissen musst!

In der folgenden Anleitung werden Masche und Maschen mit M abgekürzt, die Reihe und die Reihen mit R.

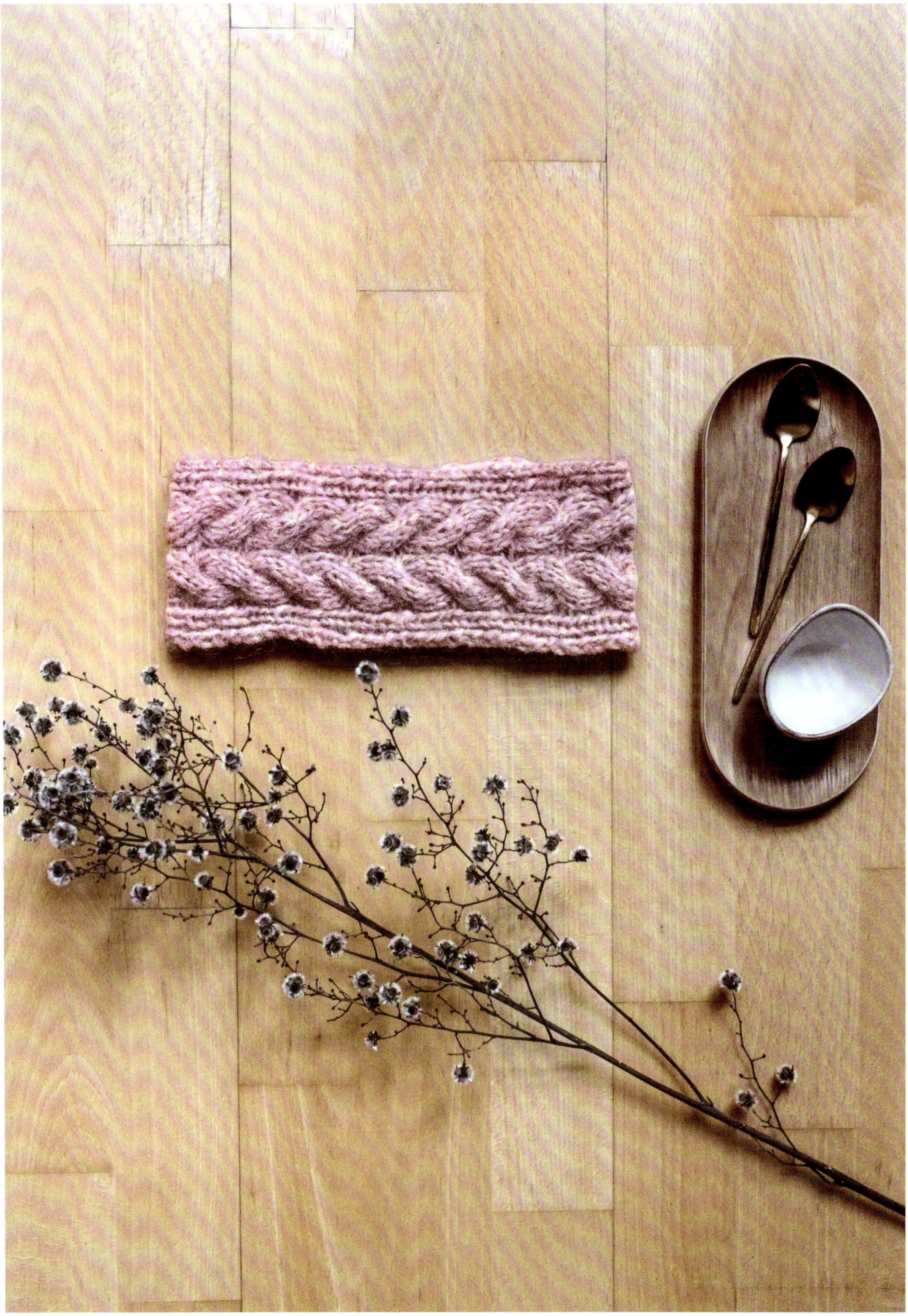

Jetzt geht's los!

1. Schlage 21 M an.

2. Verknote den Anschlagsfaden und stricke in der Rück-R die M in folgender Reihenfolge: 1 M links, 1 M rechts, 1 M links, 1 M rechts, 6 M links, 1 M rechts, 6 M links, 1 M rechts, 1 M links, 1 M rechts, 1 M links.

3. Stricke in der folgenden Hin-R nach der Strickschrift und stricke 1x die 1.–4. R.

4. Danach wiederholst du die 5.–10. R insgesamt 16x.

5. Du bist fast am Ziel und strickst noch 1x die 11.–15. R.

6. In der 16. R – einer Rück-R – kettest du alle M locker ab.

7. Nähe die Anschlagskante und die abgekettete Kante so zusammen, dass das gerade Strickstück einen Loop ergibt.

8. Vernäh sorgfältig alle Fäden.

9. Hab Spaß beim Tragen.

Zopfmuster

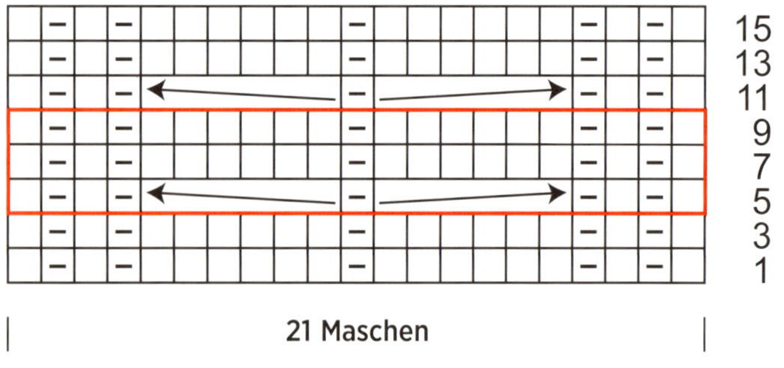

Zeichenerklärung

□ = 1 glatt rechte M: In Hin-R rechts und in Rück-R links stricken.

⊟ = 1 glatt linke M: In Hin-R links und in Rück-R rechts stricken.

→ = 3 M auf der Hilfsnadel hinter die Arbeit legen, 3 M rechts stricken, dann die 3 M der Hilfsnadel rechts abstricken. In der Rück-R die M links stricken.

← = 3 M auf der Hilfsnadel vor die Arbeit legen, 3 M rechts stricken, dann die 3 M der Hilfsnadel rechts abstricken. In der Rück-R die M links stricken.

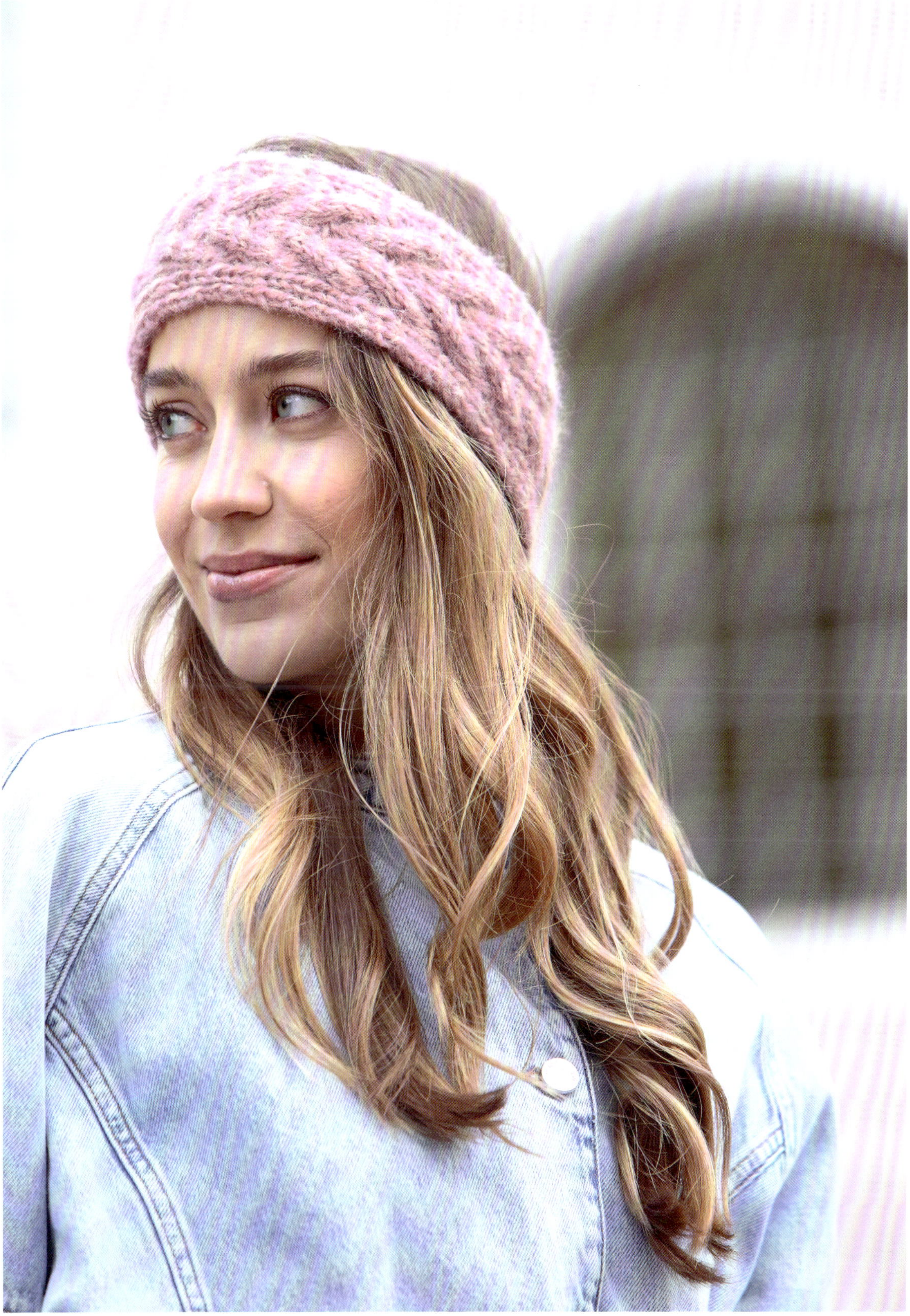

Modell Seite 46–47

Scrunchie Regenbogen

Es ist nicht einfach nur ein Haarband, sondern ein Statement-Piece, *das in keiner Accessoires-Sammlung fehlen darf. Scrunchies schonen die Haare, sehen mega-süß aus und alle wollen sie haben. Der Ansporn, sich an dieses Projekt zu wagen: 1. Alle deine Freundinnen werden dich beneiden, 2. du lernst, perfekt mit dem Nadelspiel zu stricken und 3. Bad-Haar-Days existieren nicht mehr.*

Welche Maschen-Typen musst du beherrschen, um dieses Modell zu stricken?
Maschen anschlagen
Rechte Maschen stricken
Mit dem Nadelspiel stricken
Maschen abketten
Im Maschenstich zusammennähen

Welches Material benötigst du?
20 g voluminöses Kettengarn aus Merinowolle mit Farbverlauf aus 90 % Schurwolle Merino, 10 % Polyamid: PAPPAGALLO von Lana Grossa in Bordeaux-Grün-Orange-Pink-Grau-Terracotta-Dunkeloliv-Beere-Brombeer-Lachs gestreift (Fb 7) mit einer Lauflänge von 250 m / 100 g.
Aus einem Knäuel PAPPAGALLO kannst du 5 Scrunchies stricken.
Nadelspiel der Stärke 3 mm
10 cm Natur-Elastic von Prym: Art. 910440, 5 mm breit

Wie groß ist das fertige Modell?
Das Scrunchie ist 4,5 cm breit. Der Durchmesser ergibt sich durch das eingezogene Gummiband, je nachdem, wie stark es sich kräuselt.

Beachte die Maschenprobe!
Mit Nadelstärke 3 mm glatt rechts gestrickt, ergeben 30 Maschen in der Breite und 36 Reihen in der Höhe 10 x 10 cm.

Welches Muster wird gestrickt?
Es wird glatt rechts in Runden gestrickt.
Es werden also in allen Runden alle Maschen rechts gestrickt. Beachte, dass hier mit dem Nadelspiel gestrickt wird, da die Runden bzw. der Umfang des Schlauchs für eine Rundnadel zu klein sind.

Was du sonst noch wissen musst!
In der folgenden Anleitung werden Masche und Maschen mit M abgekürzt, die Reihe und die Reihen mit R und Runden mit Rd.

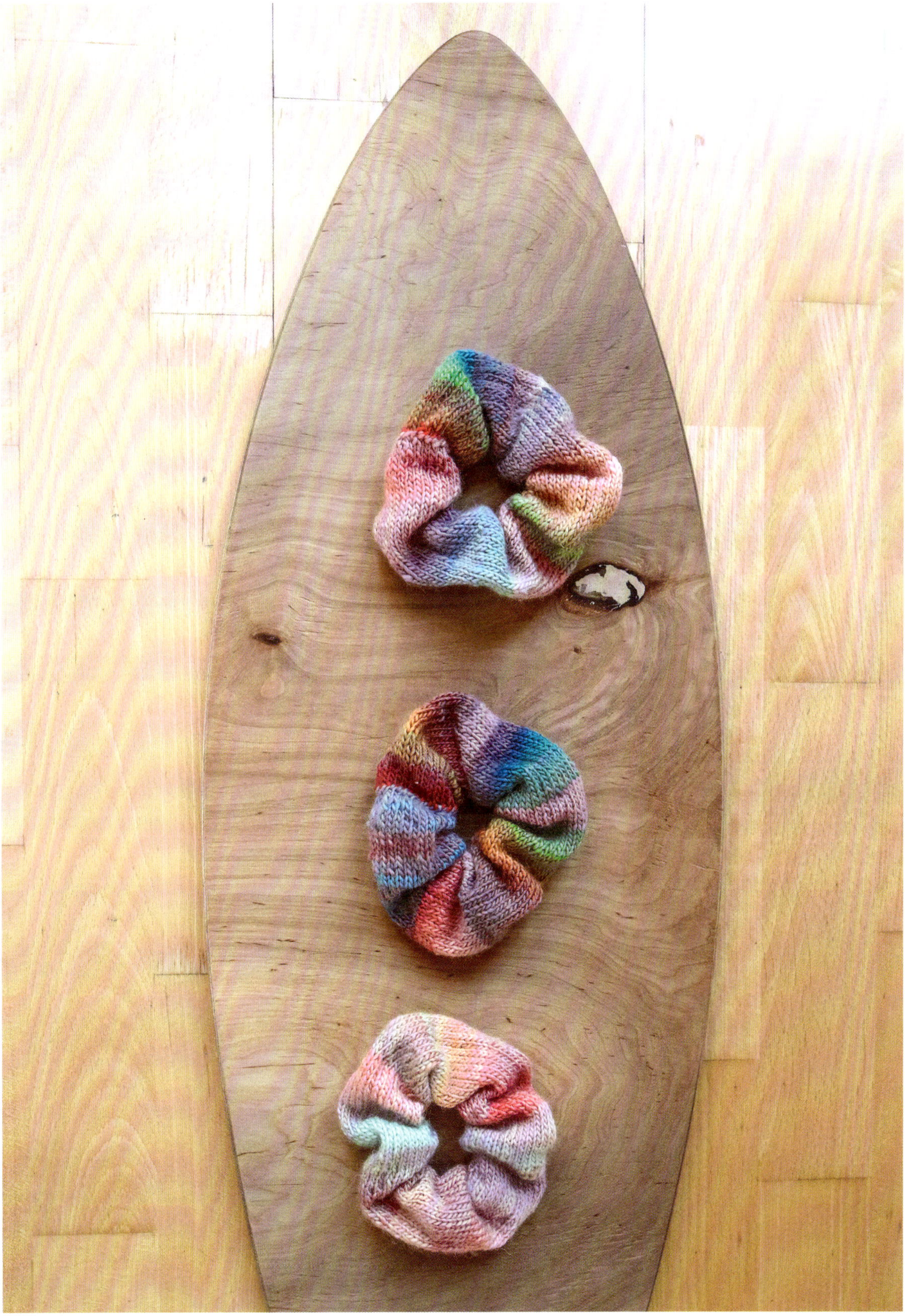

Jetzt geht's los!

1. Schlage 27 M an.

2. Verteile die 27 M zu je 9 M auf 3 Nadeln eines Nadelspiels und schließe sie zur Runde. Stricke mit der 4. Nadel.

3. Verknote den Anschlagsfaden einmal und stricke in Rd rechte M, bis der Schlauch ca. 42 cm lang ist.

4. Kette alle M ab.

5. Dämpfe den Schlauch mit viel Dampf, sodass das Gestrick noch weicher wird und die M gleichmäßiger werden.

6. Schneide ca. 10 cm Natur Elastic ab und ziehe das Gummi mit Hilfe einer Sicherheitsnadel in den Strickschlauch.

7. Schließe das Gummi zu einer Runde, indem du es entweder sehr fest verknotest oder mit der Nähmaschine überlappend zusammennähst.

8. Lege nun die beiden Öffnungen des Strickschlauchs, also den M-Anschlag und die abgekettete Kante, aneinander und nähe die Kanten im Maschenstich aneinander, sodass der Scrunchie komplett geschlossen ist. Benutz dazu den Anschlagsfaden und / oder den Faden der Abkettkante.

9. Nach dem Nähen ziehst du den Faden nach innen, da du ihn nicht mehr unsichtbar vernähen kannst.

10. Hab Spaß beim Tragen.

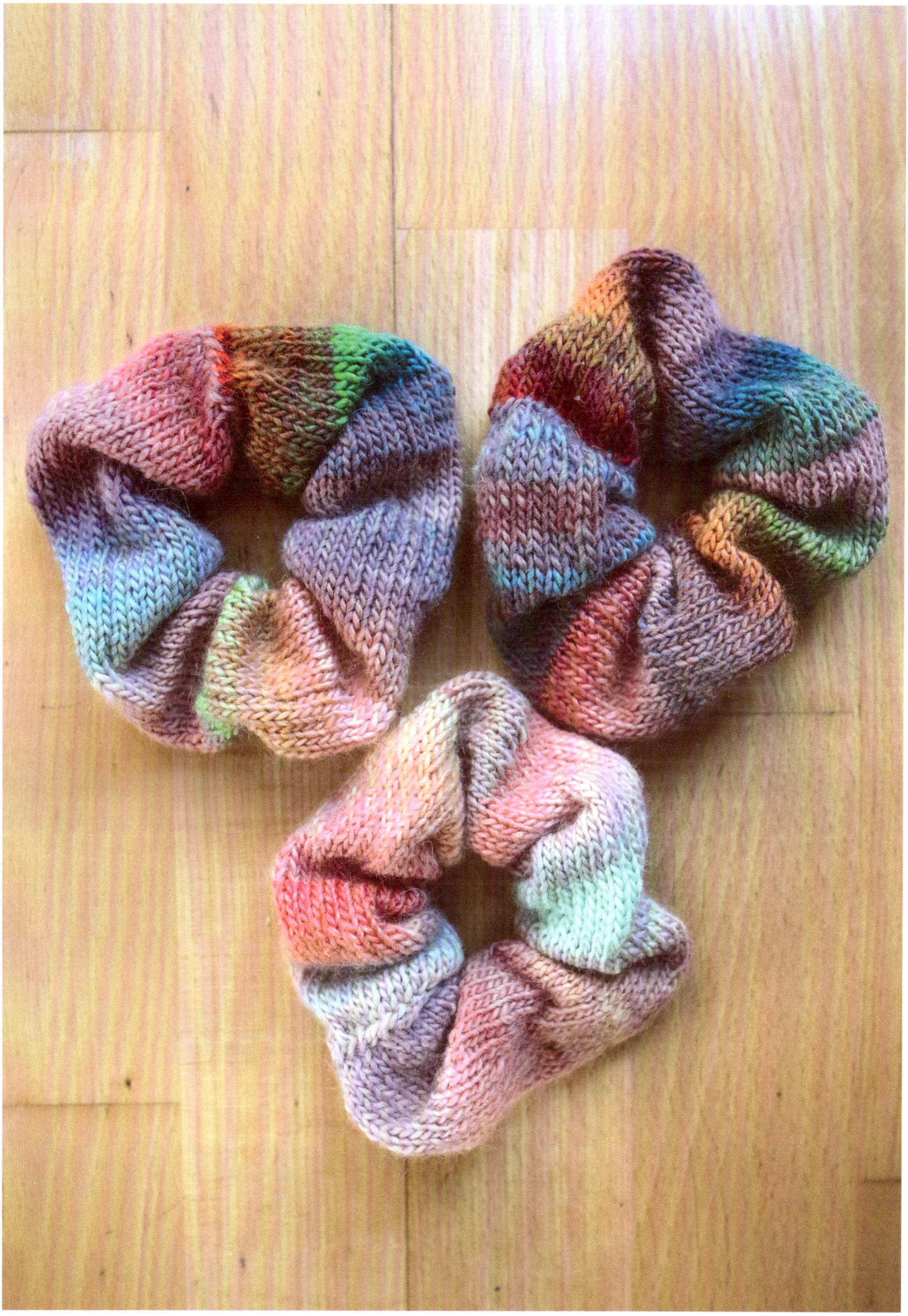

Über die Autorin

Karoline Hoffmeister

Karoline Hoffmeister hat ihre große Leidenschaft Handarbeiten und Design in den Genen und stammt aus einer kreativen Familie. Eine Oma strickte ihr ganzes Leben lang, die andere zauberte an der Nähmaschine, ihre Mutter fertige kunstvolle Stickarbeiten und häkelte und ihr Vater konnte mit Engelsgeduld alles reparieren. Die studierte Designerin liebt schlichte Formen, edle Farbkombinationen und einen unaufgeregten „Weniger-ist-mehr-Look“ gepaart mit ausgefeilter Schnittführung.

Ebenfalls erhältlich ...

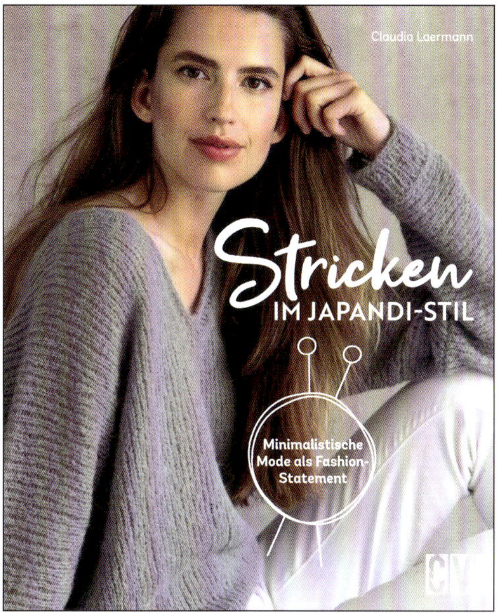

ISBN 978-3-8410-6679-4

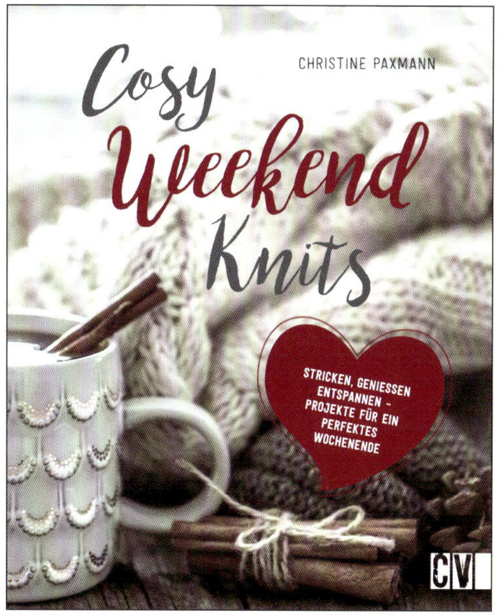

ISBN 978-3-8410-6731-9

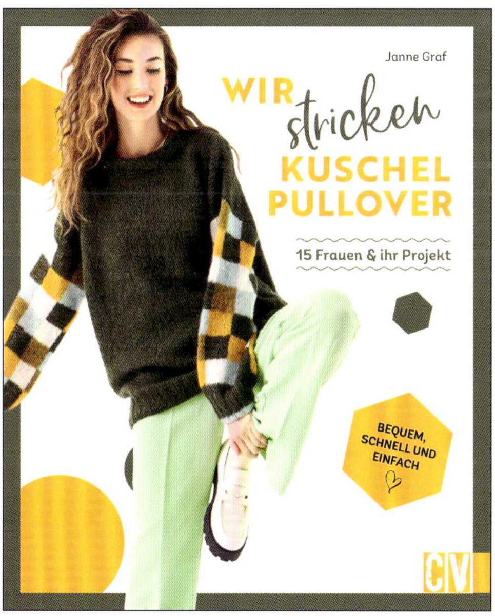

ISBN 978-3-8410-6726-5

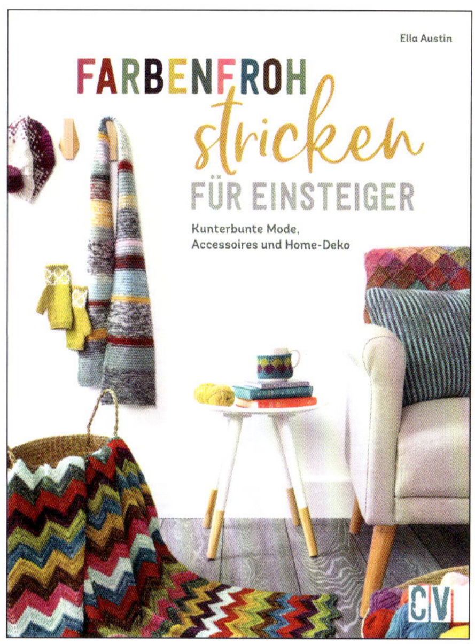

ISBN 978-3-8410-6714-2

www.christophorus-verlag.de

Impressum

Autorin: Karoline Hoffmeister
Anleitungen & Strickschriften: Karoline Hoffmeister
Fotos & Styling: Nina Kuhn, www.ninakuhn.com
Stills: Annika Hölscheidt, www.annywherephotography.de
Produktmanagement: Svenja Wiglinghaus
Lektorat: Brigitte Schnock
Korrektorat: Mareike Weber
Umschlaggestaltung: Regina Degenkolbe
Layout und Satz: Elke Mader
Repro: LUDWIG:media
Herstellung: Julia Hegele
Printed in Türkiye by Elma Basim

★★★★★

Sind Sie mit diesem Titel zufrieden? Dann würden wir uns über Ihre Weiterempfehlung freuen. Erzählen Sie es im Freundeskreis, berichten Sie Ihrem Buchhändler oder bewerten Sie bei Onlinekauf. Und wenn Sie Kritik, Korrekturen, Aktualisierungen haben, freuen wir uns über Ihre Nachricht an: Christian Verlag, Postfach 40 02 09, 80702 München oder per E-Mail an lektorat@verlagshaus.de.

Unser komplettes Programm finden Sie unter

www.christophorus-verlag.de

Wir bedanken uns ganz herzlich bei der Firma Lana Grossa, ggh-Garne und Buttinette für die freundliche und großzügige Ausstattung mit Garnen.

Die Deutsche Nationalbibliothek verzeichnet diese Publikation in der Deutschen Nationalbibliografie; detaillierte bibliografische Daten sind im Internet über https://www.dnb.de/ abrufbar.

ISBN 978-3-8410-6742-5

Kreativ-Service

Sie haben Fragen zu unseren Büchern und Materialien? Wir beraten Sie gern rund um alle Kreativthemen. Rufen Sie uns einfach an. Wir interessieren uns auch für Ihre eigenen Ideen und Anregungen. Sie erreichen uns per E-Mail: **kreativ-service@c-verlag.de** oder unter der Tel.: **+49 (0)89-1306 99 577**.

Besuchen Sie uns im Internet: www.christophorus-verlag.de & www.selbstgemacht.de